»In meinem Weihnachtsstrumpf dein Herz«
Briefe berühmter Frauen und Männer

W0011830

PIPER

## Zu diesem Buch

Ob man »Weihnachtshasser« ist oder sich leidenschaftlich darauf freut: Spätestens Anfang Dezember drängt sich Weihnachten in die Gedanken und Terminkalender. Besorgungen stehen an, Einladungen werden ausgesprochen, Weihnachtsmenüs erdacht – und Weihnachtsbriefe geschrieben. »Heute Vormittag schreibe ich einen fürchterlich langen Brief, denn wenn ich das nicht tue, kann ich nicht verhindern, dass mein Herz wie ein Weihnachtsknallbonbon zerplatzt«, schreibt Katherine Mansfield ihrem späteren Ehemann John Middleton Murry. Mark Twain schickt einen Brief an seine Tochter Susy vom Palast des Weihnachtsmanns auf dem Mond, Bettina von Arnim berichtet von einer gutgelaunten Prügelei im Familienkreis und Sartre von einer Gesangseinlage beim Weihnachtsfest in der Kaserne. Über die Briefe gelingt ein Blick in die Fenster fremder Weihnachtsstuben, man erlebt große Festlichkeiten, einsame Abende oder liebenswerte Schrullen und hat ebenso viel Grund zur Rührseligkeit wie zum Lachen.

*Petra Müller,* geboren 1966 in Mecklenburg, lebt als freiberufliche Lektorin und Herausgeberin in Berlin. Weiteres siehe unter: www.klaretto.de
*Rainer Wieland,* geboren 1968 im fränkischen Weißenburg, lebt als Lektor, Herausgeber und Autor in Berlin. Weiteres siehe unter: www.rainer-wieland.com
Gemeinsam veröffentlichten sie: »Die Jahre sind mein Lebensglück. Schriftsteller über das Alter«, »Frauen schön und stark – Frauen von heute über die Schönen der Kunst«, »Liebesbriefe großer Männer« und »Liebesbriefe berühmter Frauen«.

# »In meinem Weihnachtsstrumpf dein Herz«

Briefe berühmter Frauen und Männer

Herausgegeben und kommentiert von
Petra Müller und Rainer Wieland

Piper München Zürich

*Mehr über unsere Autoren und Bücher:*
*www.piper.de*

Von Petra Müller und Rainer Wieland herausgegeben, liegen bei Piper vor:
Liebesbriefe großer Männer
Liebesbriefe berühmter Frauen
Mein Engel, mein Alles, mein Ich
In meinem Weihnachtsstrumpf dein Herz

MIX
Papier aus verantwor-
tungsvollen Quellen
FSC® C014496

Originalausgabe
November 2012
© für diese Ausgabe:
2012 Piper Verlag GmbH, München
Umschlaggestaltung: Christin Wilhelm (www.grafic4u.de)
Umschlagmotiv: Picsfive/shutterstock
Satz: Kösel, Krugzell
Gesetzt aus der Aldus
Papier: Munken Print von Arctic Paper Munkedals AB, Schweden
Druck und Bindung: GGP Media GmbH, Pößneck
Printed in Germany    ISBN 978-3-492-30124-4

# Inhalt

## Vorwort

Egal, ob man sich leidenschaftlich auf Weihnachten freut oder doch eher ein Weihnachtsverächter ist: Spätestens Mitte Dezember drängt sich Weihnachten in die Gedanken und Terminkalender. Einladungen werden ausgesprochen, Festessen vorbereitet und Menüs erdacht, Geschenke eingekauft – und Weihnachtsbriefe geschrieben. Auch wenn man sich monatelang nicht gesehen und nichts voneinander gehört hat, wenn man sich gestritten hat oder getrennt: Das Weihnachtsfest ist oft Anlass für einen persönlichen Brief. Ganz besonders dann, wenn man die Festtage nicht mit denen verbringen kann, die man liebt. So drängt es die Schriftstellerin Katherine Mansfield zu einem »fürchterlich langen Brief« an ihren späteren Ehemann John Middleton Murry, »denn wenn ich das nicht tue«, so schreibt sie, »kann ich nicht verhindern, dass mein Herz wie ein Weihnachtsknallbonbon zerplatzt«. Und Erich Maria Remarque, der Weihnachten für das »ironischste aller Feste, die man so feiert«, hält, sendet aus Paris einen Weihnachtsbrief an seine Geliebte Marlene Dietrich im fernen Hollywood. »In meinem Weihnachtsstrumpf finden sich Dein Herz, Dein Körper, Deine Seele, die Lust zu leben und zusammen zu arbeiten«, schreibt Jean Cocteau seinem Geliebten Jean Marais. Kann es eine bezauberndere weihnachtliche Liebeserklärung geben?

Der vorliegende Band stellt einige der bewegendsten Weihnachtsbriefe von berühmten Frauen und Männern aus drei Jahrhunderten vor und erzählt die Geschichten hinter den Briefen. Sie wurden geschrieben in warmen Stuben oder in den kalten Mauern eines Gefängnisses, in guten und in schlechten Zeiten. Sie werfen ein Schlaglicht auf das Leben des jeweiligen Verfassers, auf dessen Beziehungen, Sehnsüchte und Wünsche – und wenn es nur die ganz konkreten sind, was unter dem Weihnachtsbaum liegen soll. Lang ist der Wunschzettel des siebzehnjährigen Friedrich Nietzsche, darauf ein Buch über die Französische Revolution und eine Fotografie Richard Wagners. Goethes Mutter übersendet Kastanien, Konfekt und Kleiderstoffe für Christiane Vulpius. Thomas Mann bedankt sich bei seiner Tochter Erika für die »Negerplatte«, die leider »mittendurchgebrochen angekommen« ist, und Hermann Hesse hadert mit der Weihnachtspost, die er »zum Speien« findet. Beseelte Momente sind mitzuerleben, Augenblicke der Leidenschaft, aber auch Momente von Melancholie und Anwandlungen der Verzweiflung. Wir lernen Familientraditionen kennen und Weihnachtsrituale: Im Hause Rilke verabreden sich Mutter und Sohn aus der Ferne zur Sechs-Uhr-Tradition, bei Theodor Fontane gibt es »Rehziemer und Marzipan«, und bei Arnims endet der Weihnachtstrubel in einer gutgelaunten Prügelei.

Wo auch immer die Feste gefeiert werden: Die Traditionen sind zentral, ob man sie nun pflegt oder sich von ihnen absetzt. Aber fast immer darf eines nicht fehlen: der Weihnachtsbaum. Nicht nur für Hans Christian Andersen, der in Kopenhagen vom festlichen Baum im Schloss des Weimarer Großherzogs träumt, auch bei den Fitzgeralds in Alabama steht ein Weihnachtsbaum, und Zelda findet, dass es nichts »Schöneres gibt als leuchtende rote Kugeln, die einem wie die Evolution eines Juwels vor den Augen baumeln«. Rosa Luxemburg muss im Gefängnis mit einem »ganz schäbigen, mit fehlenden Ästen« vorliebnehmen. Hilde Domin hat in der Dominikanischen Republik nur den Hibiskusstrauch vor dem

Fenster zur Verfügung, und Fanny von Reventlow sägt sich auf Korfu ein Zypressenbäumchen zurecht. Und selbst Jack Kerouac, Vorreiter der Beat Generation, die doch alle bürgerlichen Normen hinter sich lassen wollte, hat im winterlichen New York noch zehn Dollar für einen Baum übrig.

Natürlich fehlt auch der christliche Kern des Weihnachtsfestes nicht: Erwin Speckter berichtet über seinen Besuch der päpstlichen Heiligen Messe im Petersdom in Rom, Vincent van Gogh arbeitet in Den Haag an zwei Zeichnungen mit religiösem Hintergrund, die die »eigenartige Stimmung um Weihnachten und Silvester« einfangen sollen. Und Anne Sexton debattiert die Glaubensfrage im Briefwechsel mit einem Chicagoer Mönch.

Aber nicht immer ist die Stimmung im christlichen Sinne weihnachtlich: Ernest Hemingway im österreichischen Schruns trinkt zu viel und kommt sich vor wie das »Leiden Christi«, Brigitte Reimann liegt krank im Bett, ihr geht es »saudreckig«, und Richard Burton schleicht sich, wie er Elizabeth Taylor gesteht, »die Wollust ins strenge Gesicht«.

»Die besinnlichen Tage zwischen Weihnachten und Neujahr haben schon manchen um die Besinnung gebracht«, meint Joachim Ringelnatz. Wir halten uns da lieber an Fontane und schließen uns seinen Wünschen an: »Habt alle ein schönes Fest und einen warmen Ofen!«

Petra Müller & Rainer Wieland

## In meinem Weihnachtsstrumpf finden sich Dein Herz, Dein Körper, Deine Seele

Jean Cocteau an Jean Marais

*[Paris, Dezember 1938]*

*Mein Jeannot,*
*es ist Weihnachten, das wunderbarste Weihnachten meines*
*ganzen Lebens. In meinem Weihnachtsstrumpf finden sich*
*Dein Herz, Dein Körper, Deine Seele, die Lust, zu leben und*
*zusammen zu arbeiten. Ein Gegenstand wäre das »nützliche*
*Geschenk«, was ich ablehne. Etwas Überflüssiges. Ich würde*
*nur die Hände betrachten, die es geben. Mein Jeannot, nie*
*werde ich es Dir oft genug sagen: danke, danke für Deinen*
*schöpferischen Geist, danke für unsere Liebe.*
*Dein Jean*

Es gab einiges, das sie miteinander verband: die Stadt Paris,
das Leben als Künstler, der gleiche Vorname, die gleiche uner-
müdliche künstlerische Energie, ihre Vielseitigkeit. Sie waren
eines der berühmtesten Künstlerpaare ihrer Zeit: Jean Marais
und Jean Cocteau. 1937 hatte Cocteau den bis dahin unbekannten Schauspieler in einer Statistenrolle auf der Bühne

gesehen und war sofort begeistert. Er wurde Marais' Mentor, Förderer und Freund und ermöglichte ihm so eine Filmkarriere, die ihn als verwegenen Mantel-und-Degen-Held über die Grenzen Frankreichs hinaus populär machte. In Rollen wie der *Graf von Monte Christo, Die eiserne Maske, Fantomas* oder *Fracasse, der freche Kavalier* ist Jean Marais bis heute unvergessen. Von der ungewöhnlichen Künstler- und Lebensgemeinschaft erzählen Cocteaus Gedichte und Zeichnungen, aber vor allem auch die Werke, die in gemeinsamer Arbeit entstanden sind: surrealistische Filme wie *Orphée* oder *La Belle et la Bête,* für die Cocteau dem fünfundzwanzig Jahre jüngeren Freund die Rollen auf den Leib schrieb. Ein Vierteljahrhundert lang dichteten, malten, schrieben und filmten sie zusammen. Der eine Jean war ohne den anderen nicht mehr denkbar.

Cocteaus Tod im Oktober 1963 besiegelte das Ende der Beziehung. Erst viele Jahre später veröffentlichte Jean Marais die Briefe, die Cocteau ihm im Laufe ihres Zusammenseins geschrieben hatte. Es sind Briefe einer großen Leidenschaft – für die Kunst und füreinander. Die Sammlung beginnt mit diesem Weihnachtsbrief aus dem Jahr 1938. Zeitgleich schreibt Cocteau an Jeans Mutter: »Madame, Ihr Jean ist das, was ich auf Erden am meisten liebe und respektiere. Ich möchte Ihnen dies gern sagen und Sie beim Herannahen von Weihnachten um die Güte bitten, es mir nicht zu sehr übel zu nehmen, wenn unsere Arbeit ihn Ihnen ein wenig entzieht. Seine Liebe zu Ihnen ist so anbetungswürdig, dass sie einen ersten Platz unter den Dingen einnimmt, die ihn mir so wunderbar machen.«

# Das Christkindlen bringt zwey schöne neue Kleider

Katharina Elisabetha Goethe an
Johann Wolfgang Goethe

[Frankfurt am Main] den 2ten December 1803

*Lieber Sohn!*
*Dein Liebes Schreiben vom 21. November hat mir viele*
*Freude gemacht es herschte so ein froher Geist darinnen der*
*mir wohl that – Jetzt vom Christkindlen! Künftigen Montag*
*den 5ten December geht das Päckgen mit dem Postwagen an*
*Euch ab, ich hoffe Freude damit zu verbreiten – öffne es*
*allein damit der Spaß dem Christag nicht entzogen wird –*
*vor meinen Lieben Augst war die Sache etwas unbestimt*
*angegeben – Blau Tuch aber nicht ob hell oder dunckel –*
*da aber hir kein Mensch hell blau trägt; so kommt dunckel*
*blau – ferner war nicht bestimmt zu was ob zum Kleid oder*
*Überrock oder sonst was – ich nahm daher ein Mitteltuch –*
*im Fall es nicht recht ist; so wasche ich meine Hände in*
*Unschuld. Meine Liebe Tochter schriebe mir neulich Sie*
*würde etwas Corpulent die Kleider würden zu enge – da hat*
*nun das Christkindlen davor gesorgt und bringt zwey schöne*
*neue Kleider das eine von Taffend die Farbe Egyptische Erde*
*und einen Catun der sich vortreflich waschen läßt – und den*
*Jedermann vor Seidenzeug ansieht – mit einem Wort schön*
*schön – In das kommende Päckgen habe auch auf dein*

*Begehren einige Comedien Zettel beygelegt – künftig sollen sie alle Monathe ordentlich erscheinen. Ich hoffe daß das Theater Jetzt eine beßre Gestalt erhalten wird – da ein thätiger Mann an der Spitze steht – und der hoffendtlich der Sache gewachsen ist. Vor die überschickten Journahlen und Mercure dancke schön – besonders aber vor die zwey Taschenbüglein – die Natürliche Tochter und das andre da die mir so lieben Nahmen Wieland und Goethe beysammen stehn – Sage Schiller daß am Neuen Jahrtag seine Jungfrau von Orleang bey uns zum erstenmahl aufgeführt wird – der Erfolg soll von mir treulich berichtet werden. Die Castanien werdet Ihr erhalten haben – und damit Gott befohlen!*
*Grüße an deine Lieben Haußgeister von*
*Eurer treuen Mutter*
*Goethe.*

*N. S. Daß zu rechter Zeit prächtiger Christags Confect erscheinen wird – darauf gebe ich Euch mein Ehrenwort.*

Goethes Mutter, geboren 1731 als Katharina Elisabetha Textor, galt als eine dem Leben zugewandte, fröhliche und selbstbewusste Person. Sie entstammte einer angesehenen Frankfurter Juristenfamilie, ihr Vater war Stadtschultheiß und Leiter der Frankfurter Justizbehörde. Im Alter von siebzehn wurde sie 1748 mit dem mehr als doppelt so alten Kaiserlichen Rat Johann Caspar Goethe getraut. Johann Wolfgang Goethe, geboren 1749, war das erste Kind, das aus der Ehe hervorging. Ihm folgten sechs weitere Kinder, doch nur er und seine

Schwester Cornelia sollten zumindest das Erwachsenenalter erreichen.

Selbstverständlich war Katharina Elisabetha Goethe mächtig stolz auf die glänzende Karriere, die ihr Sohn als Schriftsteller und als Politiker am Hof von Weimar machte. Den Kontakt mit dem Sohn in der fernen Residenzstadt hielt die Frau Rat durch einen regen Briefwechsel aufrecht. »Ich bin ja wohl eine recht glückliche und beneidungswürdige Frau«, heißt es in einem der erhaltenen Schreiben. Nur zwischen den Zeilen wird deutlich, dass sie sich in Frankfurt bisweilen recht einsam fühlte. 1777 war die Tochter Cornelia verstorben, 1803 der Gatte, der schon lange bettlägerig gewesen war. Der berühmte Sohn kam nur selten zu Besuch, aus seiner Abneigung gegen die Heimatstadt machte er keinen Hehl. »Sie erinnern sich der letzten Zeiten die ich bey Ihnen, eh ich hierherging, zubrachte«, schrieb er im August 1781 an die Mutter, »unter solchen fortwährenden Umständen würde ich gewiß zu Grunde gegangen seyn. Das Unverhältniß des engen und langsam bewegten Kreyses zu der Weite und Geschwindigkeit meines Wesens hätte mich rasend gemacht.« Auf eine Einladung nach Weimar wiederum wartete die Frau Rat zeit ihres Lebens vergebens – fast scheint es, als wäre dem Minister die Gegenwart der bodenständigen Mutter bei Hofe peinlich gewesen.

Dafür schickte sie aus Frankfurt Präsente – an den Sohn, an dessen Lebensgefährtin Christiane Vulpius (und ab 1806 Frau Geheimrat Goethe) und an den 1789 geborenen Enkel August: Regelmäßig gab es Kastanien, Wein, Konfekt und Bonbons, und zu Weihnachten brachte das »Christkindlen« Geschenke. Allerdings fiel die Wahl, wie aus ihren Briefen hervorgeht, nicht leicht – selten genug erhielt sie auf die Frage »Was wünschst Du Dir?« eine befriedigende Antwort. Und wenn doch, konnte auch das Schwierigkeiten bereiten. Im Dezember 1793 etwa bat Goethe die Mutter darum, für den gerade einmal vierjährigen August eine Miniaturguillotine zu besorgen – ein Spielzeug, das sich im Zuge der Französischen Revolution damals in Deutschland großer Beliebtheit erfreute. Doch für derartiges Kriegsspielzeug war Mutter Goethe nicht zu haben, da konnte sie resolut werden. »Lieber Sohn!«, schrieb sie nach Weimar zurück: »Alles was ich dir zu gefallen thun kan, geschieht gern und macht mir selbst Freude – aber eine solche infame Mordmaschine zu kaufen – das thue ich um keinen preiß ... die Jugendt mit so etwas abscheuliches spielen zu laßen – ihnen Mord und Blutvergießen als einen Zeitvertreib in die Hände geben – nein da wird nichts draus.«

*Ihr seht jedenfalls, daß ich die mannig-
fachsten Wünsche habe*

Friedrich Nietzsche an Mutter und Schwester

*[Pforta, 5. Dezember 1861]*

*Liebe Mamma!*      *wer gerade den*
*oder*                      *Brief zuerst*
*Liebe Lisbeth!*        *liest.*

*Du konntest Dir denken, daß ich mich nach so vielen Verän-
derungen meiner Wünsche, noch einmal anders entschließen
könnte, und so ist es denn auch wirklich gekommen. Ich bin
auch wieder zur Musik zurückgekehrt, denn ich kann mir
eine Bescherung gar nicht recht ohne etwas Musikalisches
denken. Ich hoffe, die Wahl ist gut, auch für Dich. Ebenso ist
das Buch höchst interessant, vielleicht auch für Dich. Auf
der andern Seite werde ich beides so aufschreiben, daß der
abgerissne Zettel dem Buchhändler gezeigt werden kann.
Eine Änderung ist jetzt gar nicht mehr möglich, schon der
Zeit wegen nicht. Der Gedanke kam mir über Nacht, denn
ich schwankte sehr heftig. Ein Werk über die Französische
Revolution mir zu wünschen, war eigentlich überflüssig, da
die besten und teuersten Werke in der Bibliothek sind. Auch
glaube ich immer bescheidner in meinen Wünschen geworden zu sein, natürlich ohne der Mildtätigkeit irgendwie*

*Schranken setzen zu wollen. Ich danke Dir übrigens schön,*
*liebe Lisbeth, daß Du mir alles richtig besorgt hast, auch für*
*die Äpfel danke ich recht sehr. Wie wird es denn mit Sonntag*
*in Almrich? Bitte bringt mir doch den* Wallenstein *von der*
*Tante Lina mit, wir haben eine Charakteristik des Antonio*
*Piccolomini aus demselben zu machen. –*
   *Sonnabend über zwei Wochen! Es ist ein entzückender*
*Gedanke! Ihr glaubt nicht, wie ich mich auf Weihnachten*
*freue, das wunderschöne Weihnachten! Jetzt sind noch*
*ziemlich arbeitsvolle Wochen. Aber dann! Sonnabend früh*
*als nur irgend möglich, komme ich, es wird herrlich! Nicht*
*wahr, der Onkel Burkhardt ist mit den kleinen Kusinen doch*
*auch mit da? Ist die Mamma wieder zurückgekommen?*
*Schreibt mir nur recht bald!*
*Euer Fritz*

*Eine große Neuigkeit! Heute ist Donnerstag und morgen*
*wird deshalb – Freitag sein –*
   *Wir verreisen doch nicht etwa Weihnachten? Vorigen*
*Sonntag bin ich noch etwa sieben Minuten bei Gustav ge-*
*wesen, der mich dann nach Pforta begleitete. –*
   *Erkältungen sind jetzt überaus häufig. Die Krankenstube*
*ist übervoll, es sollen neue Räume eingerichtet werden,*
*Breithaupt ist auch drüben. Ich leide an Heiserkeit und*
*Schnupfen. Weihnachten macht alles gut!*
   *Übrigens habe ich noch einen Wunsch, nämlich irgend-*
*eine Photographie eines lebenden berühmten Mannes, z.B.*
*Liszt oder Wagner oder eine Photographie aus dem Shake-*
*spearealbum des berühmten Kaulbach (z.B. zu Macbeth)*
*eine einzelne kostet allerdings 27½ Srg. Es soll eine Zierde*
*für mein Album sein. Sie sind großes Format.*
   *Ihr seht jedenfalls, daß ich die mannigfachsten Wünsche*

*habe. Ihr müßt mir nun aber auch so schreiben, was Ihr Euch wünscht.*

Der Philosoph Friedrich Nietzsche entstammt einer protestantischen Pfarrersfamilie. Sein Geburtsort ist Röcken, zwanzig Kilometer von Leipzig entfernt, damals zur preußischen Provinz Sachsen gehörig. Im Sommer 1849, als Friedrich noch keine fünf Jahre alt war, starb überraschend sein Vater und kurz darauf auch sein jüngerer Bruder. Die Familie zog nach Naumburg, wo Nietzsche unter ausschließlich weiblicher Obhut aufwuchs. Zum sogenannten Naumburger Frauenhaushalt gehörten die Großmutter, zwei Tanten, die Mutter und die Schwester Elisabeth. Mit zwölf Jahren wechselte Friedrich vom Naumburger Gymnasium auf die Schule zu Pforta, die einen hervorragenden Ruf genoss. Der Tagesablauf in Pforta war geprägt von Disziplin, Strenge und Abgeschlossenheit. Zu den wenigen Freunden, die er auf der Schule hatte, gehörte der im Brief erwähnte Gustav Krug. Umso mehr sehnte sich Friedrich nach der Familie. Zu den regelmäßigen Ausflugstagen in Pforta traf er sich mit seiner Mutter und Schwester häufig in Almrich (dem heute zu Naumburg gehörenden Dorf Altenburg), einem bekannten Ausflugsort zwischen Pforta und Naumburg. Die Ferien und Feiertage verbrachte Nietzsche gewöhnlich zu Hause – so auch Weihnachten 1861, das er in diesem Brief an seine Schwester und seine Mutter herbeisehnt: »Weihnachten macht alles gut.«
 Nichts ist in diesem Brief zu spüren von dem, was seinen späteren Lebensweg bestimmen sollte: die Abkehr vom väterlichen Glauben. Sie vollzog sich allmählich, als schleichender

Prozess. Nach dem Schulabschluss in Pforta studierte Nietzsche zunächst evangelische Theologie und klassische Philologie in Bonn und Leipzig. 1869, im Alter von fünfundzwanzig Jahren, wurde er als außerordentlicher Professor für Altphilologie an die Universität Basel berufen. 1882 erschien dann seine Schrift *Die fröhliche Wissenschaft,* in der er aus dem Mund des »tollen Menschen« den »Tod Gottes« verkündete.

Doch auch wenn Nietzsche Gott und Kirche inzwischen strikt ablehnte: Sich ganz und gar dem weihnachtlichen Zauber zu entziehen gelang ihm nicht. So berichtete er Ende 1885 von der Côte d'Azur seiner Schwester und ihrem Mann, wie ihm das südliche Weihnachten zum »Festtag« geriet. Er habe »*drei* ganz große Gläser eines süßen Landweins« getrunken, schrieb er, und sei »beinahe a bitzeli betrunken« gewesen: »wenigstens sagte ich nachher zu den Wellen, wenn sie gar zu heftig heranschnoben, wie man zu den Hühnern sagt ›Butsch! Butsch! Butsch!‹ Dann fuhr ich wieder nach Nizza und aß in meiner Pension zu Abend, fürstlich; auch brannte ein großer Weihnachtsbaum. Denkt Euch, ich habe einen *boulanger de luxe* gefunden, welcher weiß, was ›Quarkkuchen‹ ist: er erzählte, dass der König von Württemberg sich einen solchen zu seinem Geburtstage bestellt hat. Das fällt mir bei dem Worte ›fürstlich‹ ein.«

## In dem engelhaften Wehen der Vor-Freude

Rainer Maria Rilke an seine Mutter Sophie

Muzot, vor Weihnachten 1923

*Meine liebe gute Mama,*
*unsere herzliche Sechs-Uhr-Tradition hat lauter frohe und*
*treue Eigenschaften: aber ist es nicht eine der schönsten, die*
*sie uns zugutekommen läßt, daß wir uns nicht allein, jedes*
*Jahr, die alte Weihnachtsfreude schenken, gegenseitig, son-*
*dern, daß dieser zwischen uns vertrauliche Gebrauch auch*
*noch die Weihnachts-Vor-Freude aufleben und dauern läßt,*
*die vor der geschlossenen Tür verhaltene, die immer von so*
*starker herzklopfender Bedeutung war! Denn indem jeder*
*von uns, infolge der Entfernung, die unsere Briefe zu über-*
*winden haben, genötigt wird, indem er schreibt, sich einige*
*Tage vor dem Fest schon seine ganze heimliche Gegenwart*
*vorzustellen, ja aus ihr heraus, das zu fühlen, was den Ande-*
*ren: Dir! – die Sechsuhrstunde betonen und erfüllen soll, ist*
*er unversehens in der großen reichen Vor-Freude drin und*
*spricht mitten aus ihr. Von nirgends her ist ja die Freude*
*erkennbar und ergreifbar als von der Vor-Freude aus. Also,*
*meine liebe Mama, da bin ich, in ihr, in dieser wohlbekann-*
*ten Vorfreude, die Freude sein wird, wenn Du dieses liest und*
*mich, im Innern dieser Zeilen, in Deine Arme schließest.*

*Aber laß mich noch eine Weile bei der Vorfreude bleiben.*
*Die habt Ihr mich ja, Du und Papa, in einer unvergleich-*
*lichen Weise, gelehrt, mittels der Vorbereitungen und Über-*
*raschungen, die bei uns zu diesem Fest gehörten. Was*
*schlug mir das Herz, vom Geburtstag an, über den St. Niko-*
*laus-Tag auf Weihnachten zu, und wie steigerte sich diese*
*seine Erregtheit immer noch mehr, am 21ten, am 22ten, am*
*23ten, bis am seltsam ausgesparten Nachmittag des 24ten, in*
*seinem nicht mehr zu steigernden Sturm jene Wind-Stille*
*eintrat, die im Menschlichen mit dem Zuviel beginnt, und in*
*deren reine Atemlosigkeit dann die Glocken, die Glocken-*
*spiele eindrangen, die dem Aufspringen der Türen zuvor-*
*flogen durch die Dämmerung des unvergleichlichen Winter-*
*tags. Vielleicht bin ich deshalb, meine liebe Mama, ein*
*solcher Rühmer der Freude geworden (sie dem Glück, auch*
*noch dem, was die Menschen ein großes Glück nennen,*
*unbedenklich vorziehend), weil Ihr mich zu so großer Vor-*
*freude erzogen habt und an diesem einen Tag, in dem so viel*
*Erfüllung geheimnisvoll zusammenkam, meinem Herzen*
*zumutetet, in der Leistung der Vorfreude, ein Maß der*
*Freude anzunehmen, das völlig unaussprechlich war. Die*
*Freude selbst war es dann ja auch: unaussprechlich. Viel-*
*leicht schlug in sie etwas Verwirrung hinein, etwas Taumel*
*fiel über sie her, etwas selige Müdigkeit beschlug sie ...*
*so daß man in ihr nicht mehr so klar, nicht mehr so rein*
*leistend war, nicht mehr so unbeschränkt aktiv wie in dem*
*engelhaften Wehen der Vor-Freude. Dort ging man, man*
*stieg —, hier, in der Freude, war man über einen äußersten*
*Rand gehalten und meinte nicht anders zeitweise, als zu*
*fallen, weich und tief zu fallen. Denn, wer weiß, vielleicht ist*
*das Leben so unendlich diskret, daß die Freude schon Ein-*
*bildung ist: vielleicht ist ja das ganze Irdische, in seiner*

*letzten Zusammenfassung, in der auch noch der größeste*
*Schmerz, als eine Einzelheit, untergeht, nichts als eine ein-*
*zige Vor-Freude – und die Freude, die uns hier überträfe,*
*wartet anderswo.*

*Feiern wir, meine liebe gute Mama, heuer in diesem Sinn*
*unser stilles gemeinsames Fest; lassen wir's, was die Geburt*
*des Heilands ja auch war, das Fest der Vorfreude sein. Denn*
*die Freude war die Erlösung, war die Auferstehung, war die*
*Himmelfahrt: und siehe: diese Ereignisse und Offenbarun-*
*gen der letzten Freude, der äußersten, übertrafen sogar*
*Maria so sehr, daß sie ihr nur noch als ein seliger Schmerz*
*faßbar waren.*

Rainer Maria Rilke wurde am 4. Dezember 1875 in Prag geboren. Mit Anfang zwanzig verließ er seine Heimatstadt
und übersiedelte nach München, von da an richteten sich
seine Aufenthaltsorte nach seinen kreativen Bedürfnissen. Er
brauchte die »große weite Welt«, eine inspirierende Umgebung und Gesellschaft, aber vor allen Dingen die Einsamkeit.
Sobald er diese bedroht sah, suchte er sich ein neues Domizil.
Immer wieder fand er Mäzene und Förderer, die ihm dies
möglich machten. Bei den vornehmen Adelshäusern Europas
zu Gast zu sein war eine Selbstverständlichkeit. 1901 wagte
Rilke durch die Ehe mit Clara Westhoff den Versuch eines
bürgerlichen Familienlebens, aber schon nach einem Jahr zog
es ihn wieder in die Ferne. Seine Frau und die gemeinsame
Tochter Ruth sah er von da an nur hin und wieder. 1919, nach
den unruhigen Jahren des Ersten Weltkriegs, erreicht den
Dichter eine Einladung in die Schweiz. Aus der geplanten

Reise wird ein dauerhafter Aufenthalt. Im schweizerischen Kanton Wallis entdeckt er ein Gebäude, das ihm wie geschaffen scheint, um die ins Stocken geratene kreative Arbeit wieder in Gang zu bringen: den Schlossturm von Muzot. In diesem »Schlösschen«, wie er es nennt, verbringt Rilke seine letzten Lebensjahre. Die Hoffnungen, hier optimale Arbeitsbedingungen zu finden, sollten sich erfüllen. Innerhalb weniger Monate vollendet der Dichter die 1912 begonnenen *Duineser Elegien* und schreibt die *Sonette an Orpheus* – ein kreativer Rausch, der bis heute für die mythische Berühmtheit des Schlossturms sorgt. Mit dem Weihnachtsbrief des Jahres 1923 kann er der Mutter, »der verlassenen alten Frau«, wie er gegenüber einer Freundin berichtet, die beiden Bücher »in die zitternden Hände« legen.

Nach seinem Weggang aus Prag hatte Rilke den Kontakt zu seiner Mutter per Brief gehalten, 1134 Briefe schrieb er an Sophia Rilke, genannt Phia. Der alljährliche Brief zu Weihnachten war geradezu obligatorisch. Darüber hinaus zelebrierten sie die »herzliche Sechs-Uhr-Tradition«, das gedankliche Zusammensein zu immer derselben abendlichen Stunde. Auch mit achtundvierzig Jahren gab sich Rilke ganz dem Zauber der Weihnachtstage hin und fieberte mit kindlicher »Vor-Freude« dem Heiligabend entgegen. Dabei standen keinerlei rauschende Festlichkeiten in Aussicht, die dieser Vorfreude Nahrung gegeben hätten. Dem Dichter genügten die Erinnerung an die Weihnachtstage seiner Kindheit und die Einsamkeit seines Arbeitszimmers. Weihnachten war inzwischen das »stille Fest« geworden. Mit Andacht und Inbrunst beging er alljährlich die »eine Nacht der Herrlichkeit« und teilte die überschwängliche (Vor-)Freude mit Briefpartnern in aller Welt. Die Erlebnisse des zurückliegenden Jahres, Erfolge, Sorgen und Probleme, ja selbst »das ganze Irdische« verschmolz in seinen Briefen mit den festlichen Tagen im Dezember. In der Frühzeit seines literarischen Schaffens widmete Rilke der Geburt des Christkindes sogar eine Erzählung und das eine oder andere Gedicht. In einem davon, das er im Dezember 1901 an seine Frau Clara schickte, heißt es: »Weihnachten ist der stillste Tag im Jahr, / da hörst du alle Herzen gehen und schlagen / wie Uhren welche Abendstunden sagen.«

Alle Jahre wieder schlug Rilkes Herz für die »feierliche Weihnachtsstunde«.

## Es ist der schönste Märchenabend des Jahres

Hans Christian Andersen an Carl Alexander von Weimar

*Kopenhagen, im Dezember 1850*

*Mein teurer Erbgroßherzog!*
*Weihnachten kommt, das kindliche, glückliche Weihnachten! In allen Häusern werden die Weihnachtsbäume geschmückt, auch in Weimar im großherzoglichen Schlosse steht der Christbaum; es ist Freude bei Klein und Groß; es ist der schönste Märchenabend des Jahres; es ist ein echter Kinderabend auch für die Erwachsenen! Ich bin in Gedanken bei Ihnen, mein hoher Freund, der Märchendichter steht unsichtbar in Ihrem Kreise. Haben Sie Dank für Ihre Freundschaft und Gesinnung gegen mich in dem alten Jahr; möge mit dem neuen, das kommt, ein helles und glückliches heranrollen!*
*Seit ich zuletzt geschrieben habe, ist einige Zeit vergangen; ja, es ist mir selber ein wunderlicher Gedanke, dass sie vergangen ist; eine lange Reise hätte ich machen können und habe mich doch still in Kopenhagens Mauern bewegt, habe diesen und jenen von den Freunden dort besucht und im Übrigen in meiner kleinen Stube gelebt, und doch bin ich weit durch eine neue Welt gewandert, die einer meiner ältesten Freunde, unser berühmter Ørsted, mir eröffnet hat.*

*Zu Beginn des Jahres erschien sein Werk* Der Geist in der Natur *– ich habe es schon früher Eurer Königlichen Hoheit gegenüber erwähnt; dies Buch ist mit Humboldts* Kosmos *verwandt und doch anders. Ich bin freilich schon fünfundvierzig Jahre, aber in meinem Innern bin ich oft erst zwanzig; ich glaube noch immer, dass ich als Dichter mehrere Stadien zu durchwandern habe, und in eine dieser Stadien hat Ørsteds Buch mich emporgehoben; es hat das Verlangen geweckt, in die Wissenschaft einzudringen, und ich habe in letzter Zeit viel in dieser Richtung gelesen, wodurch meine Produktivität etwas gehemmt und meine Korrespondenz mit meinen allerliebsten Freunden aufgeschoben worden ist. Ørsted hat immer zu mir gehalten, wir sind seit vielen Jahren Freunde; aber er ist mir noch näher getreten, weil er mein aufrichtiges Streben verstanden hat; mein zuletzt geschriebenes Buch* In Schweden *ist während dieses Entwicklungsprozesses umgeschrieben und wieder umgeschrieben; ein paar Abschnitte darin werden Ihnen, mein hoher Freund, wenn Sie Anfang 1851 das Buch bekommen, zeigen, wie Leben und Welt sich in mir abspiegeln. Fürchten Sie aber nicht, dass ich aus poetischer Frische ins Philosophische umschlage oder Lehrgedichte schreibe – das kann nicht geschehen; für mich ist das menschliche Herz die Lampe der Poesie, die ich festhalte, und wenn ich wie Aladin mit ihr in der strahlenden Höhle der Wissenschaften stehe, so werden deren Naturkräfte mich nicht in ihren Dienst zwingen, nein, ich will dort nur die Geister hervorrufen, die auf mein Geheiß mir ein neues Schloss der Poesie bauen müssen.*

*Mit Ørsted habe ich oft viele für mich lehrreiche Gespräche. Eure Königliche Hoheit bitte ich, sein Buch zu lesen; Sie werden erfüllt davon sein und den Mann lieb gewinnen. [...]*

*Jerichau, der Bildhauer, geht bald wieder nach Rom; er hat mich gebeten, vor der Abreise ihm zu sitzen; er will meine Büste machen. Seine Frau hat kürzlich ein Porträt von mir in Lebensgröße vollendet; das und ein außerordentlich schönes Bild von der Königin nimmt sie im Februar mit nach London. Wenn Eure Königliche Hoheit in der großen Ausstellungszeit dort sind, kommen Ihnen vielleicht die beiden Bilder vor Augen.*

*Dieses Weihnachtsfest ist das erste seit vielen Jahren, das ich in der Stadt verbringe; früher waren es immer acht bunt wechselnde, schöne Tage bei Graf Moltkes auf Bregentved. Dieses Jahr Weihnachten ist dort ein Trauerhaus; einer der Söhne, der bei den Husaren stand, ist an Typhus gestorben; er war ein liebevoller Sohn, ein liebenswürdiger Jüngling und konnte bei der Weihnachtsfeier immer das meiste Leben, den meisten Frohsinn in das kleine Lustspiel bringen, das wir aufzuführen pflegten. Von dem Weihnachtsbaum hier in der Stadt fliegen meine Gedanken zu dem Weihnachtsbaum im Weimarer Schloss, wo glückliche Kinder und glückliche Eltern und Großeltern sich vereinen. Gott segne und beglücke Sie alle! Ein fröhliches Weihnachten, ein glückliches neues Jahr!*

*Eurer Königlichen Hoheit herzlich ergebener H. C. Andersen*

Ein Märchendichter muss Weihnachten natürlich »märchenhaft« schön finden, und natürlich sitzt ein Märchendichter am Weihnachtsabend unter einem festlich geschmückten Tannenbaum und liest glücklichen Kindern Geschichten vor. Oder nicht? Wunschbild und Realität sind auch an Weihnachten nicht immer in Einklang zu bringen. Hans Christian Andersen war kein lieber Märchenonkel mit einer großen Familie. Er blieb sein Leben lang – eher Männern als Frauen zugeneigt – unverheiratet und kinderlos, und selbst das Wohnzimmer, das ein Baum hätte mit Glanz erfüllen können, war keine Selbstverständlichkeit. Selten ließ sich der Dichter irgendwo dauerhaft nieder oder bewegte sich »still in Kopenhagens Mauern«. Viel lieber durchquerte er die Welt, wohnte in fremden Häusern, bei Freunden, Bekannten und Gönnern in halb Europa. Er verkehrte mit zahlreichen berühmten Zeitgenossen, unterhielt gute Beziehungen zum europäischen Adel und selbst zu den vier dänischen Königen, die zu seinen Lebzeiten die Regentschaft innehatten. Auch in Deutschland, das ihm eine »zweite Heimat« wurde, lernte er viele Berühmtheiten kennen, darunter die Brüder Grimm, Heine, Tieck, Humboldt, Mendelssohn Bartholdy, Wagner, Schumann und Liszt.

Im Sommer 1844 machte er die Bekanntschaft von Carl Alexander, dem Herzog von Sachsen-Weimar-Eisenach. Begeistert über diese Begegnung, notierte er in seinem Tagebuch: »Ich habe den jungen Herzog recht lieb, er ist der erste von allen Prinzen, der mich recht angesprochen hat, wo ich wünschte, dass er kein Prinz wäre oder dass auch ich einer wäre.« Die Standesgrenzen sollten einer Freundschaft nicht im Wege stehen, sie hielt mehrere Jahrzehnte und überstand selbst schwere Krisen wie den 1. Deutsch-Dänischen Krieg, in den der Großherzog 1849 gezogen war. Auch Hans Christian Ørsted, der gerade sein naturphilosophisches Traktat zum *Geist in der Natur* veröffentlicht hatte, war ein enger Freund des Dichters. Bei ihrer ersten Begegnung war Andersen noch ein sechzehnjähriger Jüngling gewesen und Ørsted durch die Entdeckung des Zusammenhangs von Elektrizität und Magnetismus bereits ein berühmter Mann. Der »große Hans Christian«, wie Andersen ihn seit damals nannte, war einer der Ersten, die an die Begabung des »kleinen Hans Christian« als Märchendichter glaubten.

Wenn Andersens Produktivität im Jahr 1850 »etwas gehemmt« war, dann kann das nur sehr vorübergehend gewesen sein, denn das Œuvre, das er der Nachwelt hinterlassen hat, ist beträchtlich: Es sind mehr als hundertfünfzig Märchen und Geschichten, Tausende von Gedichten und Liedern, einige Romane, Reisebücher, Theaterstücke, zahlreiche selbst gestaltete Bilderbücher, Collagen und kunstvolle Scherenschnitte. Hinzu kommen neben seiner Autobiografie, der er den Titel *Märchen meines Lebens* gab, zwölf Bände mit Tagebuchnotizen und unzählige Briefe. Und all dies, obwohl er ständig mit »fliegendem Koffer« umherreiste. Die nötige Ruhe, die er zum Arbeiten brauchte, fand er nicht zuletzt auf dem Land. Zu seinen Gastgebern gehörte auch die Familie des dänischen Premierministers Adam Wilhelm Moltke, auf deren Schloss Bergentved Andersen das ein oder andere Weihnachtsfest verbrachte. In seinen Briefen berichtet der Dichter mehrfach von kurzweiligen Weihnachtstagen mit »Schnee, Tannen und Sonnenschein«, »Bällen, Jagd, Komödie und Spielen«, die »ineinandergehen, dass die Stunden gehen wie Minuten«. Doch aus traurigem Anlass mussten diese Vergnügungen im Dezember 1850 ins Wasser fallen, und der »schönste Märchenabend« des Jahres versprach eher einsam zu werden. Also reist Andersen in Gedanken von seiner Heimatstadt Kopenhagen nach Weimar, und man könnte meinen, in seinen Zeilen das Seufzen des kleinen Tannenbaums aus seinem gleichnamigen Märchen zu hören: »Wie ich an Sehnsucht leide! ... Wäre ich doch in der warmen Stube mit all der Pracht und Herrlichkeit!«

*Weihnachten – dieses ironischste aller*
*Feste, die man so feiert*

Erich Maria Remarque an Marlene Dietrich

[Paris, nach dem 7. Dezember 1937]

*Kleiner Nestvogel,*
*ich bin doch hier mit einer Ischias, die wie eine Kobra ist:*
*nahezu unverwundbar. Man geht mit allem auf sie los:*
*mit Hitze, mit Spritzen, mit Kurzwellen, – aber sie blüht*
*nur darunter auf. Weiß der Teufel, was Jupiter, der Geburts-*
*gebieter der Schützenkinder, mit mir vorhat. Vielleicht will*
*er mich durch Leiden läutern und durch Krummschließen*
*gerade richten. Zu irgendwas wirds schon gut sein; – wenn*
*zu garnichts anderem, dann zur Vermehrung des inneren*
*Reichtums.*
*Liebling, du bist doch sentimental, – da fällt mir ein, daß*
*ja dieser Brief ungefähr so zu Weihnachten bei dir sein*
*muß, – diesem ironischsten aller Feste, die man so feiert.*
*Für mich war es immer gleichbedeutend mit verdorbenem*
*Magen; – obgleich mir mein Kindertraum: eine Tafel Scho-*
*kolade, einen Meter lang und zwanzig Zentimeter dick, nie*
*erfüllt worden ist (als ich ihn mir kaufen konnte, machte es*
*keinen Spaß mehr; – so geht es mit Träumen), also trotzdem*
*verstand ich mit Spekulatius, Marzipan, Apfelsinen, Feigen,*
*frischgeschlachteter Sülze, Zwiebeln (eingelegt, die klei-*

nen!), Sauerbraten und Puddings es, meinen Magen wenigstens einigermaßen auf die Kniee zu bringen. Es kommt nur
auf die Geschwindigkeit des Essens dabei an.

Also du, – kleinster und weichster aller Nestvögel, – viel
zu früh herausgeschmissen aus dem Nest – zünde dir keine
Zeder, oder was man dort in Hollywood verwendet, vielleicht sogar irgendwelche Kakteen – an, sondern geh an den
Kognakbuddel. Nicht zuviel – nur so für drei gute Gläser –
eins auf dich, eins auf mich, und eins auf uns beide. Es ist
schon eine tolle Sache und ein kleines Wunder, daß Korn zu
Korn geflogen ist, – wir haben ja doch wirklich beide alles
dazu getan, daß es nicht so werden sollte. Gott, vor einem
Jahr, – es ist besser, nicht daran zu denken – ich kannte dich
noch nicht, – aber glaube mir, es ist keine dumme Redens-
art, – ich hatte dich wirklich seit sieben Jahren unter meiner
Haut und wollte nicht und wollte es vergessen und habe es
vergessen und wußte doch, ich konnte es nie ganz vergessen.

Süße, Geliebte, – ich habe vorgestern den Jeff Kessel noch
einmal gesehen, und es war wieder ungefähr das Gleiche mit
ihm; – nur diesmal mit Kognak und das ging schneller. Er ist
kaputt. Auch Josef Roth ist kaputt. Viele sind kaputt. Bin ich
auch kaputt? Oder holt mich Saturn, der Geheimnisvolle,
der über mir wachen soll, obschon er sonst immer zerstört,
wieder heraus? Ich glaube, ja. Ich habe oft schon wieder das
Gefühl der Fülle, des Drängens; und nicht nur das der leeren
Weite.

Aber deinen Geburtstag – er ist doch wohl am 27. – den
werde ich feiern, Geliebtes, mir Gegebenes! Nicht mit
Schnaps und Saufen – aber ich werde die beste Flasche, die
ich im Keller habe, in den See schütten – und viele Beschwö-
rungen murmeln – ich kenne welche – für dich und für mich
und für uns beide –

*Da, jetzt kommt der Arzt mit Spritzen und Quatsch –
Geliebtes, lebe wohl – sei gegrüßt, gegrüßt, du Geliebte und
geh nie von mir, du würdest mich zerreißen –*

Im Jahr 1930 begegneten sie sich das erste Mal in der Bar Eden
in Berlin: der Erfolgsschriftsteller und die Filmdiva. Damals
standen sie beide am Zenit ihrer Karriere, die Dietrich mit
dem Film *Der blaue Engel* unter der Regie von Josef von
Sternberg; Remarque mit seinem gerade erschienenen Anti-
kriegsroman *Im Westen nichts Neues*, der sogleich zum Bestseller wurde. Als sie sich sieben Jahre später, im September
1937, in Venedig wiedersehen und ineinander verlieben, ist die
Welt eine andere geworden. Nazideutschland hatte sie beide
aus dem Land getrieben, und sie mussten nun versuchen, sich
im Exil zurechtzufinden. Die Dietrich dreht in Hollywood,
doch ihre letzten Filme waren weder künstlerisch noch finanziell erfolgreich. Remarque hat sich im Tessin niedergelassen
und reist ziellos umher. Die riesigen Summen, die ihm ein
einziges Buch eingebracht hat, hält er in seinem Innersten
für unverdient. Er sucht nach einem neuen Romanstoff und
kämpft mit dem Ischias: »Bei Schriftstellern muss der Arsch
in Ordnung sein. Hexenschuss ist kein Stimulans. Ruhm wird
in den meisten Fällen ersessen. Beim Rest ist es Glück oder
Schwindel ...«

Eine zufällige Begegnung bei einem Mittagessen am Lido
steht am Beginn ihrer Liebesbeziehung, die fast drei Jahre
dauern sollte. Mit seinen Raubtieraugen und einem form-
vollendeten Handkuss erobert Remarque im Flug das Herz

der Dietrich. Zusammen reisen sie von Venedig nach Paris. Er folgt ihr nach Beverly Hills, sie geben das glamouröse Paar Hollywoods. Und wenn sie nicht zusammen sind, schreibt Remarque seinem »Puma« sehnsüchtige Briefe. Doch für beide bleibt es eine ambivalente Beziehung, bei der keiner der Partner Exklusivität beanspruchen kann. In seinem Tagebuch redet sich Remarque selbst ins Gewissen: »Du kannst nicht der Schlattenschammes eines Filmstars sein … Du hast zu arbeiten, deine Welt aufzubauen und dich zu freuen; das ist wichtig. Wenn du dann noch das Puma dazu hast, gut; – aber nicht so, allein nur das Puma. Pumas merken sowas auch u. fangen an, zu kratzen.« Und er fasst Vorsätze: »Sei wie das Puma; – spring alles an, wirf dich hinein, aber sei nirgendwo zu halten.«

Zeitweilige Trennungen und Versöhnungen folgen, im November 1940 gehen die beiden endgültig auseinander. Aber auch danach hört Remarque nicht auf, Marlene Dietrich zu schreiben. »Man besitzt an einem Menschen nur das, was man an ihm verändert hat«, heißt es in einem der letzten Briefe an die »über die Berge Verwehte«, die »Entglittene«.

*Hannover, 9. Dezember 1935*

*Liebste Tilly, so geht es also einem einfachen Mann, der sich in eine Mutter mit 2 Töchtern unglücklich verliebt: immer gehn die Kinder vor u. der Mann muß ein bescheidenes Schattendasein fristen.*

*Selbst an den christlichen Feiertagen, wo das Gemüts- u. Familienleben sein Recht beanspruchen kann, wird er ausgeschaltet, kaltgestellt, muß die 2. Rolle u die 5. Geige spielen! Berlin lockte Dich gewiß diesmal auch* besonders, *da sind die neuen Bekannten von der Tournee u. die* alten *werden wohl auch dasein von München bis London und Wladiwostok – also frohes Fest voll Erinnerungen u. neuen Hoffnungen, der Herr hat's gegeben, der Herr hat's genommen u. vom Himmel hoch da kommt es her, also falten wir die Hände!*

*O Tilly, diesmal rückst* Du *aber unser Wiedersehn hinaus, das muß ich festhalten! Aber ich sehe leider ein, daß es nicht anders geht, Du kannst nicht am 25. XII schon wieder auf Reisen gehn. Nein, bleibe in Deiner schönen warmen Wohnung, erhole Dich, genieße die Liebe und Anbetung Deiner Töchter, die Verehrung Deiner Geschwister und*

*meine aus der Ferne kommende Sehnsucht nach Dir, einem*
*Weihnachtsbaum u. einer Familie, die mich nicht störte u.*
*wo ich nicht störte u. wo ich hingehörte. Aber das giebt es*
*nicht.*

*Wo ich hingehe, weiß ich heute noch nicht. Nele fährt zu*
*ihren Vizeeltern. Ja, wenn Du ihr noch M. 10 schicken könn-*
*test, wäre es sehr lieb von Dir. Sie schrieb schon wieder, sie*
*müsse zur Diebin werden, wenn ich nicht vor Weihnachten*
*noch senden könnte. Soll ich die M. 10 an Pamela senden?*
*Da Dich der Geldpostbote unterwegs wohl kaum erreicht?*
*Hast Du Deinen Paß mit? Adresse:*

*Nele B. Kolding,*
*Dyrehavegaardsveg 7*
*Dänemark.*
*17 Kronen.*

*Also wir sehn uns dann wohl Anfang Januar. Vielleicht mie-*
*te ich morgen die Wohnung in d. Arnswaldtstr. 3, von der ich*
*schrieb, neu, klein, I. E[tage] alles nach hinten liegend, etwas*
*dunkel, Ofenheizung, aber die Lage mir sehr angenehm,*
*ganz nah von jetzt, u. alles in allem mehr eine kleine Höhle*
*für Menschenfeinde u. Flüchtlinge als ein Renaissancepalast.*
*Kuß u. Liebe von*
*Deinem G.*

Im Frühjahr 1935 gab der Arzt und Schriftsteller Gottfried
Benn seine Berliner Praxis für Haut- und Geschlechtskrankheiten auf und siedelte nach Hannover über. Dorthin war
der Fünfzigjährige als Sanitätsoffizier kommandiert worden,

nachdem er sich um die Wiederaufnahme in die Wehrmacht beworben hatte. Für ihn war es die »aristokratische Form der Emigration«: Seine Sympathien für das nationalsozialistische Regime waren zu diesem Zeitpunkt längst wieder erkaltet, und in Berlin sah er sich zunehmenden Anfeindungen ausgesetzt. Doch das Leben fern von Berlin erweist sich schnell als recht trostlos: »Wetter, Stadt, Dienst, alles elend.« Für Abwechslung sorgen Theater, Oper und Kino – und seine Verbindung mit der bekannten Schauspielerin Tilly Wedekind. »Er kam mit Veilchen und – er gefiel mir gleich: mittelgroß, untersetzt, mit einem interessanten Kopf. Er hatte einen Schmiss über der linken Backe, Erinnerungen an seine Studentenzeit …«, berichtet diese über ihr Kennenlernen im Frühjahr 1930. In Berlin sahen sie sich oft, machten mit Tillys Wagen Ausflüge ins Grüne und telefonierten fast täglich. Nun, mit der räumlichen Trennung, wird der Brief zum wichtigsten Mittel der Kommunikation.

Es ist aber kein einfaches Verhältnis. Gottfried Benn war nicht der Mensch, der sich einem anderen vollständig hingeben konnte. »Um mich steht eine Mauer aus Kühle u. Abgeschlossenheit, über die niemand hinüberkann«, heißt es gleich in einem seiner ersten Briefe an Tilly Wedekind. »Auch lohnt sich das gar nicht, das Hinübergelangen, es ist nichts drin außer einigen Hieroglyphen.« Erst nach fünf Jahren geht er vom Sie zum Du über. Stets ist Benn um angemessene Distanz bemüht, doch als Weihnachten naht – das erste Weihnachten in der neuen, ungeliebten Stadt –, sehnt er sich nach Geborgenheit und einer Familie – zumindest nach einer, die »nicht stört«. Aber die Freundin lässt sich nicht nach Hannover bewegen, sie verbringt das Fest lieber in ihrer Wohnung in Berlin-Steglitz im Kreis ihrer beiden Töchter Kadidja und Pamela. Dafür schickt sie Benn ein

Paket mit Pfeffernüssen, Pfirsichen und einem kleinen Weihnachtsbaum.

Im Alter notiert Benn in sein Notizbuch: »Ich habe mit sehr vielen Frauen ›was gehabt‹, über ganz Europa sind sie verstreut, auch USA! Wunderbare Frauen. Was heißt das: ›was gehabt‹? Hoffentlich bin ich zärtlich munter gewesen, das ist etwas sehr Schönes, ich kann mir keinen Vorwurf machen, es ist lange her, jahrelang denkt man nicht mehr daran, selbst Namen habe ich vielfach vergessen.«

Zu diesen »wunderbaren Frauen« gehörten die Schriftstellerinnen Else Lasker-Schüler und Thea Sternheim, die Zeichnerin und Puppenkünstlerin Erna Pinner, die Bibliothekarin Gertrud Zenzes, die Journalistin Käthe von Porada, die Opernsängerin Ellen Overgaard. Parallel zu Tilly Wedekind hat Benn ein Verhältnis mit Elinor Büller, auch sie eine erfolgreiche Schauspielerin. Zwei Jahre später wird er sie dann beide, die Büller und die Wedekind, verlassen und seine einundzwanzig Jahre jüngere Sekretärin Herta von Wedemeyer heiraten (seine zweite Ehe; der ersten, mit Edith Brosin, entstammt die im Brief erwähnte Tochter Nele). Aber auch als Ehemann war und blieb Benn ein Mann der Frauen, bürgerliche Moralvorstellungen scherten ihn wenig. »Gute Regie ist besser als Treue«, heißt es dazu in einem Brief an seinen Vertrauten F.W. Oelze. Ob es seine zahlreichen Geliebten ebenso gesehen haben? Als Tilly Wedekind 1937 von der geplanten Hochzeit Benns erfuhr, fiel ihre Reaktion jedenfalls deutlich aus: »Ich schrieb ihm einen sehr heftigen Brief – er würfe mich in den Abgrund, wie er es mit allen getan, die ihn geschätzt hatten; ich bedauerte heute schon seine zukünftige Frau, die nur geheiratet werde, um zu kochen, zu tippen und seine Socken zu stopfen; von mir hätte er zum letzten Male gehört.«

Sie blieben dann doch befreundet, und Tilly Wedekind hob all die Briefe, die der Dichter und Geliebte ihr geschrieben hatte, bis an ihr Lebensende auf.

*Dieses Jahr kommen acht Menschen und zwei Hunde zu meinem Weihnachtsessen*

Helene Hanff: Briefe aus New York

[New York,] Dezember [1978]

*Das ist die Jahreszeit, in der es zwei Arten von New Yorkern gibt: die Weihnachtshasser, die sich dem Fest auf einem Kreuzfahrtschiff entziehen, und die, die sich wie Fünfjährige leidenschaftlich darauf freuen. Für eine leidenschaftliche Fünfjährige wie mich hat Weihnachten in New York glänzende Vorteile. Wenn man es aber in einer New Yorker »Studio«-Wohnung, also einer Einzimmerwohnung, richtig feiern will, hat man mit Nachteilen zu kämpfen, die einen Hausbesitzer schier zur Verzweiflung bringen würden. Fangen wir mit den Vorteilen an.*

*In New York beginnt die Weihnachtszeit mit der Baum-lichter-Zeremonie an der Presbyterianischen Kirche, einem roten Backsteinbau an der Park Avenue. Ich sollte aber zunächst erklären, dass die Avenues auf der Insel von Manhattan von Nord nach Süd verlaufen und von den Straßen gekreuzt werden, die von Ost nach West verlaufen; und zweitens, dass die Park Avenue ihren Namen daher hat, dass es auf dem Abschnitt zwischen der 96sten und der 45sten Straße einen grünen Mittelstreifen mit Blumenrabatten gibt. Zur Weihnachtszeit wird an jeder zweiten Straßenkreu-*

zung ein kleiner Weihnachtsbaum aufgestellt, der nur mit kleinen weißen Lichtern geschmückt ist. An dem festgelegten Tag begibt man sich zu der Kirche Ecke 94ste Straße und Park Avenue, wo ein Liedersingen im Freien stattfindet. Der Geistliche oder jemand anders betätigt den Schalter, und alle gucken zu, wie mit einem Mal alle Lichter an all den kleinen Bäumen an der Park Avenue angehen, und das über eine Länge von fünfzig Blocks.

Das ist der Startschuss für mich, mit dem Einkaufen anzufangen – und wenn man seine Weihnachtseinkäufe auf der Fifth Avenue macht, wird man von lauter hübschen Dingen abgelenkt. Als Erstes stellt man sich vor dem Kaufhaus Lord & Taylor an, um die weihnachtlich geschmückten Schaufenster anzusehen. In diesem Jahr ist das Thema »Nach Hause kommen an Weihnachten«. In einem Fenster ist ein Modell vom J.-F.-K.-Flughafen aufgebaut, mit Puppen, die Passagiere darstellen, und Gepäck und Wartehallen. In einem anderen Fenster steht ein Modell der George-Washington-Brücke mit all den Lichtern und dem Verkehr – und einem Autofahrer, der Pech und einen Platten hat. Mein Lieblingsfenster ist das, in dem ein Modell von einer Subway-Station aufgebaut ist, mit vielen Menschen, einer Snackbar und einem Mann, der mit einem Weihnachtsbaum über der Schulter die Treppe herunterkommt.

Wenn man an einem Mittwoch einkaufen geht, kehrt man gegen Mittag in die St. Thomas Church ein – sie liegt auf halbem Wege zwischen Saks und Bonwit's –, um den hervorragenden Männer- und Knabenchor mit einer Aufführung von Benjamin Brittens St. Nicholas oder der Ceremony of Carols zu hören. Und natürlich bleibt man bei Einbruch der Dunkelheit am Rockefeller Plaza stehen, um sich die Weih-

nachtslieder anzuhören, die unter dem fünfundzwanzig
Meter hohen Baum gesungen werden.

Die Gratiskonzerte, die man hier im Dezember hören
kann, sind eine einzige Freude. Jede Woche guckt man in der
New York Times nach, in welcher Kirche es ein Konzert gibt,
und tut sich schwer mit der Entscheidung. Soll man den
ganzen Weg zur 122sten Straße und zur Riverside Church
machen, um dort die beste Aufführung des Messias in der
ganzen Stadt zu hören – oder geht man doch lieber ins
Weihnachtsoratorium von Bach, das in St. Bartholomew an
der Park Avenue, Ecke 49ste Straße aufgeführt wird? Und
wenn man sich nun an diesem Sonntag für Bach in St. Bart
entscheidet, kann man dann am nächsten Sonntag die beste
Messias-Aufführung in der Ascension Church an der zehn-
ten Straße hören oder in der Heavenly Rest Church an der
94sten?

War man in Midtown bei einem Abendkonzert, läuft man
anschließend auf der Park Avenue nach Hause. An der Park
Avenue in Midtown stehen lauter Bürohochhäuser mit
bepflanzten kleinen Plätzen davor und dazwischen; und zur
Weihnachtszeit werden die Bäume und Büsche auf diesen
Plätzen über und über mit Lichterketten behängt, die aber
Tausende von winzig kleinen weißen Lichtern haben. Man
geht also zwischen dem Glitzern der Sterne am Straßenrand
nach Hause, während in der Mitte die golden erleuchteten
Weihnachtsbäume funkeln.

Am Samstag vor Weihnachten stelle ich in meiner Wohnung den Baum auf, aber seit einiger Zeit gebe ich keine
Baumschmückparty mehr. Womit wir bei den Nachteilen
von Weihnachten in einer Einzimmerwohnung wären. Es ist
meine Überzeugung, dass im Zeitalter der Schlafcouch der
wahre Sinn eines Schlafzimmers darin besteht, die Mäntel

der Gäste dort abzulegen. Am Tag meiner Baumschmückparty trug ich immer den gesamten Inhalt meines Kleider-
schranks in die Einzimmerwohnung einer Freundin, um so
Platz für die fünfundzwanzig Gästemäntel zu haben. Ich lud
nämlich immer die fünfundzwanzig aktiven Mitglieder des
Democratic Club ein, und wenn einer sagte: »Kann ich noch
jemanden mitbringen?«, dann sagte ich: »Na klar.« Nor-
malerweise bekam ich acht bis zehn Absagen, dann lud ich
acht bis zehn Leute von einem anderen Democratic Club ein.
Aber einmal gab es einen Schneesturm, und alle, die eigentlich wegfahren wollten, blieben zu Hause, so dass zweiundvierzig Gäste zu meiner Party kamen. Mir gingen das Essen,
das Besteck und der Platz aus, und als gegen Mitternacht
die Kleiderstange unter dem Gewicht von zweiundvierzig
Wintermänteln zusammenbrach, war das das Ende meiner
jährlichen Baumschmückparty.

Dieses Jahr kommen acht Menschen und zwei Hunde zu
meinem Weihnachtsessen, und da Einzimmerwohnungen
kleine Kühlschränke haben, muss man sich einen genauen
Plan machen. Man macht die Pies, die Preiselbeersauce
und die Süßkartoffel-Kasserolle im voraus und verteilt sie
im Gebäude auf die Kühlschränke der anderen Mieter,
denn mehr als der Truthahn, die Vorspeisen, das Gemüse und
der Eierpunsch passen nicht in den eigenen Kühlschrank.
Sobald am Weihnachtsmorgen der Truthahn im Backofen
ist, sammelt man die Sachen wieder ein. Und da muss man
genau überlegen, ob die Kasserolle in Wohnung 4-F oder
16-B ist und ob man auch den Schlüssel zu 8-E auf der
gleichen Etage abgeholt hat, denn Shelley und Susan sind
über Weihnachten in die Skiferien nach Vermont gefahren,
und die Pies stehen bei ihnen in der Kühltruhe.

Duke, der Schäferhund, kommt zum Hauptgang, Chester,

*der alte Bobtail, kommt zum Nachtisch und zum Kaffee, und ich habe immer noch nicht die Christmas Stockings für sie gefüllt. Gleich gehe ich zu dem Dog Shop bei Saks, um zu sehen, was es Neues gibt. Meine modisch immer topaktuelle Freundin Arlene hat mich angerufen und gesagt, sie habe die Geschenke für die Hunde da gekauft.*

*»Ein Rasierwasser für Hunde, es heißt Schnüffell. S-C-H-N-Ü-F-F-E-L-L. Wenn das nicht chic ist!«*

*Frohe Weihnachten.*

Vom Herbst 1978 an sendet eine kleine zweiundsechzigjährige Amerikanerin per Radiofunk »Briefe« von New York nach England. Im Auftrag der Londoner BBC berichtet die Drehbuchschreiberin und Autorin Helene Hanff einmal im Monat von ihrem Leben in der amerikanischen Metropole. Aus dem geplanten sechsmonatigen Gastspiel bei der Radiosendung *Woman's Hour* werden sechs Jahre, und schließlich gibt es auch eine Veröffentlichung als Buch mit dem Titel *Briefe aus New York*. In einem Ton, als würde sie mit lieben Freunden korrespondieren, führt Helene Hanff die Engländer in fünfminütigen Beiträgen durch die Straßen ihrer Stadt, in der sie seit nunmehr vier Jahrzehnten lebt. Sie lässt sie teilhaben am Wechsel der Jahreszeiten, an Schneestürmen und Spaziergängen durch den Central Park, an den Feierlichkeiten in der Stadt, an Paraden und Konzerten, an ihrem eigenen Alltag und dem ihrer Nachbarn und Freunde – vierbeinige Freunde eingeschlossen. Es sind wunderbar altmodische Anekdoten voller Witz, Lebensfreude und Herzenswärme. Dabei war das Leben der 1916 in Philadelphia geborenen Autorin keineswegs einfach und unbeschwert. In den Jahrzehnten nach dem Zweiten Weltkrieg hatte Helene Hanff als unverheiratete und praktisch mittellose Autorin noch immer Exotenstatus. Viele Türen blieben ihr verschlossen, und sie konnte von ihrem Schreiben gerade so eine bescheidene Existenz aufrechterhalten. Erst 1970, mit Anfang fünfzig, gelang ihr mit *84, Charing Cross Road* völlig unerwartet der literarische Durchbruch. Auch bei diesem Buch handelt es sich um eine Sammlung von Briefen: die Veröffentlichung einer zwanzigjährigen Korrespondenz zwischen ihr und dem Londoner Antiquar Frank Doel. In einem dieser Briefe schildert sie im April 1950 selbstironisch ihre Lebensumstände: »Ich sehe ungefähr so elegant aus wie ein Bettler am Broadway. Ich trage nur mottenzerfressene Pullover und Wollmäntel, weil wir den ganzen Tag über keine Heizung haben.« Alle anderen Mieter waren »normale« Berufstätige, die von morgens bis abends außer Haus waren. »Warum sollte es der Besitzer für eine kleine Drehbuchleserin bzw. -schreiberin beheizen, die zu Hause in ihrer Erdgeschosswohnung arbeitet?«

Achtundzwanzig Jahre und einen großen Bucherfolg später ist Helene Hanff zwar umgezogen, aber an ihren Lebensumständen hat sich nicht allzu viel geändert. Noch immer beschränkt sich ihr Reich auf eine kleine Einzimmerwohnung in einem »gemütlichen Kaninchenstall«, wie sie ihren Wohnblock an der Upper East Side nennt. Aber das Zusammenleben auf engstem Raum funktioniert so symbiotisch wie in einer Kleinstadt: Man sorgt füreinander, kümmert sich um Haustiere und Kranke, fährt zusammen ins Wochenende und feiert gemeinsam Geburtstage, Thanksgiving oder Weihnachten. Und so ist auch am Weihnachtsfest des Jahres 1978 nicht die Rede von Einsamkeit, sondern vielmehr von der logistischen

Herausforderung, »acht Menschen und zwei Hunde« in einer Einraumwohnung unterzubringen und zu beköstigen.

Aus Helene Hanffs »Briefen« erfahren die Leser auch, wie sich diese Gemeinschaft mit der Zeit verändert. Zwei Jahre später sind die einen beim Militär, die anderen im Hafen der Ehe gelandet, die Süßspeise befindet sich »in der Kühltruhe von 16-F und der Süßkartoffel-Auflauf im Kühlschrank von 4-F«, und die geliebten Hunde Chester und Duke sind nicht mehr dabei – sie sind beide gestorben. Aber sie haben einen Nachfolger, der »schönste Bobtail der Welt« hat in den Wohnblock Einzug gehalten und wird nun »neben dem Teewagen hertrotten, so wie es die anderen Hunde vor ihm getan haben. – Frohe Weihnachten.«

## Ich komme für die Feiertage nach Hause, mit einem Mann und einem Motorrad

Dorothy L. Sayers an ihre Mutter

18. Dezember 1922

Liebste Mutter –

Bitte fall nicht in Ohnmacht – ich komme am Samstag für die Feiertage nach Hause, mit einem Mann und einem Motorrad. Sei so nett und nimm ihn mit ein paar Worten und einem Lächeln einigermaßen freundlich in Empfang.

Es ist niemand, den Du kennst – es ist ein armer Teufel, der bei den Leuten über mir gewohnt hat. Ich habe mich an einem Wochenende mit ihm angefreundet, an dem sie ihn hier allein gelassen haben, sozusagen, und er war mir äußerst dankbar und hat mich dafür andauernd mit seinem Motorrad in der Gegend herumgefahren. Er hat weder einen Cent in der Tasche noch ein Dach über dem Kopf, und sein Arbeitgeber ist pleite – eine Autowerkstatt – von der er wenigstens noch das Benzin umsonst kriegt (daher die Vergnügungsfahrten) – das ist alles, was er momentan auftreiben kann – aber Benzin kann man nun mal weder essen, noch kann man darin schlafen. Da die Dinge so stehen und seine Freunde in die Weihnachtsferien gefahren sind und die Familie des armen Kerls an einem unchristlichen und weit entfernten Ort lebt und er selbst nach Weihnachten wieder *in der Stadt sein muss – und so weiter –, deshalb habe ich gesagt, wenn ich mir seinetwegen das Geld für den Zug sparen kann, würde ich ihm im Austausch Unterkunft und Verpflegung bieten. Er war wirklich außerordentlich dankbar! Mein Gott! Ich war selbst oft genug einsam und mittellos in London, um zu wissen, wie sich das anfühlt – und ich weiß, ich kann mit Deinem Mitgefühl gegenüber den Arbeitslosen rechnen – Also, erwarte uns irgendwann am Samstag – Und mach Dir keine Sorgen – er ist ein absolut vorsichtiger und erstklassiger Fahrer mit Sicherheitsausstattung und so weiter. Brooklands ist für ihn eine Art Zuhause, sozusagen – und ein Motorschaden wäre ein willkommener Anlass für eine Zigarettenpause – und sonst nichts. Er heißt Bill White, und ich lege für seine Anständigkeit die Hand ins Feuer. Intellekt ist nicht gerade seine Stärke – literarischer Intellekt, meine ich –, er weiß alles über Autos, wie man segelt und so weiter – tatsächlich ist er der letzte Mensch, von dem Du erwarten würdest, dass ich ihn mit nach Hause bringe, aber er ist wirklich ziemlich liebenswert und so unglaublich dankbar für ein Dach über dem Kopf …*

Die britische Schriftstellerin Dorothy L. Sayers hatte harte Zeiten hinter sich, als sie 1922 mit »Mann und Motorrad« in den Weihnachtsurlaub fuhr. Nicht anders als der arme Bill White wusste sie, was Einsamkeit und Geldsorgen bedeuteten. Noch im Jahr zuvor hatte sie ihrer Mutter zu Weihnachten geschrieben, wie unangenehm ihre finanzielle Situation sei und wie sehr sie sich wünschte, »einen vernünftigen Job zu finden oder aber irgendeinen Weg, um mit dem Schreiben Geld zu verdienen«. Ihre Voraussetzungen waren glanzvoll: Sie hatte als eine der ersten Frauen in Oxford studiert und kurz nach dem Studium bereits zwei Gedichtbände veröffentlicht. Als Tochter eines evangelischen Pfarrers wandte sie sich zunächst religiösen Themen zu und strebte eine Karriere als »ernsthafte Schriftstellerin« an. Aber eine Lebensgrundlage bot ihr das nicht. Den »vernünftigen Job« fand die neunundzwanzigjährige Autorin schließlich in einem ganz anderen Metier: Sie stieg 1922 als Texterin bei der Londoner Werbeagentur S. H. Benson ein. Da der Job ihr genug Zeit ließ, schrieb sie nebenbei eine Kriminalgeschichte und erfand die Figur des smarten Kriminaldetektivs Lord Peter Wimsey. *Whose Body?* (auf Deutsch: *Der Tote in der Badewanne*) erschien 1923 in einem Londoner Verlag. Es war die Geburtsstunde einer der berühmtesten Detektivfiguren der Kriminalliteratur und einer der größten »Crime Ladys« des 20. Jahrhunderts.

Aber noch eine andere unerwartete Geburt stand ins Haus. 1922 hatte sich Dorothy Sayers in den Schriftsteller John Cournos verliebt. Mit ihm hätte sie gern ihr Leben verbracht und Kinder gehabt, aber »der Mann ihres Lebens« teilte diese Ambitionen nicht. Als Bill White ihren Weg kreuzte, musste Dorothy gerade mit dem für sie schmerzvollen Ende der Beziehung fertig werden. Wie Dorothy ihrer Mutter gegenüber es selbst schilderte, war Bill White ein Mann von einfachem Schlag, der sich auf der Londoner Rennbahn Brooklands zu Hause fühlen würde, aber niemals in einem literarischen Salon. Was zunächst nichts weiter als ein Akt der Nächstenliebe war, zog doch mehr nach sich als eine harmlose »Zigarettenpause«. Dorothy stürzte sich in eine turbulente Affäre und wurde schwanger. Im Januar 1924 brachte sie den gemeinsamen Sohn John Anthony zur Welt, den sie in die Obhut einer Tante gab und bis ins hohe Alter vor aller Welt verheimlichte. Zwei Jahre später heiratete sie den Journalisten Oswald Arthur Flemming.

»Leben ist, was uns zustößt, während wir uns etwas ganz anderes vorgenommen haben«, hat der amerikanische Autor Henry Miller einmal gesagt. Angesichts der Ereignisse, die damals ihr Leben durcheinanderwirbelten, hätte Dorothy L. Sayers dem wohl aus vollem Herzen zugestimmt.

## Obwohl es nichts Schöneres gibt als leuchtende rote Kugeln

Zelda Fitzgerald an Scott F. Fitzgerald

[Montgomery, Alabama, Dezember 1931]

*Mama hat mir den ganzen Nachmittag lang vom Sezessionskrieg und ihrem Vater und ihrer Kindheit und von so vielen angenehmen, behüteten Dingen erzählt. Es ist so schön, bedeutende Männer zu haben, und ich bin so froh, dass Du einer bist. Ich wünsche mir, dass Du nach Hause kommst und dass wir einen Sohn bekommen und eine Menge lebenswichtiger Dinge besitzen. Ich liebe Dich so sehr, mein Liebster.*

*Liebling: wieder ein Tag des Herumstapfens im Regen mit Himmeln, die wie mit langustenfarbenem Lehm beschmiert sind, und Wind, der draußen tost wie ein Gebirgsfluss.*

*Wir haben eine Puppe mit sehr langen Beinen und Haaren wie Uhrfedern ausgesucht – ein köstliches Geschöpf mit wildem, misstrauischem Blick, die mit uns Weihnachten feiern wird. Ihr einziger Fehler ist, dass sie keinen Humor hat. Es gab auch ein paar süße Babypuppen – Deo, wir brauchen wirklich ein Baby. Der Regen rieselte über die Fensterscheiben, und der Spielzeugladen war dämmerig wie in Hoffmanns Erzählungen, und die Spielsachen kamen einem, ganz, wie es sich gehört, unerreichbar vor. Es war sehr vikto-*

*rianisch. Es gab viele hübsche Sachen, und meine Wahl fiel auf Scottie mit ihrem Haar, das sich wie Daumenabdrücke in der Teatime-Butter über ihre Backen legt, und mit dem Regen ihrer Begeisterung in den Augen. Ich lasse unsere rituellen Kimonos für unsere Mütter schneidern, da es in den Geschäften nichts so An-einstige-Frivolität-Erinnerndes gibt. Der Baumschmuck hat durch das lange Lagern seinen Sex-Appeal verloren, und ihn zu benutzen wird sein, als ob man zu Ostern alte Kleider anzieht, aber alles ist noch völlig heil, und wir haben genug, daher kaufe ich nicht noch welchen – obwohl es nichts Schöneres gibt als leuchtende rote Kugeln, die einem wie die Evolution eines Juwels vor den Augen baumeln. Ich nehme an, deswegen lieben Wilde solche Sachen so: Sie sind auf demselben Niveau. [...]*

*My Love, my love, my love – ich liebe Dich so. Ich möchte Dich hier daheim in meinen Armen haben. Ich liebe Dich.*

*Zelda*

Sie gelten als *das* Glamourpaar der Zwanzigerjahre und die Verkörperung des »Jazz Age«. In New York, Paris und an der französischen Riviera stürzten sie sich in das Leben der Reichen und Schönen – keine große Party, kein gesellschaftliches Ereignis, das ohne sie stattfand. Zelda und F. Scott Fitzgerald genossen es, aufzufallen und im Mittelpunkt zu stehen. Die Anekdoten und Legenden, die sich um sie ranken, sind Legion. Einmal, als sie zu einem Kostümfest von Samuel Goldwyn, dem berühmten Boss der Filmstudios Metro-Goldwyn-Mayer, keine Einladung erhalten hatten, postierten sie sich vor der Haustür, gingen auf alle viere und fingen zu bellen an, bis sie hereingelassen wurden. In seinen Erzählungen und Romanen – darunter *Die Schönen und Verdammten* und *Der große Gatsby* – hielt F. Scott Fitzgerald dieser Welt, deren Teil sie waren, den Spiegel vor. Das Geld, das er damit verdiente, gaben sie beide mit vollen Händen aus, und nie war genug davon da. »Ich hasse Geiz und ebenso, für irgendetwas vorzusorgen«, erklärte Scott.

Doch auch Zelda war ein Mensch mit vielen Talenten. Es füllte sie nicht aus, die Frau eines berühmten Schriftstellers zu sein. Sie rang um künstlerische Eigenständigkeit, strebte eine Karriere als Balletttänzerin an, zeichnete und schrieb selbst Erzählungen und Romane. War in einem solchen Leben, wie es die Fitzgeralds führten, überhaupt Platz für Kinder und für eine Familie? Um ihre gemeinsame Tochter Scottie, die 1921 zur Welt kam, kümmerte sich die meiste Zeit ein Kindermädchen, das mit den Fitzgeralds auf Reisen ging. Ein berühmtes Foto aus dem Jahr 1925 zeigt das Paar zusammen mit ihrer Tochter. Nebeneinander stehen sie vor einem riesigen Weihnachtsbaum, mit Ketten und Kugeln über und über behängt; unter dem Baum türmen sich die Geschenke. Sie halten sich an der Hand, das rechte Bein schwungvoll in die Höhe gestreckt. Es ist eine gestellte, fast schon komische Szene, allen dreien steht die Anspannung ins Gesicht geschrieben.

Dass sich zumindest Zelda nach einem Familienleben und auch nach einem zweiten Kind sehnte, zeigt der Weihnachtsbrief, den sie ihrem Mann im Dezember 1931 schreibt. Mit dem Börsenkrach an der Wall Street war das »Jazz Age« zwei Jahre zuvor schlagartig zu Ende gegangen. Die Fitzgeralds hatten sich in Montgomery, Alabama, niedergelassen, wo Zelda ihre Kindheit verbracht hatte. Hier in den Südstaaten schien die Zeit stehen geblieben zu sein. Scott Fitzgerald fühlte sich eingeengt, und mit Freuden nahm er das Angebot an, in Hollywood als Drehbuchautor zu arbeiten. Seit Längerem schon befand sich ihre Ehe in einer Krise. Das zweite, das dunkle Kapitel des Lebens der Fitzgeralds ist oft erzählt worden – die Auseinandersetzungen und Zerwürfnisse, die Existenzsorgen, die Alkoholsucht Scotts, Zeldas ausbrechende Schizophrenie und ihre Klinikaufenthalte, schließlich der frühe Tod beider – und bisweilen so, als handelte es sich dabei um die unweigerliche Folge ihres ausschweifenden Lebens der wilden Zwanziger. Das ist eine recht eindimensionale Lesart der Geschichte zweier Leben und einer Liebe, die zu den großen des 20. Jahrhunderts zählt.

Breslau, Mitte Dezember 1917

*Jetzt ist es ein Jahr, daß Karl in Luckau sitzt. Ich habe in diesem Monat oft daran gedacht und genau vor einem Jahr waren Sie bei mir in Wronke, haben mir den schönen Weihnachtsbaum beschert … Heuer habe ich mir hier einen besorgen lassen, aber man brachte mir einen ganz schäbigen, mit fehlenden Ästen – kein Vergleich mit dem vorjährigen. Ich weiß nicht, wie ich darauf die acht Lichtlein anbringe, die ich erstanden habe. Es ist mein drittes Weihnachten im Kittchen, aber nehmen Sie es ja nicht tragisch. Ich bin so ruhig und heiter wie immer. Gestern lag ich lange wach – ich kann jetzt nie vor ein Uhr einschlafen, muß aber schon um zehn ins Bett – dann träume ich verschiedenes im Dunkeln. Gestern dachte ich also: Wie merkwürdig das ist, daß ich ständig in einem freudigen Rausch lebe – ohne jeden besonderen Grund. So liege ich zum Beispiel hier in der dunklen Zelle auf einer steinharten Matratze, um mich im Hause herrscht die übliche Kirchhofsstille, man kommt sich vor wie im Grabe; vom Fenster her zeichnet sich auf der Decke der Reflex der Laterne, die vor dem Gefängnis die ganze Nacht brennt. Von Zeit zu Zeit hört man nur ganz*

*dumpf das ferne Rattern eines vorbeigehenden Eisenbahn-*
*zuges oder ganz in der Nähe unter den Fenstern das Räus-*
*pern der Schildwache, die in ihren schweren Stiefeln ein paar*
*Schritte langsam macht, um die steifen Beine zu bewegen.*
*Der Sand knirscht so hoffnungslos unter diesen Schritten,*
*daß die ganze Öde und Ausweglosigkeit des Daseins daraus*
*klingt in die feuchte dunkle Nacht. Da liege ich still allein,*
*gewickelt in diese vielfachen schwarzen Tücher der Finster-*
*nis, Langeweile, Unfreiheit, des Winters – und dabei klopft*
*mein Herz von einer unbegreiflichen, unbekannten inneren*
*Freude, wie wenn ich im strahlenden Sonnenschein über eine*
*blühende Wiese gehen würde. Und ich lächle im Dunkeln*
*dem Leben [zu], wie wenn ich irgendein zauberhaftes*
*Geheimnis wüßte, das alles Böse und Traurige Lügen straft*
*und in lauter Helligkeit und Glück wandelt. Und dabei suche*
*ich selbst nach einem Grund zu dieser Freude, finde nichts*
*und muß wieder lächeln über mich selbst. Ich glaube, das*
*Geheimnis ist nichts anderes, als das Leben selbst; die tiefe*
*nächtliche Finsternis ist so schön und weich wie Sammet,*
*wenn man nur richtig schaut. Und in dem Knirschen des*
*feuchten Sandes unter den langsamen schweren Schritten*
*der Schildwache singt auch ein kleines schönes Lied vom*
*Leben – wenn man nur richtig zu hören weiß. In solchen*
*Augenblicken denke ich an Sie und möchte Ihnen so gern*
*diesen Zauberschlüssel mitteilen, damit Sie immer, und in*
*allen Lagen das Schöne und Freudige des Lebens wahr-*
*nehmen, damit Sie auch im Rausch leben und wie über eine*
*bunte Wiese gehen. Ich denke ja nicht daran, Sie mit Aske-*
*tentum, mit eingebildeten Freuden abzuspeisen. Ich gönne*
*Ihnen alle reellen Sinnesfreuden. Ich möchte Ihnen nur*
*noch dazu meine unerschöpfliche innere Heiterkeit geben,*
*damit ich um Sie ruhig bin, daß Sie in einem sternbestickten*

*Mantel durchs Leben gehen, der Sie vor allem Kleinen, Trivialen und Beängstigenden schützt.*

*Sie haben im Steglitzer Park einen schönen Strauß aus schwarzen und rosavioletten Beeren gepflückt. Für die schwarzen Beeren kommen in Betracht entweder Holunder – seine Beeren hängen in schweren dichten Trauben zwischen großen gefiederten Blattwedeln, sicher kennen Sie sie, oder, wahrscheinlicher, Liguster; schlanke zierliche aufrechte Rispen von Beeren und schmale, längliche grüne Blättchen. Die rosigvioletten unter kleinen Blättchen versteckten Beeren können die der Zwergmispel sein; sie sind zwar eigentlich rot, aber in dieser späten Jahreszeit ein bißchen schon überreif und angefault, erscheinen sie oft violettrötlich; die Blättchen sehen der Myrthe ähnlich, klein, spitz am Ende, dunkelgrün und lederig oben, unten rauh. [...]*

*Ach, Sonitschka, ich habe hier einen scharfen Schmerz erlebt; auf dem Hof, wo ich spaziere, kommen oft Wagen vom Militär, voll bepackt mit Säcken oder alten Soldatenröcken und Hemden, oft mit Blutflecken ..., die werden hier abgeladen, in die Zellen verteilt, geflickt, dann wieder aufgeladen und ans Militär abgeliefert. Neulich kam so ein Wagen, bespannt, statt mit Pferden, mit Büffeln. Ich sah die Tiere zum ersten Mal in der Nähe. Sie sind kräftiger und breiter gebaut als unsere Rinder, mit flachen Köpfen und flach abgebogenen Hörnern, die Schädel also unseren Schafen ähnlicher, ganz schwarz mit großen sanften Augen. Sie stammen aus Rumänien, sind Kriegstrophäen ... die Soldaten, die den Wagen führen, erzählen, daß es sehr mühsam war, diese wilden Tiere zu fangen, und noch schwerer, sie, die an die Freiheit gewöhnt waren, zum Lastdienst zu benutzen. Sie wurden furchtbar geprügelt, bis daß für sie das Wort gilt »vae victis« ... An hundert Stück der Tiere sollen in Breslau allein sein; dazu bekommen sie, die an die üppige rumänische Weide gewöhnt waren, elendes und karges Futter. Sie werden schonungslos ausgenutzt, um alle möglichen Lastwagen zu schleppen und gehen dabei rasch zugrunde. – Vor einigen Tagen kam also ein Wagen mit Säcken hereingefahren, die Last war so hoch aufgetürmt, daß die Büffel nicht über die Schwelle bei der Toreinfahrt konnten. Der begleitende Soldat, ein brutaler Kerl, fing an, derart auf die Tiere mit dem dicken Ende des Peitschenstieles loszuschlagen, daß die Aufseherin ihn empört zur Rede stellte, ob er denn kein Mitleid mit den Tieren hätte!* »Mit uns Menschen hat auch niemand Mitleid«, *antwortete er mit bösem Lächeln und hieb noch kräftiger ein … Die Tiere zogen schließlich an und kamen über den Berg, aber eins blutete … Sonitschka, die Büffelhaut ist sprichwörtlich an Dicke und Zähigkeit, und die war zerrissen. Die Tiere standen dann beim Abladen ganz still erschöpft und eins, das, welches blutete, schaute dabei vor sich hin mit einem Ausdruck in dem schwarzen Gesicht und den sanften schwarzen Augen, wie ein verweintes Kind. Es war direkt der Ausdruck eines Kindes, das hart bestraft worden ist und nicht weiß, wofür, weshalb, nicht weiß, wie es der Qual und der rohen Gewalt entgehen soll … ich stand davor und das Tier blickte mich an, mir rannen die Tränen herunter – es waren seine Tränen, man kann um den liebsten Bruder nicht schmerzlicher zucken, als ich in meiner Ohnmacht um dieses stille Leid zuckte. Wie weit, wie unerreichbar, verloren die freien, saftigen, grünen Weiden Rumäniens! Wie anders schien dort die Sonne, blies der Wind, wie anders waren die schönen Laute der Vögel oder das melodische Rufen der Hirten. Und hier – diese fremde schaurige Stadt, der dumpfe Stall, das ekelerregende, muffige Heu mit faulem Stroh gemischt, die*

*fremden furchtbaren Menschen, und – die Schläge, das Blut, das aus der frischen Wunde rinnt … O, mein armer Büffel, mein armer, geliebter Bruder, wir stehen hier beide so ohnmächtig und stumpf und sind nur eins in Schmerz, in Ohnmacht, in Sehnsucht. – Derweil tummelten sich die Gefangenen geschäftig um den Wagen, luden die schweren Säcke ab und schleppten sie ins Haus; der Soldat aber steckte beide Hände in die Hosentaschen, spazierte mit großen Schritten über den Hof, lächelte und pfiff leise einen Gassenhauer. Und der ganze herrliche Krieg zog an mir vorbei … Schreiben Sie schnell, ich umarme Sie, Sonitschka.*
*Ihre Rosa.*

*Sonjuscha, Liebste, seien Sie trotz alledem ruhig und heiter. So ist das Leben und so muß man es nehmen, tapfer, unverzagt und lächelnd – trotz alledem.*

Am zweiten Weihnachtsfeiertag des Jahres 1914 erhält Rosa Luxemburg einen Weihnachtsbrief der besonderen Art: Das Frankfurter Landgericht schickt ihr einen Strafantrittsbefehl nebst Genehmigung, die Haftstrafe in Berlin zu verbüßen. Während die deutschen und französischen Soldaten an der Westfront einen unautorisierten Weihnachtsfrieden schließen und für kurze Zeit die Waffen schweigen lassen, steht der vehementen Kriegsgegnerin ein Jahr Gefängnis wegen »Aufreizung zum öffentlichen Ungehorsam« bevor. Bis Februar 1916 sitzt sie im Königlichen Frauengefängnis auf der Berliner Barnimstraße. Kaum entlassen, nimmt sie die politische

Arbeit wieder auf, verfasst Artikel, tritt auf Versammlungen auf, engagiert sich für die Arbeiterbewegung und gegen den Krieg. Ihrer Biografin Annelies Laschitza zufolge faszinierte die »kleine, dunkelhaarige, eher unauffällige« Frau »durch sprechende Augen, natürlichen Charme, mitreißendes Temperament und den Geist ihrer originären Publizistik und massenwirksamen Rhetorik«. »Die Göttliche« wird sie vom Volk genannt, und Lenin verpasst ihr den Beinamen »Adler der Revolution«. Dem Polizeipräsidenten erschien der »Adler« bedrohlich genug, um sie unter dem Vorwurf der Wehrkraftzersetzung dauerhaft in »Sicherheitshaft« zu nehmen. Ihr bleiben nur wenige Monate in Freiheit, im Juli 1916 steckt man Rosa Luxemburg erneut ins Gefängnis, in eine schäbige kleine Zelle im Berliner Polizeipräsidium am Alexanderplatz. Ihr Kampfgefährte Karl Liebknecht war am 1. Mai 1916, nach der großen Antikriegsdemonstration der Spartakusgruppe auf dem Potsdamer Platz, verhaftet worden. Gegen ihn lief zur selben Zeit ein Prozess wegen Hochverrats. Luxemburgs Sicherheitshaft, die per Gesetz eigentlich nur vorübergehend hätte sein dürfen, wird wieder und wieder verlängert.

Nach drei Monaten überführt man sie unter strengster Geheimhaltung in die Festung Wronke in Polen, zweihundert Kilometer von Berlin entfernt. Die Haftbedingungen sind hier vergleichsweise angenehm: Sie wird in einem Häuschen mit einem kleinen Garten untergebracht und darf sich als Schutzhäftling Mobiliar, persönliche Dinge, Bücher und Lebensmittel schicken lassen. Vom Gefängnis aus bemüht sie sich um die Fortsetzung ihrer politischen Arbeit, sie liest viel, befasst sich mit »Pflanzengeographie und Tiergeographie« und hält den Kontakt zu Weggefährten und Freunden, nicht zuletzt zu Sophie Liebknecht. Seit der Verhaftung von Karl Liebknecht hatte sich Rosa Luxemburg liebevoll um Sophie gekümmert, nun setzt sie ihre Ermunterungen per Brief fort. Unter dem Titel *Briefe aus dem Gefängnis* ist diese Korrespondenz weltberühmt geworden. Obwohl sie selbst oft dunkle Tage erlebt, an denen sie der »eisige Sturmwind erfasst« und sich ihre »strahlende Heiterkeit in tiefsten Jammer« verwandelt, versucht Rosa Luxemburg unermüdlich, die verzweifelte »Sonjuscha« zu zerstreuen und zu ermutigen, damit sie nur ja nicht in ihr »düsteres verzweifeltes Brüten« verfällt. Selten ist sie um sich selbst, immer aber um andere besorgt.

Die Tier- und Pflanzenwelt wird ihr in den Monaten des Eingeschlossenseins ein willkommener Begleiter, das Blühen der Pflanzen, das muntere Treiben der Vögel sind ständiger Gegenstand ihrer Beobachtungen und Kommentare. Dass sie in Wronke über einen Garten verfügt, trägt viel zu ihrem seelischen Gleichgewicht bei. In einem ihrer Briefe vertraut sie Sophie an: »Innerlich fühle ich mich in so einem Stückchen Garten wie hier oder im Feld unter Hummeln und Gras viel mehr in meiner Heimat als – auf einem Parteitag. Ihnen kann ich ja wohl das alles sagen: Sie werden nicht gleich Verrat am Sozialismus wittern.« Für das erste Weihnachtsfest in Wronke wünscht sie sich von Clara Zetkin »zwei kleine Blumenkörbchen mit Tulpen, Krokus, Mai- und am liebsten auch Schneeglöckchen und Selbstgebackenes mit Anis und Zimt«. Sophie Liebknecht besucht sie kurz vor den Feiertagen und überbringt neben den Grüßen aus der Heimat auch einen Weihnachtsbaum. Überhaupt nehmen Freunde und Genossen enormen Anteil an ihrem Schicksal, schicken Briefe, Blumen und Geschenke oder kommen selbst zu Besuch.

Im Juli 1917 ist Schluss mit den Gartenfreuden. Rosa Luxemburg wird völlig unerwartet nach Breslau verlegt. »Der erste Eindruck meiner neuen Behausung war so niederschmetternd, dass ich mit Mühe die Tränen zurückhielt«, schreibt sie.

Zwar lässt sich die kahle Zelle durch ihre Bücher, die »Bildchen und den bescheidenen Zierrat, den ich sonst mit mir herumschleppe, wieder so anheimelnd und behaglich« einrichten wie in Wronke, aber die Bewegungsfreiheit fehlt. Für Spaziergänge steht nur der karge gepflasterte Wirtschaftshof zur Verfügung. Dank einer Amnestie findet die Leidenszeit im Herbst 1918 ein Ende. Im Oktober entlässt man Karl Liebknecht aus der Luckauer Gefängnishaft, am 8. November kommt auch Rosa Luxemburg frei. Einen Tag später ruft Philipp Scheidemann die Republik aus.

Das Weihnachtsfest des Jahres 1918 verbringt Rosa Luxemburg in der lang ersehnten Freiheit. Drei Wochen später wird sie zusammen mit Karl Liebknecht in Berlin von Soldaten verhaftet und ermordet.

## Welch eine Qual, die militärischen Erheiterungsaktionen!

Heinrich Böll an seine Verlobte
Annemarie Cech

Köln, den 20. Dezember 1941

*Es ist halb vier in der Nacht; wunderbar warm ist es hier in der Stube, der Ofen brennt, und ich bin ganz, ganz allein, das ist das Schönste; gestern die Feier hat wieder so richtig meinen Individualismus erwachen lassen; einhundertdreißig Mann so eng zusammengequetscht, schwitzend, alle im gleichen Kleid, mit dem dienstlichen Befehl, sich zu freuen, Bier trinkend und schwätzend und singend, singend, dieselben Lieder, die Tag für Tag gesungen werden, gleichsam, als ständen sie unter einem Gesetz, das ihren Lippen immer wieder dieselben Worte formte, dabei die meisten doch im Grunde genommen unschuldig, ach, welch eine Qual, die militärischen Erheiterungsaktionen!, und dann die Reden, drei oder vier ganz gewöhnliche Bürger in Offiziersröcken, die vorn an einem Tisch sitzen wie die Herren der Welt und sich gegenseitig ganz enorme Reden anschwingen, sich mit Phrasen bewerfen und von Wohlwollen ganz und gar bekleckert sind; es ist doch eine wirklich erheiternde Komödie.*

*Ach, ich denke immer noch an die Feier gestern, da sitzen sie alle zusammen und trinken Bier und singen mehr oder weniger eindeutige Schlager, und das ist nun das Geburtsfest Christi; ja, das ist sicher so, daß wenige, sehr, sehr wenige von den Millionen Deutschen, die glanzvolle Weihnachten feiern, an Christus denken, an die Geburt des Kreuzes; das Ganze ist doch bei den meisten im Grunde genommen noch sehr, sehr heidnisch, viel mehr, als wir wissen (nun muß ich wieder aufhören, plötzlich bin ich ganz irrsinnig müde geworden und fühle schon, daß es nichts mehr ist mit dem Schreiben ...).*

*Ich bin noch einmal rausgewesen und habe meine Handschuhe geholt, die ich irgendwo liegengelassen hatte, und habe mein Taschentuch gewaschen, und nun werde ich schlafen gehen; ach, denke Dir eine sehr enge, kleine Bude, in der drei mal zwei schmutzige Betten übereinander stehen, baufällig und quietschend bei jedem kräftigen Atemzug des Schläfers, und einen entsetzlichen Geruch und stinkende, schmutzige Strohsäcke ohne Bezug; eine trübe, mit blauer Farbe beschmierte Lampe brennt darin, wer könnte da nicht glauben, daß es eine Ehre ist, Soldat zu sein; wirklich und wahrhaftig, dieses erträgt man nicht jahrelang, nur weil man Angst hat vor Haft!*

*Nun ist es Morgen geworden, wieder einmal ... Diese Nacht, ehe ich zu Bett ging, hatte ich noch einen kleinen Auftritt mit unseren Mäusen, vielmehr keinen Auftritt, ich habe mich nicht trennen können von dem faszinierenden Getue dieser Biester; es ist ganz erstaunlich, erst hörte ich ihr Knabbern und Rascheln in unserem Eimer ganz nahe am Ofen, und beim Schein der Tischlampe konnte ich sie nicht genau beobachten; darum habe ich die große Lampe angeknipst, und dann trieben sie es ganz ungeniert im hellsten Licht. Eine hatte anscheinend etwas Eßbares gewittert und kroch dann buchstäblich unter der Tür durch und holte sich ein paar Genossen, eine ganze Mäusefamilie, klein, grau und sehr mager kamen sie dahergekrochen, ach, es tat mir wirklich zu leid, aufzustehen und sie zu verscheuchen; sie wühlten wie irrsinnig in dem schmutzigen Eimer herum, aber alles muß ein Ende haben, auch eine Mäusemahlzeit, und ich mußte ins Bett; ich warf eine Zigarettenschachtel gegen den Eimer, und dann ... husch, flitzten sie unter der Tür weg; ja buchstäblich durch den schmalen Schlitz, kaum so dick wie die Morgenzeitung eines Bankdirektors; ich sah noch als letzten Gruß ihre winzigen Beine und Schwänze verschwinden.*

*Köln, den 24. Dezember 1941*

*Es ist wieder sehr spät, mitten in der Nacht, zwischen drei und vier Uhr; heute ist Weihnachten, ach, ich weiß nicht, jetzt bin ich nicht mehr so froh, so unbefangen froh, vielleicht ist es nur die Müdigkeit, die ewige Schwäche – ach, zwei Stunden bin ich hier auf dem Flur vor dem Zimmer der kranken Gefangenen auf und ab gegangen; ich höre ihre Atemzüge, ruhige und hastige, und dann öffnete ich einmal die Tür, und im leichten Schimmer des Flurlichtes sah ich ihre gelösten Gesichter; arm und bleich und glanzlos, ein paar alte darunter mit grauem Haar und harten Zügen, denen man den Weltkrieg noch ansieht; nun liegen sie hier; vielleicht haben sie fünf oder sechs Jahre das elende Soldatenleben ertragen müssen, und nun werden sie wegen einer Kleinigkeit wieder für Jahre eingesperrt. Ich frage mich, wie man alles, die Ungerechtigkeit, die Qual und die vollkommene Verwirrung aller menschlichen Dinge, ertragen kann, ohne an Gott zu glauben; es wird mir wirklich angst in diesem matt erleuchteten Flur, und ich versuche mir auszumalen, was ich tun würde, wenn ich nicht an Gott glaubte – und glaube ich denn an Gott? Ach, einmal alles abtun, Erziehung, Konvention, Gefühle, Angst und Mitleid und sich die Frage stellen! Nur nicht einschlafen lassen, nichts einschlafen lassen, was in uns lebt, auch nicht das Böse, nein, nein, überwinden und töten, aber nicht einschlafen lassen. Ich kämpfe schon, solange ich Soldat bin, damit, meine Sehnsucht und meinen Geist nicht einschlafen zu lassen, aber wie wenig ich erreicht habe; ich könnte weinen, ja ich würde weinen, wenn ich nicht zu faul wäre und zu schläfrig, denn ich bin so vollständig ruiniert, daß Du und ich es gar nicht ermessen können, meine Gedanken sind so flach wie die Oberfläche eines Margarinekartons, und meine Phantasie ist so lahm wie ein altes Pferd, ja, nur Schwäche bin ich, nur Schwäche; ein Schwätzer bin ich geworden und ein Genießer; manchmal erfüllt mich wie ein dunkler Traum die Angst, daß ich Dich verlieren könnte, auch heute nachmittag, als ich da auf meinem lächerlichen Posten stand; es ist – glaube ich – nur die Angst vor meiner eigenen Stumpfheit; ja, vielleicht wäre es meine Rettung, wenn Gott mich wieder tief unglücklich werden ließe; ich lebe erst dann wieder, wenn ich leide, ich glaube, ich sagte es Dir schon, daß ich immer dann unsagbar tief – auf eine seltsame Weise – glücklich bin, wenn ich – ach, es klingt wie die Paradoxie eines Irrsinnigen – unglücklich bin; und dieses Leben, das bringt höchstens den Stumpfsinn ... Du wirst meine Verzweiflung verstehen; ganz langsam gehe ich zugrunde, wenn es so weitergeht, ich werde unendlich alt, bin jetzt schon bald ein Greis, und alle meine Kraft flieht dahin; ach, Gott möge mir helfen; niemand, niemand kann ahnen, wieviel ich opfern muß in diesem grauen Rock, und niemand kann mir sagen, ob ich wieder leben werde.*

*Ich habe ein Buch von Schneider neben mir liegen,* Kaiser Lothars Krone, *aber ich komme nicht weiter darin, ach, nicht weil es mir nicht gefiele; jedes Wort ist sehr schön, und ich empfinde das auch noch, aber es geht nicht weiter, ich lese zwei, drei Zeilen, und dann muß ich schon wieder zurückblättern, weil ich den Zusammenhang vergessen habe, so ist es, es ist wie ein grausames Spiel, nichts kann ich mehr lesen in einem Guß, nur diese billigen bunten Romane, die auf allen Wachstuben herumliegen, die kann ich lesen; eines Tages wirst Du einsehen, daß ich im Grunde nur noch ein ganz flacher Idiot bin; manchmal denke ich auch, daß ich ganz schwachsinnig werde und dann irgendwo sitze und von Dir gepflegt werde; mit Hölzchen werde ich spielen und mit bunten Farben auf sehr, sehr schönes weißes Papier malen, und die Leute werden mich besuchen und sagen:* »*Du, wie schön, was du da gemacht hast.*« *Und ich werde sehr stolz und glücklich sein und werde Mitglied sein im Verband der Kriegsopfer, oder vielleicht werden sie mich in den nicht aufnehmen, weil ich in der Heimat gewesen bin und also gar nicht unter dem Krieg habe zu leiden brauchen; dann werde ich natürlich unglücklich sein...*

Der Beginn des Zweiten Weltkriegs am 1. September 1939 markierte einen tiefen Einschnitt im Leben und Schreiben des angehenden Schriftstellers Heinrich Böll. Nach dem Abitur 1937 hatte er in seiner Heimatstadt Köln zunächst eine Buchhandelslehre begonnen und nach wenigen Monaten wieder abgebrochen. Danach arbeitete er in der Schreinerwerkstatt seines Bruders, die dieser vom Vater übernommen hatte. Im Winter 1938/39 leistete er seinen Reichsarbeitsdienst in der Nähe von Kassel ab, dann schrieb er sich für die Fächer Germanistik und Alte Sprachen an der Universität Köln ein und hörte im Sommersemester 1939 Vorlesungen unter anderem über Goethe und die Griechische Tragödie. Die Entscheidung, Schriftsteller zu werden, war bereits gefallen, als er Anfang September 1939 seinen Einberufungsbefehl erhielt: »Erst heute ermesse, begreife ich den tödlichen Schrecken, der meine Eltern und Geschwister ergriffen haben muß, als ich … noch nicht einundzwanzigjährig – und mitten im etablierten Nazischrecken! – mich tatsächlich als ›freier‹ Schriftsteller versuchte«, schrieb Böll rückblickend. Die Familie fürchtete um den katholisch geprägten, eigensinnigen jungen Mann, der aus seiner Ablehnung des Nationalsozialismus keinen Hehl machte. Bereits im Februar 1933, kurz nach Hitlers Machtantritt, hatte der damals fünfzehnjährige Böll notiert: »Adolf Hitler redet in Köln; Faschisten-Kanone Hitler sabbert; ein abgerutschter Sozialist … macht sich unliebsam laut – Tod den Braunen.«

Die fast sechs Jahre in Uniform, die der Einberufung 1939 folgten, wurden für ihn zu einer Zeit des »Kerker«-Daseins. Die ersten Stationen des Obergefreiten Heinrich Böll lauten Bromberg in Polen und Amiens in Frankreich. Nach einiger Zeit im Lazarett mit Verdacht auf Ruhr wird er Anfang 1941 zunächst nach Deutschland zurückverlegt, wo er die nächsten eineinhalb Jahre als Angehöriger verschiedener Kompanien zum Objektschutz und zur Zugbegleitung eingesetzt wird. Danach ist er als Besatzungssoldat in Frankreich, und 1943 wird er an die »Ostfront« abkommandiert. Es folgen mehrere schwere Verwundungen, Irrfahrten durch verschiedene Kriegslazarette und einige Monate in amerikanischer Kriegsgefangenschaft. Zum wichtigen Medium der Selbstbefragung in jenen Jahren des Krieges werden die Briefe, die Böll an seine Familie und an seine Verlobte – und ab März 1942 seine Ehefrau – Annemarie Cech schickt. Fast täglich schreibt Böll an die Vertrauten in der Heimat: über die Langeweile des Kasernendienstes, den Stumpfsinn seiner Kameraden und – zumindest andeutungsweise angesichts permanent drohender Postzensur – über die verbrecherische Brutalität dieses Feldzuges. »Der Krieg, jeder Krieg ist ein Verbrechen; für immer bin ich absoluter Antimilitarist geworden in diesen letzten Monaten elender Quälerei«, heißt es etwa in einem Brief aus dem Mai 1944.

Für den bekennenden Katholiken Böll ist diese Zeit, wie auch aus den hier wiedergegebenen Weihnachtsbriefen hervorgeht, eine Zeit der Prüfung für seinen Glauben. Der Gedanke, gerade im Leiden Gott nahe zu sein, wird zu einem Mittelpunkt seines Denkens: »Es ist wirklich eine Gnade, wenn wir leiden dürfen, denn wir dürfen dann doch auf eine geheimnisvolle Weise wie Christus sein.« Das Leid und der Schrecken des Krieges, das moralische Versagen einer ganzen Generation, das Verdrängen der Schuld, die tiefe Verachtung alles Militärischen und die Verpflichtung zum gesellschaftlichen Engagement – all das wird sein späteres schriftstellerisches und publizistisches Werk entscheidend prägen und Heinrich Böll zu dem werden lassen, wofür er von den einen bewundert und von den anderen geschmäht wurde: zu einer moralischen Instanz der Bundesrepublik Deutschland.

## Heute Nacht spüre ich Ihr Gebet

Anne Sexton an Bruder Dennis Farrell

[40 Clearwater Road, Newton Lower Falls, MA]
22. Dez. 1961

*Lieber Bruder Dennis,*
*Ihr Weihnachtsbrief, geschrieben am Gaudete-Sonntag, liegt*
*neben mir auf dem Schreibtisch. Ich bin tief gerührt. Ich*
*habe das Kruzifix um, mit einem Stück Paketschnur wie*
*gewöhnlich. Ich habe keine Sammlung, wie Sie mit Ihrem*
*schönen Humor angedeutet haben … Ich habe gar kein*
*Kruzifix, weil ich das andere Ruth [Soter] zurückgeschickt*
*habe. Es hatte mir zu starke Schuldgefühle bereitet, es zu*
*behalten; es war ihr eigenes, sie hatte es seit Jahren getra-*
*gen, und ich fand, ich dürfte es nicht behalten. Ich glaube,*
*ich war in Gefahr, es zu sehr zu mögen. Ich werde das, was*
*Sie mir geschickt haben, behalten … Ich weiß nicht, ob ich es*
*tragen oder vielmehr auch in Zukunft tragen werde … aber*
*ich möchte, dass Sie wissen, dass ich es niemals ohne ein*
*Gefühl der Demut und der Achtsamkeit tragen werde. Was*
*eine sehr umständliche Art ist zu sagen, ich danke Ihnen*
*herzlich. Und ich danke Ihnen auch für die dreißig Messen*
*und dafür, dass ein paar der neuen Gedichte in der* Partisan
*Ihnen gefallen. Ich hatte Angst, sie könnten Ihnen miss-*

*fallen. Ich habe sie gerade noch einmal gelesen (mit Ihnen
gemeinsam sozusagen) und habe sie mir mit Ihren Ohren
angehört. Ich hätte Lust, hier sitzen zu bleiben und IHNEN
einen zehn Seiten langen Brief zu schreiben. Den verspreche
ich Ihnen, wenn Sie mir den einen schicken, den Sie mir
nicht geschickt haben. (Würden Sie ihn so oder so auch
schicken?)*

*Bruder Dennis ... in meinem Zimmer ist es jetzt dunkel,
und ich sehe nicht mehr, was ich tippe. Es ist schon nach
Mitternacht ... aber ich kann aus meinem Fenster sehen, wo
heute Nacht die Landschaft vom Mondlicht entflammt ist ...
sie ist mit Schneetupfern bedeckt, und der Frost pfeift in der
Luft ... und ich denke irgendwie an Sie ... wohl weil ich
Ihr Kruzifix trage ... der Himmel ist ziemlich blau ... der
Mond steht über der anderen Seite des Hauses, aber bevor
ich in mein Zimmer kam, habe ich ihn lange betrachtet und
lange nachgedacht. Irgendwie kann ich mir meinen Gedanken nicht dadurch verderben, dass ich die Lampe einschalte,
mit der ich dies hier besser tippen könnte ... Bald ist Weihnachten. Ich wünschte, ich würde Sie besser kennen. Ich
wünschte, ich würde Gott besser kennen. Ihr Brief und alles,
was er enthielt, hat in mir offenbar den Wunsch geweckt,
ein Gedicht zu schreiben ... oder zu beten ... so im Dunkeln
geht mir immer noch mehr durch den Kopf, als ich tippen
kann ... ich kann nur sagen, dass ich dieses Kruzifix trage
und mir wünschte, es würde zu mir sprechen. Ich werde nun
wohl nach oben und schlafen gehen ... und morgen mehr
schreiben ... oder bald, wenn ich kann ... heute Nacht
spüre ich Ihr Gebet. Heute Nacht werde ich selbst eines versuchen. Gott segne Sie, lieber Bruder Dennis ... Gott segne
Sie ...*

*29. Dez.*

*Die Zeit vergeht ... auf meinem Schreibtisch türmen sich*
*Arbeit und Briefe und überhaupt viel zu viel. Schreiben*
*Sie mir, wenn und falls Sie Zeit dafür haben. Ich trage das*
*Kruzifix ... Ich habe es seit dem 22. Dez. nicht abgenom-*
*men ...*
*Immer meine besten Wünsche,*
*[Anne Sexton]*

Bis zum Frühjahr 1956 führt die in Newton, Massachusetts,
geborene Anne Gray Harvey ein durch und durch bürger-
liches Leben: an der Seite ihres Ehemanns Alfred Muller
Sexton, in einem Bostoner Vorort, mit zwei Töchtern und
mit Jobs als Verkäuferin und Buchhändlerin. Doch dann
drängen sich die inneren Teufel in ihr Leben: Angstzustände
und Halluzinationen quälen sie so sehr, dass sie in eine
psychiatrische Klinik geht. Dem Rat eines Arztes ist es zu
verdanken, dass sie in dieser Zeit mit dem Schreiben beginnt. Der literarische Erfolg kommt schnell. Mit ihrem 1960
erschienenen Erstlingswerk, dem Lyrikband *To Bedlam and*
*Part Way Back (Ins Tollhaus und halb wieder zurück)*, wird
sie quasi über Nacht berühmt. Weitere Veröffentlichungen,
Stipendien, Ehrendoktorwürden und Auszeichnungen werden folgen, darunter 1967 sogar der renommierte Pulitzer-
preis. Aber die Teufel bleiben. Verzweiflung, Todessehnsucht,
Alkohol, Therapien und Selbstmordversuche stehen auf der
anderen Seite des literarischen Glanzes. »Auch wenn man
kleine weiße Zäune aufstellt«, sagt Anne Sexton in einem

Interview, »kann man nicht verhindern, dass Albträume kommen.«

Als der Chicagoer Mönch Dennis Farrell ihr im Sommer 1961 einen begeisterten Leserbrief schreibt, ist sie dreiunddreißig und bereits eine gefeierte Dichterin. In ihrem Antwortschreiben sendet sie ihm ihre letzten Gedichte, er schickt ihr zu Weihnachten ein Kruzifix und später eigene Gedichte. Eine intensive »Briefliebe« nimmt ihren Lauf, eine Korrespondenz über das Schreiben, die Liebe, den Tod, den Alltag eines Mönches und den einer Dichterin, über Ängste, Gefühlswelten, Exzesse und über Gott. »Ihr Leben besteht aus Glauben und meines aus Zweifeln. Wie sonderbar, dass wir uns kennengelernt haben«, schreibt sie ihm im November 1962. »Das muss eine andere Welt sein ... zu glauben ... statt sich nach Glauben zu sehnen.«

Der Glauben, hofft Sexton, könnte die Antwort sein auf der Suche nach Orientierung und Halt, könnte bewirken, was Liebe, Familie und berufliche Erfolge nicht können. *Das ehrfürchtige Rudern hin zu Gott* heißt denn auch Anne Sextons letztes Buch, das sie im Januar 1973 in einem dreiwöchigen kreativen Sturm zu Papier bringt. »Ich vertäue mein Ruderboot / am Kai der Insel, die Gott heißt«, beginnt das Schlussgedicht dieser Sammlung: »Dieser Kai hat eine etwas zweifelhafte Form, / und viele Boote sind vertäut / an vielen verschiedenen Kais. ›Macht nichts‹, sage ich mir / trotz der Blasen, die aufgingen, heilten / und aufgingen, heilten.« Am Abend des 4. Oktober 1974 geht sie mit einer Freundin die Druckfahnen durch. Anschließend nimmt sie sich das Leben – zu Hause in der Garage, im Pelzmantel ihrer Mutter und mit einem Whiskeyglas in der Hand. Im November wäre sie sechsundvierzig geworden.

Peter Gabriel hat der Dichterin einen Song gewidmet –

*Mercy Street.* »Let's take the boat out, wait until darkness – lass uns das Boot holen und auf die Dunkelheit warten«, singt er. »Mercy, mercy, looking for mercy. Anne, with her father is out in the boat. Riding the water, riding the waves on the sea.«

## Ein Duft von Knistertannen weht

Kurt Tucholsky an Mary Gerold

[Berlin, 23. Dezember 1922]

kein *week-end,*
                *sondern:*
                        *Ein Weihnachtswunsch*

*Die Zeit vergeht.*
                        *Die kleinen Lichter flammen.*
*Ein Duft von Knistertannen weht.*
*Ich reim mir dies und das zusammen ...*
*Die Zeit vergeht.*

*Wie festtags Seine Augen glänzen,*
*wie Er leis lacht vor Wohlergehn*
*inmitten Tannennadelkränzen –*
*Ich weiß es nicht. Ich hab es nie gesehn.*

*Ich seh nur durch das Lichtgeflimmer*
*ein seidenweiches blondes Haar.*
*Und auf mich sieht im Kerzenschimmer*
*ein unvergeßlich Augenpaar.*

                                        *K.*

*[Beilage zum Brief vom 23. Dezember 1922]*

*Weil Er so hübsch lacht –!*

*Sein*

*russischer*

*Nungo.*

*Weihnachten 1922.*

*Aber, Meli!*
*Seit wann hat denn* dieser *einen Vorhang, hinter den man*
*etwas legen kann? Ich bedanke mich* sehr *(aber diese*
*Zigarette wird nicht geraucht ...) Und: Sein Brief war das*
*schönste Weihnachtsgeschenk.*

   *Ißt Er immer noch so wenig?*     *Hoffentlich nein.*
   *Und lacht Er immer noch so viel?*   *Hoffentlich ja.*
   *Und ich wünschte, ich könnts noch einmal nachmachen.*

*Sein*

*Nungo.*

*P. S.: (Was eine richtige Frau ist, so macht sie ein P. S.): Mit*
*dem russischen Wort stehe ich noch auf Kriegsfuß ...*

Aus jeder Zeile ist erkennbar, wie sehr er sie liebt. Aber er
ist verheiratet mit einer anderen Frau. Der Erste Weltkrieg
hatte Mary Gerold und Kurt Tucholsky zueinandergeführt,
aber auch wieder auseinandergerissen: Im Herbst 1917 lernte
Tucholsky die Baltin in einem kleinen lettischen Ort namens

Alt-Autz kennen, wo er stationiert war. 1918 kehrte Mary nach Riga und Tucholsky nach Berlin zurück. Die Beziehung verlief im Sande. Im Mai 1920 heiratete Tucholsky seine Jugendfreundin, die Ärztin Else Weil. Aber Mary ist noch da, der Briefkontakt reißt nie ganz ab, die alte Liebe glimmt vor sich hin, flammt wieder auf. »Meli« nennt er sie oder »Matzlein«, auch »sehr liebes Dickerchen« oder »Fettnase«, er sich selbst Nungo. In seinen Briefen wird Mary zum »Er«.

Im April 1922 gesteht er ein, einen bösen Fehler begangen zu haben. »Ich weiß nur, ich habe Ihn nicht vergessen. Er ist die einzige Frau, von der ich mir denken kann, dass sie mir ein Kind schenkt – und er ist die einzige, die ich geliebt habe wie nie jemand.« Einen gemeinsamen Sohn wird es geben, aber er ist fiktiv. Ludolf, so nennen ihn seine »Eltern«, setzt hin und wieder den Briefen an die »Mama« etwas hinzu und taucht auch in Tucholskys Artikeln auf, sodass die Öffentlichkeit schließlich daran zweifelt, dass es ihn nie wirklich gegeben haben soll.

Am 23. Dezember 1922 schreibt Mary Gerold in ihr Tagebuch: »Als ich nach Hause kam, war meine Stube überschwemmt: 1 Riesenkorb mit Obst, 2 Fläschchen Likör, die unvermeidliche Wurst, Pralinées, ›Tschechow‹ und dieses Gedicht … (Ich schenkte N. eine kupferne gehämmerte Truhe als Zigarettendose.)« Es war das vorerst letzte Weihnachtsfest, das sie getrennt voneinander verbringen sollten. Wenige Tage später verlässt Tucholsky Else Weil, im August 1924 wird Mary Gerold seine zweite Ehefrau.

*Für Viele gibt es Vieles zu besorgen*

Thomas Mann an seine Tochter Erika

München den 23. XII. 1926<br>Poschingerstr. 1

*Liebes Erikind,*
*für all Deine Lieb' und Treu' muß ich Dir doch danken und*
*Dir einen Weihnachtsbrief schreiben, auch für die Neger-*
*platte als Zeichen der Treuherzigkeit, obgleich sie, wie ich*
*Dir leider, leider gestehen muß, mittendurchgebrochen*
*angekommen ist. Aber die Kinderplättchen sind heil und*
*die Süßigkeiten sehr erquicklich, Ingwerschokolade wie*
*Feigen.*
*    Wir wollen nur hoffen, daß es mit unserm Schnaps nicht*
*gegangen ist wie mit eurer Platte; denn dann hätte es übel*
*auch um die anderen Sächelchen in Mieleins Paket aus-*
*gesehen. Die rohen Transporteure werfen so schnöde mit*
*den Sendungen herum. Deinen Dankesbrief für die* Ges.
*Werke habe ich kaum verdient, denn es war Mielein, die sie*
*bei Fischer für Dich bestellt hat, und natürlich waren auch*
*sie als Weihnachtsgabe gedacht, so daß der G.G. (ich hoffe,*
*er hat Augen gemacht angesichts seines Schlafrocks!) sie*
*Dir eigentlich vorläufig hätte sperren und Dir erst morgen*
*Abend aufbauen sollen. Und nun hast Du schon im Voraus*

Tränen darüber gelacht. Was mir ja aber nun auch wieder
nicht unlieb ist.

Für Mielein habe ich eine schöne Handtasche, eine Arm-
banduhr aus weißem Golde, Murano-Vasen, warm gefütterte
Handschuhe und eine Taschenlaterne zum Beleuchten der
Kleinen zu später Stunde, ohne daß Kürzl erwacht. Die Emp-
fängerin dieser Gaben hetzt seit einigen Tagen rastlos durch
Straßen und Geschäfte, denn für Viele gibt es Vieles zu
besorgen, was sie ja auch genau im Voraus wußte, ohne sich
dadurch zu rechtzeitigem Beginn der Arbeit bestimmen zu
lassen. Sie wird morgen Abend wohl erschöpft bis aufs Letzte
sein, aber wir freuen uns doch alle sehr auf das Fest, das sogar
besonders geselligen Charakter anzunehmen verspricht.
Außer alten Fays und Babüschleins werden auch wohl Fränkchens zum Essen ( mit Truthahn und Sekt) kommen, noch
dazu mit ihrem Freunde Speyer, der sonst einsam wäre.

Ich bin recht froh, daß ich wieder schreibe. Man fühlt
sich eigentlich doch nur und weiß nur etwas von sich, wenn
man etwas macht. Die Zwischenzeiten sind greulich. Der
Joseph[sroman] wächst Blatt für Blatt, wenn es vorläufig
auch nur eine Art von essayistischer oder humoristisch-
pseudowissenschaftlicher Fundamentlegung ist, womit ich
mich amüsiere. Denn Spaß macht mir die Sache mehr, als je
etwas anderes. Es ist einmal etwas Neues und auch geistig
Merkwürdiges, in dem Bedeuten und Sein, Mythus und
Wirklichkeit diesen Leuten beständig in einander gehen, und
Joseph eine Art von mythischem Hochstapler ist.

Auch tue ich etwas für meine Jahre und empfange jeden
zweiten Morgen in der Frühe Herrn Silberhorn, den Mas-
seur und Turnmeister (von Lampé empfohlen), der mich
unter anderem 40 mal hüpfen läßt und mich schließlich mit
Kölnischem Wasser abreibt. Im Auto fährt er vor und nimmt

*8 Mark für sein jedesmaliges Werk, der Spitzbube. Aber er
war ja Hauptmann im Kriege, und Gustl Waldau massiert er
auch.*

*Nun genug, meine Kleine. Wir sollen uns heute Abend den
Gneisenau betrachten, ein lächerliches Ansinnen, dem wir
aber nachkommen. Dir, Deinem braven Mann und dem
Eißiknaben recht frohe Festtage!*
*Z.*

Weihnachten, das war für Thomas Mann stets eine ganz
besondere Zeit. »Ich werde die Liebe zu den Zaubern des
Weihnachtsfestes nie verlernen«, schreibt er 1924 im Alter
von fast fünfzig Jahren in einem Artikel. »Dieser Tag, dieser
geheiligte Abend, der aus Kinderaugen blickt, der die Kruste
des Alltags von unseren Herzen löst und ein Lächeln menschlicher Rührung und Freude auf allen Gesichtern hervorruft,
er ergreift mich heute, wie er mich als Knabe ergriff und be-
glückte.« Hell und leuchtend sind die Erinnerungen an die
üppigen Weihnachtsfeste seiner Kindheit im großbürger-
lichen Hause des Konsuls und Senators zu Lübeck. In der
Säulenhalle sangen die Chorknaben von Sankt Marien, im
Wohnzimmer leuchtete eine »Weihnachtsallee« von acht
kleinen Christbäumen, an deren Ende eine riesige Lichter-
tanne bis zur Decke ragte; darunter die Krippe mit Moos,
Stern und Stall; und, nicht zu vergessen, die Geschenketafel,
die »von den Fenstern bis zur Tür« reichte. Zum »lübschen«
Weihnachtsmahl gab es Puter, gefüllt mit Maronen, Rosinen
und Äpfeln, dazu Marzipan, Baumkuchen und den berühmten »Pletenpudding«. Im Weihnachtskapitel seines Romans

*Die Buddenbrooks* setzte Thomas Mann dem Fest seiner
Kindheit ein Denkmal, und als Familienvater gab er die Tradition an seine Kinder – Erika, Klaus (»der Eißiknabe«), Golo,
Monika, Elisabeth und Michael – weiter. An Weihnachten
war der »Zauberer«, wie Thomas Mann von seinen Kindern
genannt wurde, in seinem Element. Und in den Zeiten des
Exils – in Zürich, Princeton und Pacific Palisades – gab die
Tradition Halt und Stütze.

In Thomas Manns erhaltenen Tagebüchern nimmt die Schilderung des alljährlichen Weihnachtsabends breiten Raum ein,
werden die anwesenden Gäste und die Menüfolge notiert und
auch der Wuchs des Baumes: eine schlanke Tanne »mit etwas
zu steilen Zweigen«, heißt es da im Jahr 1935. Und auch die
»lieben Gaben« werden getreulich aufgezählt: ein »Tee-Koch-
Apparat« 1919, ein silberner Armleuchter, eine Stutzuhr und
ein Schaukelstuhl 1937 – »die Bettdecke und das Opernglas
nicht zu vergessen«. Aus dem Weihnachtsbrief, den Thomas
Mann 1926 an seine Tochter Erika schrieb, die seit einigen
Monaten mit dem Schauspieler und Regisseur Gustaf Gründgens (»G.G.«) verheiratet war, erfahren wir, dass die Mühen
der Vorbereitung des alljährlichen Weihnachtszaubers im
Hause Mann fast ausschließlich in den Händen seiner Frau
Katia – »Mielein« – lagen. Wie stets ging ihr dabei die Hausdame Marie Kurz (»Kürzl«) zur Hand. Zu den Weihnachtsgästen des Jahres 1925 zählen Katia Manns Eltern Alfred und
Hedwig Pringsheim (die »alten Feys«), Katias Bruder Peter
Pringsheim (»Babüschlein«), der Schriftsteller Bruno Frank
mit seiner Frau (»Fränkchens«) sowie der Schriftsteller Wilhelm Speyer. Und am Abend zuvor stand noch ein Theaterbesuch auf dem Programm – das Erfolgsstück *Neidhardt von
Gneisenau* über den berühmten preußischen Generalfeldmarschall.

Die Weihnachtsgaben jenes Jahres reichen von Jazzmusik (die erwähnte »Negerplatte«) über Schnaps, Schlafrock und Murano-Vase bis hin zur zehnbändigen Werkausgabe des »Zauberers« höchstselbst, die dieser seiner Tochter überreichen lässt. »Es ist doch merkwürdig«, schreibt Thomas Mann, »welche Verklärung die Dinge durch das Weihnachtskerzenlicht erfahren, für Klein und Groß. So ein Spazierstock, eine Frühstückstasse, ein Taschenmesser, oder was es sei, hört auf, Ware zu sein und wird ›Gabe‹, etwas vom Himmel und von der Liebe Kommendes, das einem lieb bleibt durch die Art des Empfanges.«

> *Täglich spiegele ich mir Mut vor, denn*
> *wie dürfte man in der Weihnachtszeit*
> *betrübt sein*

Annemarie Schwarzenbach an Erika Mann

[Bocken ob Horgen am Zürichsee] 23. Dez. 1930

*Ihr Armen,*
*Dein Brief kam eben und die schlechte Geschäftsordnung die*
*Euch um das Honorar bringen wird bekümmert mich sehr.*
*In frühester Stunde will ich mich morgen erkundigen, ob das*
*Geld inzwischen abging, sonst soll es schleunigst geschehen.*
*Klaus aber soll das Geliehene selbst an Faesi zurücksenden,*
*sonst wird die Sache zu kompliziert –*

*Dass Du Schuhe u. Fläschchen an Dame Krüger so prompt*
*gesandt, hat Dir das Herz meiner Mama sicher noch völliger*
*erobert, u. dass Du steckengeblieben bist sichert Dir das*
*begeisterte Andenken Deiner Hörer. Überhaupt, Euer Erfolg*
*war unbestritten, niemand würde pfeifen führtest Du hier*
*die »Geschwister« auf –*

*Christbaum schmücken muss Hansi ganz allein tun, eben-*
*so wie Pferde reiten. Denn mich packt (frage warum!) ein*
*neuer u. nicht zu dämpfender Fleiss, morgen noch werde ich*
*in einer Repetitionsstunde glänzen, u. selbst die schonmals*
*beschimpfte Korrektur der Dissertation führe ich geduldig*
*fort. Wenn dies bis Neujahr geschehen ist – da weilst Du*
*schon mit Klaus u. Ford in Paris oder in noch zauberhafteren*

*Gegenden – will ich im Skianzug auf einige Tage zu Hanna Kiel fahren, um neue Kräfte zu sammeln. Täglich spiegele ich mir Mut vor, denn wie dürfte man in der Weihnachtszeit betrübt sein.*

*Feiere schöne Weihnachten mit Rauhreifbäumchen und Winterabend, hast Du schon gemerkt, wie der Kies knirscht, wenn man nach Hause kommt – ich übe stundenlang Klavier u. morgen haben wir Hauptprobe, mein Vetter u. ich.*

*Vergiss nicht mir gleich u. stets zu berichten wo Du zu erreichen bist, Du weisst dass ich es ganz unerträglich finde, wenn mein älterer Bruder plötzlich irgendwie in dieser lächerlich kleinen Welt verschollen ist!*

*Mit dieser dringenden Bitte sei denn für heute genug geschrieben: Aber welch unvollkommene Angelegenheit ist doch ein Brief, übertroffen nur durch das barbarischste u. alle Seelenqualen in sich bergende »Verständigungsmittel«, das Telefon.*

*Sei geküsst und vergiss nicht die restlose u. bescheidene Anhänglichkeit Deines Kindes A.*

Im Dezember 1930 kannten sich Annemarie Schwarzenbach und Erika Mann seit ein paar Monaten. Schon nach der ersten Begegnung in München, vermutlich im Sommer 1930, war Annemarie in Erika verliebt. Die temperamentvolle und lebenslustige Tochter der Manns ist das komplette Gegenteil der zartbesaiteten Annemarie, die stets von einer unbestimmten Traurigkeit und Verzweiflung niedergedrückt wird. »Schon tagsüber hatte ich ganz unberechenbare Anfälle völliger Entmutigung«, heißt es im ersten Brief an die neue Freundin, »ziemlich schwer zu beschreiben u. noch schwerer zu ertragen: eine plötzliche Leere, so ganz ohne Hoffnung, dass man schreien könnte«. Erikas Nähe und Zuwendung erschienen ihr als das einzig probate Gegenmittel, denn »es gibt gar nichts Hübsches, Tröstliches, Ermutigendes außer Dich u. ich will gar nichts anderes als Dich«. Es wird bei der lebenslangen Werbung bleiben, Erika erwidert die Zuneigung nicht im gleichen Maße und scheint umso mehr auf Distanz zu gehen, je drängender Annemaries Rufe werden. Was sie genau geantwortet hat, ist nur aus Annemaries Briefen zu erahnen, denn ihre Mutter, Renée Schwarzenbach, hat nach dem Tod der Tochter die aufbewahrte Korrespondenz vernichtet.

Annemarie wuchs in behüteten Verhältnissen auf dem Landgut Bocken am Zürichsee auf. Ihre Mutter erzog sie als »Bub und Wunderkind«. Bis zu ihrem fünfzehnten Lebensjahr erhielt sie ihrer fragilen Gesundheit wegen Privatunterricht. Sie spielte Klavier, tanzte leidenschaftlich gern, lernte wie der ganze Rest der Familie (ihren jüngsten Bruder Hansi eingeschlossen) das Reiten und ritt hin und wieder sogar bei Turnieren. Aber ihre literarischen Ambitionen stießen im Hause Schwarzenbach auf so wenig Gegenliebe wie ihre lesbischen Neigungen – und dies, kurioserweise obwohl Renée Schwarzenbach ein Verhältnis mit der Münchner Sopranistin Emmy Krüger unterhielt (besagte »Dame Krüger«), das selbst von ihrem Ehemann stillschweigend toleriert wurde. In der Familie Mann fand Annemarie eine Art Ersatzfamilie, in der sie sich aufgehoben und verstanden fühlte. Das »Schweizerkind«, wie die Manns sie nennen, war oft zu Gast im Hause der Familie in der Münchner Poschingerstraße und freundete sich zunehmend auch mit Erikas jüngerem Bruder Klaus an. Die drei Jahre ältere Erika sieht sie in der Rolle eines großen Bruders, dem man alles anvertrauen und den man stets um Hilfe bitten kann, und sich selbst als das hilfsbedürftige »Kind A«.

Weihnachten 1930 steht Annemarie kurz vor ihrer Promotion im Fach Geschichte und schreibt an ihrem ersten Roman, der 1931 unter dem Titel *Freunde um Bernhard* erscheinen wird. Auch Erika und Klaus haben gerade ein Buch veröffentlicht: Ihr Bericht über eine gemeinsame Reise um den Globus wurde von Annemarie mit Begeisterung verschlungen. Aus *Rundherum. Das Abenteuer einer Weltreise* haben die Geschwister auch an der Universität Zürich gelesen, aber die Honorare waren offenbar ausgeblieben. Sowohl Klaus als auch Erika verdienten sich ihren Lebensunterhalt mit ganz unterschiedlichen Beschäftigungen: vortragend, schreibend und schauspielernd. In jener Zeit spielt Erika sowohl in kleineren Filmrollen als auch auf den Theaterbühnen in München, Hamburg und Berlin, sie arbeitet für verschiedene Zeitschriften und den Rundfunk und schreibt Geschichten für Kinder (darunter auch eine Weihnachtsgeschichte mit dem Titel *Jan's Wunderhündchen*). Bei den *Geschwistern*, die sich Annemarie nach Zürich wünscht, handelt es sich um Klaus Manns Bühnenadaption von Jean Cocteaus *Les Enfants terribles*. Für das kommende Jahr hat Erika ein neues Abenteuer ins Auge gefasst, von dem hier ebenfalls die Rede ist: Die begeisterte Autofahrerin hat sich zusammen mit ihrem Jugendfreund Ricki Hallgarten zu einer Rallye quer durch Europa angemeldet. Sie wird mit ihrem Ford daraus als Sieger hervorgehen, was ihr von Annemaries Seite den Titel »Fordprinz« einbringt.

Im Herbst 1931 übersiedelt Annemarie Schwarzenbach gegen den Widerstand ihrer Familie ins »große und dreckbespritzte Berlin«, um dort als freie Schriftstellerin zu leben.

Die Machtübernahme der Nazis vertreibt beide Frauen als
überzeugte Antifaschistinnen aus dem Land: Erika zieht mit
ihrem gerade begründeten Kabarett »Die Pfeffermühle« in
die Schweiz, und Annemarie flüchtet sich in ein unstetes
Leben. Sie reist nach Persien, Osteuropa, Skandinavien,
Afrika, in die USA und die Sowjetunion. Die Reisebericht-
erstattung, die am Anfang ihrer Begegnung mit Klaus und
Erika Mann stand, wird nun zu ihrem ureigenen Metier.
Annemarie Schwarzenbachs Fotoreportagen werden von renommierten Magazinen gedruckt, sie gilt bis heute als eine
der bedeutendsten Reisejournalistinnen der Schweiz.

## Soldatenweihnachten – *Kasern-weihnachten, recht nett arrangiert*

Franz Marc an seine Frau Maria

[Mühlhausen] 23. XII. 1914

*Liebste,*
*gestern abend feierten wir unser Soldatenweihnachten, –*
*Kasernweihnachten; es war recht nett arrangiert, Baum und*
*Lichter, Freibier, Tabak und kleine Geschenke, mit denen der*
*Leutnant sehr liberal die Kolonne versorgte. – Wir hatten*
*gestern ein kleines Exerzieren in der Umgebung von Mühlh.,*
*Besichtigung durch den General F., der sehr entzückt schien*
*über »die Bayern«. Es scheint mir sehr sicher, daß wir bei*
*dieser Division dauernd bleiben. Mir ist's ganz recht, wenn*
*die Sache nur nicht allzu dauernd ist! Es scheint doch, daß*
*die Deutschen mit dem Durchbruch warten müssen, bis sie*
*Verstärkungen aus dem Osten heranziehen können. Die*
*Hartnäckigkeit der Franzosen wird mir – politisch gedacht –*
*immer rätselhafter. Der selbstmörderische Drang ist stärker*
*als die politische Überlegung. Es ist unheimlich zu sehen,*
*wie staatliche Interessenpolitik, die ein Werkzeug eines*
*tieferen Willens ist, sich gegen sich selbst wenden muß,*
*wenn dieser tiefere Wille es will! Das sind die sogenannten*
*»Fehler« in der Politik. Wir wollen geduldig sein und kein*
*vorzeitiges, halbes Ende wünschen, wenn auch unsere*

*»Interessen« ein schnelles Ende verlangen. Wie sehr ich's
verlange! Habt Ihr etwas von Wilhelm gehört? Ich vermute
und hoffe, daß er jetzt einen ruhigeren Grenzdienst hat,
nachdem sich der fabelhafte Entscheidungskampf so tief
südlich abgespielt hat. Am russischen Schauplatz spielt sich
der Krieg, wie ich ihn träume und deute, zweifellos nicht so
rein ab, wie zwischen Deutschland und Frankreich. Rußland
hat zuviel uneuropäische Elemente, um ganz im Kriegs-
taumel aufzugehen. Wie mag nur der Krieg mit England
gehen? Daran denk ich immer und kann mir kein Bild davon
machen.*

    *Gutes Neues Jahr, allen und uns beiden. Spiel nur schön
Klavier und denk an mich, an uns beide.*
*Gruß Maman*
*Dein Fz. M.*

Im Sommer 1914 ist der Münchner Maler Franz Marc vier-
unddreißig Jahre alt, frischgebackener Ehemann und seit we-
nigen Monaten Hausbesitzer. Endlich schien er festen Boden
unter den Füßen zu haben. Im Expressionismus hatte er seine
Ausdrucksform und künstlerische Heimat gefunden, die
Redaktionsgemeinschaft des »Blauen Reiter« war aus der
Taufe gehoben, die zweite Ausstellung lag hinter ihnen. Die
Freundschaft und Zusammenarbeit mit Künstlern wie August
Macke und Wassily Kandinsky inspirierten und beflügelten
Franz Marcs eigene Arbeit. Der künstlerische Durchbruch war
geschafft, die Zeiten knapper Finanzen vorüber. In den letzten
Jahren hatte er sich zunehmend mit Tiermotiven beschäftigt
und die Bilder vollendet, die heute untrennbar mit seinem

Namen verbunden sind: *Der Tiger, Die gelbe Kuh* oder *Der Turm der blauen Pferde.* Sein Liebesleben war zeitweilig so farbenfroh wie seine Bilder: Während er mit der Malerin Anette Simon (geb. von Eckhart) liiert war, lernte er die Malerinnen Maria Franck und Marie Schnür kennen. Er heiratete zunächst Marie, trennte sich aber bereits ein Jahr später wieder von ihr. Von 1908 an lebten Maria Franck und Franz Marc als Paar. Marie Schnürs Klage auf Ehebruch ließ die in London geschlossene Ehe jedoch erst 1913 auch in Deutschland rechtskräftig werden. Im April 1914 lassen sich Maria und Franz Marc in einem Haus in Ried, bei Benediktbeuern, nieder. Franz Marc beginnt mit der Arbeit am zweiten Band des »Blauer Reiter«-Almanachs. Da platzt mitten hinein der Erste Weltkrieg.

Auf der Stelle meldet sich Franz Marc als Freiwilliger. Am 3. August 1914 sendet er an seinen Freund Alfred Kubin einen »letzten Gruß« aus München, »wo alles noch so friedlich scheint, allerdings schon totenstill, nun müssen wir einmal schweigen und die Weltgeschichte reden lassen. Ich rücke am Donnerstag ein.« Ende August ist er bereits im Fronteinsatz in den Vogesen. Im Oktober macht seine Kompanie Station im lothringischen Hagéville. Die Wochen bis Anfang Dezember verlaufen ruhig, man stellt sich bereits auf ebenso ruhige Weihnachten ein. Doch die Franzosen drängen in Richtung Metz. Marcs Division wird zur Frontsicherung abkommandiert. »Stell dir vor, dass wir die gesamte Weihnachtspost (sie füllt ein kleines halbes Zimmer in Mannshöhe!) mitschleppen müssen«, schreibt er an Marie. Statt zurück nach Hagéville geht es am Tag darauf weiter ins elsässische Mühlhausen (Mulhouse). Einen weiteren Tag später sind sie zusammen mit »800 Weihnachtspaketen als Transportgut« an ihrem Bestimmungsort angekommen, wo sie doch noch ein

»recht nett arrangiertes Kasernweihnachten« feiern. Er sei
»ganz vergnügt über dieses Wachstubenweihnachten«, lässt
er seine Frau nachträglich wissen, denke aber doch immer
sehnsüchtiger an zu Hause, an »unser kleines Ried«, das aus
der Ferne für ihn eine »feste Insel« bildet. Marie hält dort
zusammen mit Marcs Mutter Sophie die Stellung. Aber den-
noch lautet das klare Bekenntnis, dass er nicht heimkehren
wolle, bevor der Krieg vorbei ist – »schon weil ich es nicht
kann«. »Ich bereue auch keinen Tag, mich ins Feld gemeldet
zu haben. Ich wäre in München stets unglücklich, gedrückt
und unzufrieden gewesen und hätte für mein Wesen und
Denken zu Hause nichts gewonnen, sicher nicht das gewonnen, was mir heraußen der Krieg gegeben hat.«

Achtzehn Monate später ist die anfängliche Kriegsbegeis-
terung dem Entsetzen und der Resignation gewichen. »Immer
kaut man an dem immer rätselvolleren Rätsel herum, wie
dieser Krieg nur möglich ist? Europäer! Es ist schrecklich!«
Inzwischen kämpft Franz Marc im Rang eines Leutnants an
der Front von Verdun und wünscht sich nichts sehnlicher, als
nach Hause zurückkehren und arbeiten zu können. Die Erfüllung dieses Wunsches rückt in greifbare Nähe, als man seinen Namen auf die Liste der Soldaten setzt, die zur »Förde-
rung der Betätigung im Felde stehender Künstler« vorzeitig
aus dem Kriegsdienst entlassen werden sollen. Voller Hoffnung schreibt er am 4. März 1916 an Maria, dass er dieses Jahr
heimkehren werde »in mein unversehrtes liebes Heim, zu Dir
und zu meiner Arbeit«. Wenige Stunden später wird Franz
Marc während eines Erkundungsritts getötet. Er ist einer von
mehr als 300 000 deutschen und französischen Soldaten, die
in der Schlacht vor Verdun ihr Leben ließen. Zwei Monate
zuvor hatte er an seine Mutter geschrieben: Ihm sei im Krieg
nie eingefallen, »die Gefahr und den Tod zu suchen, wie ich es

in früheren Jahren des öfteren getan habe, – damals ist der Tod mir ausgewichen, nicht ich ihm; aber das ist lange vorbei! Heute würde ich ihn sehr wehmütig und bitter begrüßen, nicht aus Angst oder Unruhe vor ihm, sondern weil ich ein halbfertiges Werk liegen habe, das fertig zu führen mein ganzes Sinnen ist.«

[Den Haag, Dezember 1882]

*Lieber Theo,*

*Ich habe Dir nichts Besonderes zu sagen, aber ich möchte Dir doch noch mal schreiben. Dem gegenüber, was ich Dir schrieb – nämlich dass ich mir oft schwere Gedanken mache, nicht alles als Fortschritt empfinden kann usw. –, steht das, was ich schon bei früherer Gelegenheit einmal sagte: Es gibt Dinge, die es verlohnen, dass man seine besten Kräfte drangibt, weil sie – ob sie nun Beifall finden oder das Gegenteil – in sich selbst eine Raison d'être haben. Blessed is he who has found his work, sagt Carlyle, und das ist bestimmt wahr.*

*Und was mich betrifft – wenn ich sage, dass ich Figuren aus dem Volk für das Volk machen will, so versteht sich von selbst, dass die geschäftliche Seite mich nur indirekt beeinflusst, nämlich insofern, als meine Arbeit schwieriger oder leichter dadurch gemacht wird; aber das Schaffen der Zeichnungen selbst nimmt den größten Platz in meinen Gedanken ein. Und so steht dem Gefühl der Niedergeschlagenheit gegenüber, dass es eine herrliche Sache ist, an etwas* zu arbeiten, das umso interessanter wird, je weiter man hineinkommt. In meinem vorigen Brief schrieb ich, manchmal hätte ich ein Gefühl, als sitze ich in einer Art Arrest oder Gefängnis; damit meine ich nur, dass ich viele Dinge unterlassen muss, die ich gern tun würde – die nur dann möglich wären, wenn ich die Kosten dafür aufbringen könnte –, doch will ich keineswegs damit sagen, dass ich das Gegenwärtige nicht zu schätzen wüsste oder unzufrieden wäre. Denn das sei ferne von mir. Gerade durch das, was einem erreichbar ist, hat man die Möglichkeit, sich emporzuarbeiten; Du kannst also versichert sein, dass ich gern mein Bestes tun will, wenn Du etwa bei den dortigen illustrierten Zeitschriften Arbeit für mich weißt. [...]

Ich habe jetzt wieder zwei Zeichnungen; die eine ein Mann, der in der Bibel liest, und die andere ein Mann, der vor dem Mittagessen, das vor ihm auf dem Tisch steht, sein Gebet spricht. Beide sind in der Stimmung ganz entschieden das, was man altmodisch nennen könnte, es sind ähnliche Figuren wie der alte Mann mit dem Kopf in den Händen. Das »bénédicité« ist, glaube ich, die bessere Zeichnung, aber sie ergänzen sich gegenseitig. Auf der einen hat man durchs Fenster einen Blick auf die beschneiten Furchen.

Meine Absicht mit diesen beiden und mit dem ersten alten Mann ist die gleiche, nämlich die eigenartige Stimmung um Weihnachten und Silvester auszudrücken. In Holland und auch in England ist um diese Zeit immer noch etwas Religiöses zu spüren, eigentlich überall, wenigstens in der Bretagne und auch im Elsass. Ob man nun in der Form ganz damit übereinstimmt, mag dahingestellt bleiben, doch ist es etwas, wovor man Achtung hat, wenn es aufrichtig ist, und ich für mein Teil kann es ganz mitfühlen und habe sogar das Bedürfnis danach, wenigstens insofern, als ich genau wie

so 'n altes Männlein an quelque chose là-haut glaube,
auch wenn ich nicht ganz sicher weiß, wie oder was dort sein
wird. Sehr schön finde ich Victor Hugos Wort: »Les religions
passent, mais Dieu demeure.« [Die Religionen vergehen,
Gott bleibt.] Und ein schönes Wort von Gavarni finde ich:
»Il s'agit de saisir ce qui ne passe pas, dans ce qui passe.«
[Man muss im Vergänglichen das Unvergängliche be-
greifen.]

Eines der Dinge, »qui ne passeront pas« [die nicht vergehen werden], ist das quelque chose là-haut und auch der
Glaube an Gott, mögen auch die Formen sich wandeln;
Wandlung ist ebenso nötig wie die Erneuerung des Grüns
im Frühling. Doch Du siehst aus alledem, dass es bei diesen
Zeichnungen nicht meine Absicht ist, der Form zu huldigen,
sondern zu zeigen, dass ich die Weihnachts- und Silvester-
stimmung hochachte.

Und wenn ein wenig Empfindung oder Ausdruck hinein-
gekommen ist, so darum, weil ich das selbst mitfühle. Immer
mehr spüre ich, wie schwer sich entscheiden lässt, welches
die beste Arbeitsweise ist. Es gibt so viel Schönes auf der
einen Seite und so viel auf der anderen Seite, außerdem auch
so viel Falsches, dass man manchmal nicht mehr weiß,
welchen Weg man wählen soll. Doch arbeiten muss man in
jedem Fall. Ich selber glaube nicht, dass ich mich nicht irren
könnte; ich bin mir vieler Irrtümer viel zu sehr bewusst, als
dass ich sagen würde, dies oder das ist die richtige Art und
Weise, dies oder das ist die falsche. Das versteht sich von
selbst. Aber ich bin nicht gleichgültig, das halte ich für
verkehrt; ich glaube, es ist unsere Pflicht zu versuchen, das
Rechte zu tun, auch wenn wir wissen, dass wir nicht ohne
Fehler zu begehen, nicht ohne repentirs oder sorrows [Reue
oder Leid] durch die Welt kommen werden. Irgendwo habe

ich mal gelesen: Some *good* must *come by clinging to the right. [Irgendetwas Gutes muss herauskommen, wenn man sich an das Rechte klammert.]*

*Was weiß ich, ob ich dieses oder jenes Ziel erreichen werde – wie kann ich im Voraus wissen, ob die Schwierigkeiten nicht unüberwindbar sein werden? Man muss schweigend weiterarbeiten und abwarten, wie es ausgehen wird. Verschließt sich die eine Aussicht, so tut vielleicht eine andere sich auf – eine Aussicht muss es geben und eine Zukunft ebenfalls, auch wenn man ihre Geografie nicht kennt. Das Gewissen ist der Kompass des Menschen, und obwohl manchmal Abweichungen von der Nadel vorkommen, obwohl man sich zuweilen dabei ertappt, dass man sich nur ungenau danach richtet, so muss man doch bestrebt sein, den Kurs einzuhalten.*

*Ich muss Dir doch mal etwas abschreiben, das mir durch den Kopf ging, als ich diesen alten Mann zeichnete, obwohl es nicht buchstäblich darauf passt, denn auf der Zeichnung ist es ja z.B. gar nicht Nacht.*

*In stiller Nacht*

*Oft in der stillen Nacht,*
*In schlaflos bangen Stunden,*
*Wird die Erinn'rung wach*
*An Tage, die entschwunden;*
   *An Freud und Leid*
   *Vergangner Zeit,*
*An Lieb', nicht ausgesprochen,*
   *An Wangen rot,*
   *Jetzt bleich und tot,*
*An Herzen, nun gebrochen.*

*So wird in stiller Nacht,*
       *In schlaflos bangen Stunden,*
       *Oft die Erinn'rung wach*
       *An Tage, die entschwunden.*

*Und wandert dann mein Sinn*
*Still zu den Freunden allen,*
*Die ich gleich Laub im Wind*
*Rings um mich her sah fallen,*
       *Ist mir, als sei*
       *Das Fest vorbei*
*Und ich allein geblieben;*
       *Der Lichter Glanz,*
       *Der Blumen Kranz*
*Zerstoben wie die Lieben.*
*So wird in stiller Nacht,*
*In schlaflos bangen Stunden,*
*Oft die Erinn'rung wach*
*An Tage, die entschwunden.*

*Nach Moore*

*Nun, ich hoffe, Du kannst Dich in diesen Tagen auch noch etwas an der Natur freuen, an den kurzen Wintertagen oder an den winterlichen Gestalten. Denn wie ganz andere Leute sieht man im Winter auf der Straße als im Sommer! [...] Nun adieu, ich hoffe, Du schreibst wieder gegen den Zwanzigsten; mit einem Händedruck in Gedanken,*

*t. à t. Vincent*

✳

Weihnachten, das Fest der Familie und der Geburt Christi, das war für Vincent van Gogh keine einfache Zeit. Mehrmals fanden in jenen Tagen des Jahres entscheidende Veränderungen in seinem Leben statt, und immer mehr geriet er ins Nachdenken über den religiösen Kern des Festes. Vincent van Gogh stammte aus einem religiösen Elternhaus in Nordbrabant, sein Vater war Priester der niederländisch-reformierten Kirche. Die Familie, die Verbindungen zum Kunsthandel hatte, sah für Vincent eine Ausbildung zum Kunsthändler vor. Er trat in die Firma Goupil in Den Haag ein, in der einer seiner Onkel Teilhaber war. Doch war er alles andere als glücklich damit. Nach einigen Jahren kündigte er seine Stellung, arbeitete als Hilfslehrer und Buchhandelsgehilfe, besuchte eine Evangelistenschule und ging als Missionar ins belgische Kohlegebiet Borinage, wo er in strenger Armut lebte. Schließlich entschied er sich dafür, Künstler zu werden. Dies hatte den Bruch mit der Institution der Kirche zur Folge ebenso wie den Bruch mit seiner Familie. An Weihnachten 1881 wurde er von seinem Vater nach einem Streit des Hauses verwiesen. »Ich habe rundheraus gesagt, ich fände das ganze System dieser Religion abscheulich, und gerade weil ich während einer elenden Zeit meines Lebens mich zu sehr in diese Dinge vertieft habe, wolle ich nichts mehr damit zu tun haben und müsse mich davor hüten wie vor etwas Unheilvollem.«

Fortan ordnete Vincent van Gogh alles seiner Kunst unter. Er brachte sich das Malen autodidaktisch bei, finanziell unterstützt wurde er von seinem vier Jahre jüngeren Bruder Theo, mit dem er einen intensiven Briefwechsel pflegte. Eine Zeit lang lebte er in Paris, dann zog es ihn in die Provence. Hier, überwältigt vom Licht des Südens, fand er seinen unverwechselbaren Stil: die starken Kontraste, die leuchtenden Farben, die er dick und unverdünnt, in Wellenlinien, Kreisen und Spiralen auf die Leinwand auftrug. Hier auch entstanden die Landschaftsbilder und Porträts, für die er später berühmt werden sollte. Gleichzeitig kämpfte er mit seelischen Krankheiten und Anfällen. »Ich habe Augenblicke, wo ich vor Begeisterung oder dem Wahnsinn oder der Sehergabe geschüttelt werde wie ein griechisches Orakel«, schrieb er seinem Bruder. Am 24. Dezember 1888 wurde van Gogh ins Krankenhaus eingeliefert, nachdem er sich einen Teil seines Ohres abgeschnitten hatte. Die Umstände dieses Vorfalls – ihm ging ein heftiger Streit mit dem Maler Paul Gauguin voraus, mit dem er sich in Arles das Haus teilte – wurden nie genau geklärt. Mehrere Monate verbrachte van Gogh in einer Nervenheilanstalt in Saint-Rémy-de-Provence; im Juli 1890 starb er, im Alter von siebenunddreißig Jahren, in der Nähe von Paris an den Folgen einer Schussverletzung, die er sich selbst zugefügt hatte.

In seinen Briefen an den Bruder, die um die Weihnachtszeit geschrieben sind, kreisen die Gedanken, getragen von melancholischer Stimmung, um Fragen des Glaubens und die Familie. Die Geborgenheit, nach der Vincent van Gogh sich sehnte, wurde ihm nicht zuteil. Nur einmal erlebte er, mitten im Sommer, ein Weihnachten, das dem ursprünglichen, dem in der Bibel beschriebenen, nahekam. In Den Haag lebte er eine Zeit lang mit der ehemaligen Prostituierten Clasina Maria Hoornik, genannt Sien, zusammen. Als er sie kennenlernte, war sie schwanger, und im Juli 1882 wurde er Zeuge der Geburt ihres Sohnes. »Es ist eine starke, mächtige Gemütserregung, die den Menschen ergreift«, schrieb van Gogh an seinen Bruder, »wenn er neben der Frau, die er liebt, gesessen hat, mit einem Kindchen in der Wiege daneben. Und war es auch im Krankenhaus, wo sie lag und ich bei ihr saß, es ist immer die ewige Poesie der Christnacht mit dem Kind im Stall, wie die alten holländischen Maler es aufgefasst haben und Millet und Breton – doch ein Licht im Dunkel, eine Helligkeit mitten in finsterer Nacht.«

## Das wird jetzt eine harte Zeit, die Feiertage kommen

Jean-Paul Sartre an Simone de Beauvoir

*24. Dezember [1939]*

*Mein reizender Castor*
*Es ist Weihnachten, und Sie sind sicher im Zug, mein lieber*
*Kleiner, vielleicht schlafen Sie schon, Ihr ganzes kleines*
*Gesicht gerunzelt von der Anstrengung zu schlafen, ich*
*kenne Sie gut, wie oft habe ich Sie nicht schon gesehen, mir*
*gegenüber in der Ecke, ganz in den Schlaf versunken und*
*ernst, mein Kleiner, und so ruhig. O Sie, die Sie so viel mit*
*mir gereist sind. Ich denke, es gibt die gekreuzten Ski über*
*Ihrem Kopf im Gepäcknetz oder vielleicht sogar verschlun-*
*gene Schnüre und Schläfer, die auf dem Schnurgewirr*
*liegen. Und wenn Sie aufwachen, haben Sie rosa Augen und*
*sind ganz aufgeregt. Ich liebe Sie, ich denke gern an Ihre*
*ganze kleine Person, an all Ihre Ängste und Ihre Hart-*
*näckigkeit. Es bringt mich zum Lachen und schnürt mir das*
*Herz ab vor Zärtlichkeit für Sie. Seien Sie zumindest vor-*
*sichtig.*
*Ein kleines Ärgernis erwartet uns: Dieses Schwein Louis*
*Marin hat der Kammer einen Gesetzentwurf vorgelegt,*
*nach dem die Gehälter der mobilisierten Beamten um ⅔*
*gekürzt werden sollen, damit man den Sold der Soldaten auf*

2 Francs erhöhen kann. Es muss natürlich noch darüber abgestimmt werden, aber man muss die »Anpassung« meiner Finanzen schon ins Auge fassen. Was wird aus T.? Wie werden Sie zurechtkommen? Denken Sie ein kleines bisschen darüber nach. Und vor allem, wenn das Gesetz durch ist, kaufen Sie Zeitungen, zeigen Sie Z. den Text, denn da das in eine Zeit fällt, in der ich sehr schlecht mit T. stehe, möchte ich nicht, dass man mir vorwerfen kann, ich ließe sie aus Schäbigkeit in Laigle. Auf jeden Fall kann sie im Januar kommen, da man Ihnen mein ganzes Gehalt ausgezahlt hat. Ich habe beschlossen, ihr nicht mehr zu schreiben (falls sie nicht selbst schreibt, aber sie muss ihrerseits den gleichen Beschluss gefasst haben), bis ich nach Paris komme. Ohne Bruch oder sonst irgendetwas.

Heute war also Heiliger Abend, erstaunlich, wie das für die Leute zählt. Manche haben – um den 15. Dezember herum – zu mir gesagt: »Das wird jetzt eine harte Zeit, die Feiertage kommen, und wir sind nicht zu Hause.« Die Wirtin vom Café de la Gare hat die ganze Nacht vom Kochen geträumt, weil ihre Kneipe heute und morgen ständig überfüllt sein wird. Und es gibt Abteilungen, wo die Offiziere zusammenlegen, um ihren Männern Weihnachtsgeschenke zu machen. Aber jetzt werden Sie lachen. Stellen Sie sich vor: Die Schreiber haben ihren Weihnachtsbaum gekauft mit Kerzen, Schmuck und Brimborium. Eine ganz kleine Tanne im Topf auf einem Tisch. Der Oberst und die Offiziere waren so freundlich, der Versammlung vorzusitzen, und man war so liebenswürdig, die Wetterbeobachter dazuzubitten. Um Viertel vor sieben heute Abend gingen wir also auf die Veranda hinunter, wo es von Leuten wimmelte: Schreiber, Telefonisten, Fahrer, Ordonnanzen, Köche. Die Offiziere kamen, und das Licht wurde ausgemacht, der Oberst hielt *im Schein der Weihnachtsbaumkerzen eine kleine wohlwollende Ansprache:* »*Ich wage unter diesen Umständen nicht, Ihnen für Ihre Familien Glück zu wünschen. Zumindest sind sie im Moment glücklich, Sie in Sicherheit zu wissen. Im Augenblick verlangt man von Ihnen nur Geduld, aber wir müssen siegen, und ich kann mir nicht vorstellen, dass man ohne militärische Anstrengung siegen kann. Ich bin ganz und gar zufrieden mit Ihrer Mannschaft, und Sie verstehen sich gut miteinander, aber nur die Feuertaufe wird Ihnen wirklichen Zusammenhalt geben.*« *Er fügte hinzu:* »*Sie kämpfen zwar eher mit der Waffe der Schreibmaschine, aber man weiß ja nie.*« *Darauf erklärte der Gefreite Courcy:* »*Glauben Sie mir, Herr Oberst, dass wir uns der Ehre bewusst sind, die Sie uns erweisen, indem Sie unserer kleinen Versammlung vorsitzen, und dass dieser Abend eine unserer besten Erinnerungen bleiben wird.*« *Und der Oberst sagte:* »*Sehr gut. Nun, sehr gut. Meine Herren, gehen wir ins andere Zimmer.*« *Im anderen Zimmer erwarteten uns sechs Flaschen Champagner und Gebäck. Der Oberst reichte mir das erste Glas, was ausführlich kommentiert wurde. Er sagte:* »*Na, Sartre, finden Sie nichts für Ihren Roman in diesem komischen Krieg?*« »*Ach, nein, Herr Oberst*«, *sagte ich.* »*Oh, ich bin überzeugt, dass Sie etwas finden, Sie können es.*« *Die Offiziere fragten nach einem Freiwilligen für die Musik, und alle sagten – jetzt werden Sie lachen –, ich könne Klavier spielen. Ich ging also und spielte mit Gefühl einen Walzer mit dem Titel* Großmütterchen. *Hauptmann Orsel verheimlichte nicht, dass er Märsche vorgezogen hätte, aber es gab keine. Darauf sang Naudin, der Stabsunteroffizier, auf lebhafte Bitten hin eine Romanze nach der Melodie von* Le temps des cerises. *Er erklärte einer fernen Schönen, dass er ihr im Winter Schneeglöckchen, im Früh-*

ling Immergrün und – er war im Schützengraben – im Sommer Blumen, die vom Blut unserer Helden gefärbt wären, Mohnblumen, schicken würde. Der Oberst kam zu mir und sagte: »Sie haben Talent.« Inzwischen hatte sich Hantziger, der Traurige, der abends bis um elf Uhr Walzer spielt, heimlich und mit besessener Miene dem Klavierhocker genähert. Er setzte sich und spielte, ohne dass man ihn darum gebeten hätte, sein ganzes Repertoire. Der Oberst ging von Grüppchen zu Grüppchen und hatte für jeden ein freundliches Wort. Schließlich sang ich auf Bitten des Hauptmanns Orsel hin Toréador en garde und ließ es von den Anwesenden im Chor wiederholen. Dann ging man wieder auf die Veranda und zündete bengalische Feuer an, die zwischen den Nadeln der Tanne versteckt waren. Kurz danach ging ich hinauf, um Ihnen zu schreiben.

Keller ist gestern aus dem Urlaub zurückgekehrt. Mistler heute. Pieter bricht morgen auf. Er wird am 7. wiederkommen. Wenn ich gleich danach fahre, bin ich am 9. um 17 Uhr 30 in Paris an der Gare de l'Est. Wenn man einen Mann dazwischenschiebt – was möglich ist: Hang –, komme ich am 20. um dieselbe Zeit. Sie können mich sehr gut am Bahnhof abholen, denn die Ankunftszeiten der Urlauberzüge sind vollkommen regulär, Sie müssen mir nur 1. einen Treffpunkt für die Zeit zwischen halb sechs und halb acht angeben, zum Beispiel ein Café bei der Gare de l'Est – und 2. einen Treffpunkt für abends, falls wir uns verpassen. Sie werden auf jeden Fall benachrichtigt, wenn es nötig ist. Mein reizender Castor, ich werde Sie also wiedersehen und über alles lang und breit mit Ihnen plaudern und Ihren kleinen Arm nehmen und Ihre kleinen Gesichter sehen. Das ist jetzt konkret und ganz nah. Ich liebe Sie. Mistler sagt, er sei, als er ankam und Paris sah, von einer ruhigen, ungeheuren Freude ergriffen *worden, und zehn Tage Urlaub seien allerhand. Also haben Sie keine Angst, ich werde mir meinen nicht verderben lassen.*

*Adieu, gute kleine Skifahrerin, erzählen Sie mir ja Ihre ganzen Heldentaten. [...]*

*Bis morgen, ich küsse Sie ganz fest.*

*Schlimmer Kleiner, Sie sind sicher abgefahren, ohne Z. das Manuskript abgenommen zu haben.*

*Ich liebe Sie.*

Man stelle sich die Szenerie vor: Der Soldat Sartre in der marineblauen Uniform der französischen Artillerie, mit klobigen Schuhen und Knickerbockerhosen, ein kleiner Mann mit Hornbrille, der neben einem improvisierten Weihnachtsbaum steht und inmitten von Soldaten und Offizieren die Arie des Escamillo aus Georges Bizets *Carmen* schmettert. Ausgerechnet er, mit seinem komplexen Liebesleben und wenig kriegerischem Esprit, singt von Liebe und Kampf. Obendrein in einer Zeit des militärischen Stillstands, denn Frankreich befand sich mitten im »drôle de guerre«, dem »komischen Krieg«, mit Deutschland. Nach der Kriegserklärung vom 3. September 1939 passierte in den ersten neun Kriegsmonaten erst einmal nichts, deshalb war Geduld gefragt, wie auch der Oberst in seiner Weihnachtsansprache den Soldaten nahelegt. Sartre war bei den Meteorologen der 70. Artilleriedivision in Essey-lès-Nancy stationiert, einem kleinen Ort in Lothringen. Zuvor hatte der 34-Jährige als Gymnasiallehrer am Pariser Lycée Pasteur gearbeitet. Die merkwürdige »Ferienzeit« war für ihn zunächst ein Glücksfall, in der Abgeschiedenheit der Kaserne war er höchst produktiv. Er arbeitete an seinem Roman *Zeit der Reife* und am Grundgerüst von *Das Sein und das Nichts* und führte zum ersten Mal in seinem Leben ein Tagebuch. Hinzu kam die tägliche Korrespondenz. Wie einer seiner Kameraden berichtete, schrieb Sartre »Tag für Tag drei, vier lange Briefe: an Mademoiselle Simone de Beauvoir und an andere Frauen«.

Diese »anderen« gehörten ganz selbstverständlich in das Leben des Paars Sartre – Beauvoir, das vor mehr als einem Jahrzehnt zueinandergefunden hatte. Das Liebesversprechen, das sie einander gegeben hatten, definierte ihre Verbindung als »notwendige Liebe«, die jedem von ihnen völlige Freiheit im Hinblick auf andere Liebschaften ließ. Die einzige Bedingung war eine rückhaltlose Offenheit und Transparenz. »Sie sind stets mein Gewissen und mein Zeuge«, lässt Sartre die Freundin im September 1939 wissen. »Alles, was mir widerfährt, gedenke ich Ihnen zu schreiben.« Wie in einem Fortsetzungsroman berichtet er seinem »reizenden Castor« von seinem Alltag aus der Kaserne und vom Fortgang seiner Amouren. Simone de Beauvoir antwortet dem »lieben kleinen Geschöpf« nicht weniger regelmäßig und ausführlich. In ihren Briefen vom Dezember 1939 begegnet man noch einer anderen Facette des Intellektuellen – dem Skifahrer Sartre: »Das ist mein 6. Jahr Wintersport, mon amour«, schreibt Simone de Beauvoir ihm aus Megève in den Savoyer Alpen, »das erste ohne Sie – fünf Jahre lang sind wir zusammen kleine Abhänge hinaufgestiegen und abgefahren und liebten uns ganz stark, und ich sehe Sie vor mir in Montroc mit Ihrer beigen Jacke, in Chamonix mit Ihrem grässlichen roten Pullover, in Megève mit Ihrer schönen weißen Jacke; ich vergehe vor Zärtlichkeit für Sie und vor Verlangen, Ihre kleine Person aus Fleisch und Blut zu berühren: vielleicht in zwei Wochen, O mein Kleiner, ich möchte Sie so gern wiedersehen.«

Für dieses Wiedersehen musste Sartre noch die Sache mit den »anderen Frauen« organisieren. Damit sie nichts von seinem Fronturlaub erfuhren, der ganz Simone de Beauvoir vorbehalten war, bat er seine Kameraden, für ihn den Postillion spielen: Vor seinem Urlaub händigte er ihnen einen Stapel durchnummerierter Briefe aus und beauftragte sie, seinen Korrespondentinnen jeden Tag den üblichen Brief zu schicken. Was sie wohl davon gehalten haben? Ausgerechnet dieser kleine Gymnasiallehrer mit dem Sehfehler, der in seiner schlecht sitzenden Uniform alles andere als eine gute Figur abgab, führte ein Liebesleben, von dem die meisten Soldaten nicht zu träumen wagten.

Solange Sartre abwesend war, kümmerte sich Simone de Beauvoir um seine Angelegenheiten und um seine Geliebten. Sollte die drohende Gehaltskürzung Realität werden, musste der »fleißige Biber« – so die Übersetzung des französischen Wortes Castor – sehen, wie auch für »T.« und »Z.« zu sorgen war. Hinter den beiden Kürzeln verbergen sich die Pseudonyme für Olga Kosakiewicz (Zazoulich) und deren Schwester Wanda (Tania). Aber wie auch immer die Frauen und Männer hießen, die durch ihr gemeinsames Leben geisterten: Simone de Beauvoir blieb die wichtigste Person ins Sartres Leben. »Ich kann nicht getrennt von Ihnen sein«, hatte Sartre ihr im September 1939 geschrieben, »denn Sie sind so etwas wie die Konsistenz meiner Person.« Sie blieb es, bis an sein Lebensende. Noch vor Kriegsende erschien Sartres philosophisches Hauptwerk *Das Sein und das Nichts* – die Geburtsstunde des französischen Existenzialismus. Bis heute gelten Mademoiselle de Beauvoir und der kleine Mann mit der Hornbrille als die führenden Intellektuellen im Frankreich des 20. Jahrhunderts.

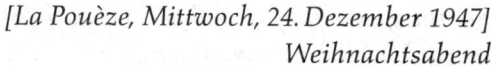

## Sie sind ein kostbareres Geschenk als alle Weihnachtsgeschenke vorher

Simone de Beauvoir an Nelson Algren

*Mein Gatte. Es ist fast Mitternacht, die Kirchenglocken läuten. Alle sind fort, die behinderte Frau, die Köchin, die Dienerin, die Tochter und die Enkelin sind in der Mitternachtsmesse. Sartre ist in Paris bei seiner Mutter, der kranke Mann ist selbstverständlich in seinem Bett, und nur die alte Dame ist noch im Haus, denn Kirchen und Predigten sind ihr zuwider, und sie schert sich nicht um die Messe. Aber sie hat sich in ein anderes Zimmer zurückgezogen, und ich bin ganz allein hier, wie ich es mir wünschte, um Weihnachten mit Ihnen zu verbringen. Heute war ich etwas traurig, wie so oft, wenn ich Ihren Brief einen Tag vorher erhalten habe und weiß, dass es eine Woche dauert, bis der nächste kommt. Und dieser Zahnschmerz-Brief war etwas dünn und hat meinen Hunger nicht gestillt. Ich bin so hungrig, Liebling. Aber jetzt, in der Ruhe und Einsamkeit dieses Abends, fühle ich mich wieder wohl. Es ist unser erstes Weihnachtsfest zusammen, Liebster, und ich würde gern an Gott glauben, um ihm zu danken, dass er Sie mir und mich Ihnen geschenkt hat. Ich habe niemanden, dem ich danken könnte,*

ich möchte Ihnen nur sagen, Sie sind ein kostbareres Geschenk als alle Weihnachtsgeschenke vorher. Es ist gut, Sie
bei mir zu fühlen, während die Glocken ziemlich unsinnig
läuten.

Die Tochter und die Enkelin sind angekommen, ziemlich
angenehm, weil sie fröhlich, munter, glücklich sind, hier zu
sein, und hübsch, aber auch ziemlich dumm. Gestern habe
ich einen John Dos Passos gelesen, Number One, nicht so gut
wie die früheren, die ich sehr mochte, aber er enthält so viele
eisgekühlte Getränke, Flugreisen und heiße amerikanische
Sommer, dass mir vor Sehnsucht nach Amerika schwindelig
wurde – nicht nur nach Ihnen, Sie eingebildeter Mann,
sondern nach Ihrem ganz großen betrunkenen, geschäftigen,
hassenswerten und wundervollen Land. Ich habe viele Gläser starken Apfelschnaps getrunken und versucht, nicht an
Scotch und Soda zu denken. Ich hatte wunderbare Träume:
Südamerika, Neger in silbrig-goldenen Gewändern und
schöne nackte Frauen tanzten in schönen Gärten und blauen
Bassins. Aber . . . ich bin mit einem schlechten Geschmack
im Mund aufgewacht und mit Traurigkeit im Herzen. Das
hat mir Dos Passos beschert. [...]

Samstag [27. Dezember 1947]

Ich hatte eine ruhige Weihnacht in dem ruhigen Haus. Wir
haben eine wundervolle, mit Röstkastanien gefüllte Gans
gegessen, und am Nachmittag habe ich friedlich in meinem
Zimmer gearbeitet und von Ihnen geträumt. Ich schreibe nie
Weihnachtsbriefe und erhalte nie welche. Sartre ist mit
neuen amerikanischen Büchern, über die ich mich sehr
gefreut habe, aus Paris zurückgekommen, er hat auch
Kuchen und Champagner mitgebracht, und als die Invalidin

*und das kleine Mädchen zu Bett gegangen waren, haben wir weiter getrunken und gegessen. Es war angenehm, weil die alte Dame ziemlich betrunken war und in diesem Zustand sehr komisch ist und jedem auf witzige und zutreffende Art die Wahrheit sagt.*

*Ich bleibe noch eine Woche hier, dann Rückkehr nach Paris, und ich hoffe, fünf Tage in Berlin zu verbringen, ich sage Ihnen noch Bescheid. Aber der Gedanke, nach Paris zurückzukehren, entzückt mich nicht, ich kehre nur zurück, weil ich muss, wegen der* Temps modernes, *wegen der Veröffentlichung meiner Bücher, der Vorbereitung meiner Amerikareise usw. Sartre sagte, er habe Paris entsetzlich trist gefunden, und ich weiß, mir wird es genauso gehen. Wissen Sie, als mein erstes Buch erschien, genoss ich es ein bisschen, Leute kennenzulernen und aus meinem Schneckenhaus herauszukommen; aber jetzt langweilen mich fast alle, und die allgemeine Atmosphäre in Frankreich ist unangenehm. Besser, in einem schönen Krokodilschlamm zu bleiben.*

*Leben Sie wohl, Honey, jetzt müssen Sie Ihren Brief nach Paris schicken. Selbst ohne Brief weiß ich, dass Sie ein treues warmes Herz haben – wie meines. Aber es ist oft schmerzlich, dass Sie nicht leibhaftig da sind. Nelson, mein Mann und Geliebter, ich liebe Sie.*
*Ihre Simone*

*Honey, warum haben Sie nichts zur Mexikoreise gesagt?*

❊

Mit Beginn des Jahres 1947 erfüllte sich für Simone de Beauvoir ein großer Traum: Die Einladungen von mehreren Universitäten ermöglichten ihr eine Reise in die USA. Um möglichst viel zu sehen, reiste sie von Januar bis April durch das halbe Land. Vermittelt durch eine Freundin, nahm sie bei ihrem Besuch in Chicago Kontakt zu dem Schriftsteller Nelson Algren auf, der sie durch seine Stadt und die Chicagoer Unterwelt führte. Es war ein Aufeinanderprallen zweier Welten: Simone de Beauvoir kannte Amerika bisher nur aus der Literatur und aus Hollywoodfilmen, Algren wusste nichts von ihrem Leben in Paris und dem, was die europäischen Intellektuellen in der Nachkriegszeit beschäftigte. Trotzdem oder gerade deshalb war es eine folgenreiche Begegnung. Noch aus dem Zug, mit dem Simone de Beauvoir nach Kalifornien weiterreiste, schrieb sie an Algren, dass sie sich nicht vorstellen könne, ihn niemals wiederzusehen. Sie vereinbarten für April ein weiteres Treffen in New York, über dessen Verlauf Simone de Beauvoir später in ihrem autobiografischen Roman *Die Mandarins von Paris* berichtete: »Er war nackt, ich war nackt, und ich fühlte keine Scham ... Von den Haaren bis zu den Zehen lernten seine Hände mich auswendig ... Sein Begehren verwandelte mich. Wie lange hatte ich keinen Geschmack, keine Gestalt, nun besaß ich wieder Brust, Leib, Sexus, war ich wieder Fleisch und Blut; ich nährte wie das Brot, duftete wie die Erde, das war so wunderbar, dass ich nicht daran dachte, Zeit oder Lust zu messen.« Es war der Beginn einer leidenschaftlichen Liebe. Doch so stark diese auch sein mochte, Nelson Algren musste die Frau seines Lebens mit einem anderen teilen. Simone de Beauvoirs Rückkehr nach Paris war auch eine Rückkehr zu ihm, zu Jean-Paul Sartre. Er war der Seelenzwilling, dem sich alles andere unterzuordnen hatte, genau genommen auch der Zeitpunkt und die Dauer

ihres Wiedersehens, denn nur wenn es in Sartres Termin-
plan passte, konnte Simone de Beauvoir verreisen. In der
engen Symbiose Sartre–Beauvoir waren Dritte zwar akzep-
tiert, aber sie mussten mit dem Übergewicht dieser Beziehung
fertig werden. Nelson Algren konnte das nicht. Obwohl die
beiden Liebenden immer wieder die große Entfernung über-
brückten und sich in den Folgejahren in Paris oder Chicago
trafen, waren dies kurze Besuche in der fremden Welt des
anderen, ein Zusammensein in Parallel-, in Wunschwelten. In
der Zwischenzeit blieb ihnen nur die Verbindung per Brief.
Auf dem Papier machte Simone de Beauvoir ihr »geliebtes
Krokodil«, ihren »süßen Provinzjungen« zu dem, was er
gern gewesen wäre: zu ihrem Gatten. In der Realität bestand
hingegen keine Aussicht auf ein längeres oder gar dauerhaftes
Zusammensein. Im Herbst 1950 zog Algren den Schlussstrich.
Der Briefwechsel lebte danach noch ein paar Jahre fort, aber
der Bruch war nicht mehr zu kitten, erst recht nicht, nachdem
1954 *Die Mandarins von Paris* erschienen waren. Die kostbaren gemeinsamen Momente vor aller Augen ausgebreitet
zu sehen – das war für Algren ein Schock, den er nie überwinden sollte.

Aber im Dezember 1947 ist diese Trennung noch in weiter
Ferne. Für das kommende Frühjahr ist eine gemeinsame Reise
nach Mexiko geplant, die sich Simone de Beauvoir bereits in
schillernden Farben ausmalt. Die Weihnachtstage und den
Jahreswechsel verbringt sie unter weniger angenehmen Bedingungen in La Pouèze, einem kleinen Dorf im französischen Departement Maine-et-Loire. Es ist ein harter Winter,
oft fehlt der Strom und morgens auch das Wasser, in Paris
ist der Metroverkehr zusammengebrochen. Ende November
ist sie in Sartres Begleitung hierhergereist, um im Haus von
Madame Morel, der »alten Dame«, in Ruhe zu arbeiten. In

der Weihnachtswoche treffen weitere Gäste ein: Madame Morels Tochter und die Enkelin sowie eine schwer kranke Dame (»die Behinderte«). »Liebling, hier ist es auch kalt und grau, ich brauche Ihre Wärme!«, schreibt Simone de Beauvoir zwei Tage vor Weihnachten an den Geliebten. »Eines kann ich Ihnen geben: meine Liebe, Sie haben sie und werden sie behalten.« Sie selbst behält das Zeichen dieser Liebe bis an ihr Lebensende: Den Ring, den Algren ihr geschenkt hatte, legt sie niemals ab.

*Scheine heute Morgen in einer*
*Stimmung zu sein wie Christi Leiden*

Ernest Hemingway an F. Scott Fitzgerald

*Schruns, ca. 24. Dezember 1925*

*Lieber Scott:*
*Habe die 400 [Dollar] an Deine Concierge geschickt. Du*
*kannst sie für Dich behalten oder Harold Stearns geben.*
*Dein Brief ist toll. Bin froh, dass jemand noch unortho-*
*grafischer schreibt als ich.*
    *Klar kenn ich Hank Wales. Der war mal Mixer in Gold-*
*fields, wurde dann irgendwie Journalist und kam 1918 rüber,*
*als noch jeder Journalist überall arbeiten konnte; wurde, ich*
*glaube, bei einem Motorradunfall, fürchterlich zugerichtet,*
*brachte sich dann selbst französisch lesen, schreiben und*
*sprechen bei; er ist ein verdammt guter Journalist. Als ich*
*ihn damals kennenlernte, konnte ich ihn nicht ausstehen,*
*und jetzt bewundere ich ihn mehr als jeden anderen Jour-*
*nalisten, außer Bill Bird und Guy Hickok. Hank pflegte wäh-*
*rend der Friedenskonferenz erstaunliche und wunderschöne*
*Berichte zu schicken, und eines Tages sagte Col. House zu*
*ihm: »Wales, woher beziehen Sie Ihre Fakten?« Hank hatte*
*gerade die jugoslawischen Ölfelder an die Japaner verteilt*
*oder so was. »Col. House«, sagt Hank. »Die Chicago Tribune*
*will keine Fakten. Sondern Neuigkeiten.« [...]*

*Warum fragst Du nach Hank? Er hat keine angenehme Art, und wie er aussieht und was er tut, ist ungeheuerlich. Ich nehme an, ich mag ihn deshalb so sehr, weil er mich mag. Der ganze Tratsch über ihn von wegen Exmixer usw. ist vertraulich. Außerdem managte er Boxer.*

*Deine Bewertung der* I.-u.-Z.-*Geschichten ist sehr interessant. Wie es mir jetzt scheint, ohne sie wiederzulesen, finde ich sie erstklassig [...]. Warum hast Du* Mein Alter *ausgelassen? Das ist eine gute Erzählung, schien mir immer, wenn auch nicht das, worauf ich aus bin. Sie gehört in eine andere Kategorie, zusammen mit der Stierkampfgeschichte und* Um eine Viertelmillion. *Die Sorte, die mir leichtfällt zu schreiben.*

Katze im Regen *handelt nicht von Hadley. Ich weiß, dass Du und Zelda das immer gedacht habt. Als ich das schrieb, waren wir in Rapallo, aber Hadley war im 4. Monat mit Bumby schwanger. Der Hotelbesitzer war der aus Cortina d'Ampezzo und der Mann und das Mädchen ein Harvard-Typ und seine Frau, die ich in Genua kennengelernt hatte. Hadley hat nie in ihrem Leben davon gesprochen, dass sie ein Kind haben wollte, weil ihr vom Arzt verschiedene Dinge erzählt worden waren und ich – zwecklos, das alles zu erörtern.*

*Die einzige Erzählung, in der Hadley auftritt, ist* Schonzeit, *die eine fast wortgetreue Schilderung einer wirklichen Begebenheit ist. Dein Ohr ist schärfer, wenn Dich irgendein Krach aus der Fassung gebracht hat, ich meine meins, und als ich von dieser unergiebigen Angeltour zurückkam, habe ich diese Geschichte direkt und ohne Interpunktion in die Schreibmaschine geschrieben. Es sollte eine Tragödie über den Suff eines Bergführers sein, ich hatte ihn nämlich beim Hotelbesitzer – dem, der in* Katze im Regen *auftaucht –*

*verpetzt, und der warf ihn raus, und da das die letzte Arbeit
war, die er in der Stadt hatte, und da er ziemlich betrunken
und sehr verzweifelt war, hat er sich im Stall erhängt. Zu
dieser Zeit schrieb ich die Kapitel von* In unserer Zeit, *und
ich wollte eine tragische Erzählung ohne Gewalt schreiben.
Deshalb habe ich die Hängerei rausgelassen. Das klingt
vielleicht albern. Aber ich glaubte, die Erzählung brauchte
das nicht.*

*H[arold] S[tearns] tut mir furchtbar leid, aber keiner kann
etwas für ihn tun, außer ihm Geld geben und nett zu ihm
sein. Da ist nichts zu machen. Keine Lösung. Und doch hab
ich ihn gern. Vermutlich wie bei Hank, weil er mich mag.*

*Du kannst nichts für ihn tun, außer ihm Geld geben, und
das hast Du getan; natürlich kannst Du das nicht als fort-
dauernde Verpflichtung auf Dich nehmen. Er lebt ganz und
gar in seiner Phantasie. Der arme alte Bastard. Solche Leute
tun mir immer schrecklich leid, besonders Lügner, Säufer,
hässliche Huren usw. Typen, die es wert wären, tun mir nie
sehr leid. Jedenfalls ist Schnorren nicht besonders spaßig.
Ein Kerl, der sich zu Tode säuft, sollte sich nicht dauernd das
Geld, mit dem er das tut, beschaffen müssen. Ich glaube
wirklich, Harold hatte einen verdammt guten Kopf. Glaube
aber auch, dass er ihn sich zerstört oder durch die Trinkerei
völlig mit Fusel vernebelt hat. Du hast Deinen Teil für ihn
getan. Gib ihm bloß nicht noch mehr Kohle. Aber lass ihn
um Gottes willen nicht auf den Gedanken kommen, dass ich
nicht mehr fest an ihn glaube. Denn man kann nichts mehr
für ihn tun, und das ist ziemlich traurig, und ich könnte
nicht mehr schlafen, wenn ich seine Gefühle verletzt hätte.
Ich habe weiß Gott schon genug Scheiße gebaut, auf die ich
zurückblicken muss, wenn ich nicht einschlafen kann; da
brauche ich keine zusätzlichen Verzierungen mehr.*

*Das Ohr, auf das man geschlagen wird, ist (wie es im Kämpfer heißt) ein Stummel. McAlmon ist ein Schweinehund mit dem Verstand eines eingewachsenen Zehennagels. Ich habe es satt, den zu verteidigen. Er tut mir nur noch leid, aber verdammt wenig. Nachdem ich bei Dir mit ihm gesprochen hatte, lief er zwei Nächte lang herum und sprach davon, was für ein Schwein ich wäre, dass er alles für mich getan hätte, mir zum Start verholfen usw. (d. h., er verkaufte eine ganze Auflage dieses lausigen kleinen Buchs und von* in our time *zu 15 Francs und 40 Francs das Stück. Ich bekam keinen Sou. Die einzigen Bücher, die er je verkauft hat von all den Büchern, die er herausbrachte), und ich täte nichts anderes, als die Leute gefühlsmäßig auszubeuten.*

*Ich habe den lausigen kleinen Zehennagelschnipsel 3 Jahre lang gegenüber jedem verteidigt, weil ich von seiner entsetzlich unseligen englischen Abmachung wusste usw. Aber jetzt hab ich's satt. Werde ein* Mr. und Mrs. Elliot *über ihn schreiben. Vielleicht gibt das ja seiner Geschichte von der gefühlsmäßigen Ausbeutung eine Basis.*

*Scheine heute Morgen in einer Stimmung zu sein wie Christi Leiden. Haben ein tolles Klavier für Hadley in ihrem Zimmer, und sie übt gerade. Gestern Nacht habe ich Poker gespielt und zu viel Bier getrunken. 7 Flaschen. 158 000 Kronen gewonnen. Macht etwa 2,35 Dollar.*

*Jedenfalls keine Schwulen in Vorarlberg.*

*Werde ausführlich über Dostojewski berichten.*

*Ich finde Mac Leishs und Murphys toll. Fitzgeralds auch.*

*Gott, ich hoffe, Zelda kommt in diesem Badeort wieder in Ordnung. Schmerzen sind was Scheußliches. Es ist schrecklich, dass sie krank ist. Ich glaube, sie wird sich da unten im Süden bestimmt erholen, und Euch beiden wird es an der Riviera tausendmal besser gehen als in Paris. Ihr habt beide*

so verdammt gut ausgesehen, als Ihr letzten Herbst hoch-
gekommen seid, und Paris ist Gift für Euch. Wir werden
Euch auch dort sehen.

Gott, hätte ich bloß nicht so viel Bier getrunken. Werde
aber doch Bumby für 80 000 Kronen ein Schaukelpferd
kaufen. Die Geschenke werden prima dazu passen. Bitte,
danke Scotty für Bumby.

Gestern und vorgestern hatten wir Föhn, dann regnete es,
und jetzt ist es klar und kalt und der Schnee im Eimer.

Ich kaufe Dir 2 illustrierte deutsche Kriegsbücher. Die toll
bebilderten kommen erst jetzt allmählich heraus. Eines über
den Kampf in den Bergen an der italienischen Front, das
andere über die Geschichte der württembergischen Artillerie.
Schicke sie nach Frankfurt. Das Gebirgsbuch habe ich gesehen, ist einmalig. Wenn Du sie bekommst und die Bilder
den deutschen Text überwiegen, besorg ich Dir noch mehr. Es
soll noch eines über die Sturmtruppen herauskommen. Die
Bilder vom Gebirge sind prächtig.

Wir sind nach Bludenz gefahren und haben uns einen
Vortrag mit Filmen von Herrn Kapitänleutnant Mumm über
die Schlacht am Skagerrak angehört. Hätte Dir gefallen.
Hadley konnte den Kapt. Leu. nicht ausstehen und war also
ganz erschüttert. Er war ein furchtbarer Mann.

Eine Besprechung von In unserer Zeit in der Chicago
Tribune sagt, das alles sei offensichtlich nicht fiktiv, sondern
beschreibe einfach Passagen aus dem Leben eines jungen
Chicagoer Autors. Gott, was für ein Leben muss ich geführt
haben. […]

Morgen kommt Pauline Pfeiffer hierher. Sie bleibt über
Weihnachten und Neujahr.

Ich weiß, es wird Dich freuen, im N. Y. Herald zu lesen,
dass in Chalon-sur-Saône Leute erfroren sind, da, wo Dir

*fast das Gleiche passiert wäre. Gut, dass wir rechtzeitig dort weggekommen sind. Übrigens, wo zum Teufel ist Dein Auto?*

*Hadley, Bumby und ich senden Grüße und frohe Weihnachten an Zelda, Scotty und Dich.*

*Das hätte ein guter Brief sein können, wenn das Bier nicht gewesen wäre.*

*Wahres Ende der Geschichte, hatte Tripper (ich rede von* Eine sehr kurze Geschichte*) und nicht Gonorrhö, aber ich wusste nicht, ob man Tripper mit zwei p oder mit einem schreibt, und machte deshalb Gonokokken daraus. Den Teufel auch. Versuch es zu kriegen. (Dies ist ein Stück Slang, das ich hier unten erfunden habe.) Hoffe, Ihr habt tolle Weihnachten.*
*Immer Dein*
*Yogi Liveright*

*Schreib bitte, auch bei 400 Dollar pro Brief. Werde auf 435 Dollar erhöhen, aber nicht besoffen werden beim Feiern.*

*Weißt Du, was Österreich heißt? Das östliche Reich. Ist das nicht herrlich? Sag's Zelda.*

»Ihr habt vor nichts Respekt, ihr trinkt euch zu Tode …«, soll Gertrude Stein Ernest Hemingway kritisiert haben. »Ihr seid eine verlorene Generation.« Damit gab sie der Gruppe von amerikanischen Schriftstellern, die nach dem Ersten Weltkrieg nach Europa übersiedelten, einen Namen: Lost Generation. Hemingway war nach seiner Heirat mit Hadley Richardson im Herbst 1921 nach Paris gezogen, arbeitete dort als

Reporter des *Toronto Star*, verkehrte in Schriftstellerkreisen und beschloss, selbst Schriftsteller zu werden. Dank seines Pariser Verlegers, des »lausigen kleinen Zehennagelschnipsels« Robert McAlmon, konnte Hemingway 1924 sein erstes Buch veröffentlichen – *Three Stories & Ten Poems*. Ein Jahr später folgte die Kurzgeschichtensammlung *In Our Time* (deutsch *In unserer Zeit*), die er in diesem Brief vom Dezember 1925 mit seinem Schriftstellerkollegen F. Scott Fitzgerald diskutiert. Hemingway und Fitzgerald hatten sich 1925 in Paris kennengelernt und waren Freunde geworden. Diese und andere Begegnungen schildert Hemingway viele Jahre später in seinem berühmten Buch *Paris – ein Fest fürs Leben*.

Im November 1925 reist Hemingway von Paris nach Österreich, in einen kleinen Ort in Vorarlberg: nach Schruns, um an seinem Roman *Fiesta* zu arbeiten. Auch der 1923 geborene Sohn John, genannt Bumby, ist mit von der Partie. Die Familie bleibt dort bis Ostern 1926. Das letzte Kapitel von *Paris – ein Fest fürs Leben* mit dem Titel »Paris hat kein Ende« durchwandert gedanklich den kleinen Ort im Alpental Montafon. »Wir liebten Vorarlberg, und wir liebten Schruns«, schreibt Hemingway und beschwört das Bild von einer glücklichen Familien- und Skifahreridylle: »Ich erinnere mich an den Duft der Tannen und das Schlafen in den Holzfällerhütten auf den Matratzen aus Buchenblättern und das Skilaufen durch den Wald, wenn wir Hasen- und Fuchsspuren folgten ... Ich erinnere mich an alle Arten von Schnee, die durch den Wind entstehen konnten.« Im Zwiegespräch mit Fitzgerald – der gerade mit seiner Frau Zelda zur Kur in den Pyrenäen weilte – fehlen solche romantischen Töne, selbst an Heiligabend. Die Idylle scheint mit dem Schnee und dem vielen Bier dahingeschmolzen. Keinerlei weihnachtliche Hochgefühle. Am Tag von Christi Geburt fühlt Hemingway sich vielmehr wie das Leiden Christi, tratscht und lästert, schimpft über den »Schweinehund« von Verleger, erzählt Anekdoten von »Lügnern, Säufern, hässlichen Huren« und Geschlechtskrankheiten und lobt sein eigenes Schaffen in Gestalt seines »erstklassigen« zweiten Buches. Er sei »kein Heiliger und auch nicht wie einer gebaut«, notiert er 1926 in seinem persönlichen Kalender. Zumindest versucht er, ein »Yogi Liveright« zu sein, und überweist in christlicher Nächstenliebe 400 Dollar für einen Landsmann, dem das Geld fehlt, sich zu Tode zu saufen. Lost Generation im Gebirge.

Der am Rande erwähnte Besuch von Pauline Pfeiffer sollte übrigens nicht ohne Folgen bleiben. Im Mai 1927 wird sie Hemingways nächste Ehefrau.

*In der Stadt liegt Schnee & kleine Schlitten sausen kreuz und quer herum*

Isadora Duncan an Edward Gordon Craig

*Grand Hôtel d'Europe*
*Sankt Petersburg, Rue Michel*

*Heute angekommen*
*Weihnachtsmorgen*
*Hier ist der 12. Dezember [1904]*

*Mein Liebling –*
*Es gefällt mir überhaupt nicht. All diese Stühle starren mich an, dass mir ganz unheimlich zumute ist – Auch die Dame auf dem Kaminsims macht keinen Hehl aus ihrer Verachtung, die sie für mich empfindet – & mir ist angst und bange –*

*Das ist kein Platz für eine Frohnatur wie mich – das erinnert mich an die Empfangszimmer in manchen Romanen, wo Verschwörer ihre Komplotte schmieden –*

*Statt geschwind dahinzufliegen, holperte der Zug ratta-tam, rattatam durch die Nacht, durch große Schneefelder – weite, verschneite Täler – große, schneebedeckte Einöden (Walt Whitman lässt grüßen) im Schein des Mondes – & vor dem Fenster ein goldener Funkenschauer – von der Lokomotive – es war ein faszinierender Anblick, und ich schaute mir das alles im Liegen an & dachte an Dich – an Dich, mein liebster, süßer Liebling –*

*In der Stadt liegt Schnee & kleine Schlitten sausen kreuz und quer herum – Hier wird natürlich alles auf Kufen transportiert. Ich habe Dir von unterwegs viele kleine Nachrichten geschickt – Hoffentlich sind sie angekommen! –*

*Jetzt muss ich mir den Ruß abwaschen & frühstücken.*

*Ich muss schon sagen, eine feine Art, Weihnachten zu feiern – Sie haben mich vorerst in der Großen Hochzeitssuite einquartiert, wo zu bleiben ich mich aber hartnäckig weigerte – Diese Räume sind in sehr dunklem Dunkelgrün gehalten. Ein geradezu erschreckend idealer Ort, um einer latent vorhandenen selbstmörderischen Neigung nachzugeben.*

*Liebevolle Grüße an meine geliebte Nr. 11 – und an das nette muffige geliebte Zuhause Nr. 6. Und zu Dir, mein Geliebter, ist mein Herz erfüllt von einer Liebe der unoriginellsten, altmodischsten Art.*

*Schreibe mir –*
*und sag mir alles –*
*ich geh mich jetzt frisch machen.*
> *Deine*
> *Isadora*

Fast überall in Europa ist die 1877 in San Francisco geborene Tänzerin Isadora Duncan zu Beginn des 20. Jahrhunderts bereits eine Berühmtheit. Ihre Auftritte in Berlin, Wien, London und Paris enden mit tumultartigen Ovationen; ihre Schals, die sie ins Publikum wirft, werden in Fetzen gerissen und als Andenken verteilt. »Leicht wie ein Hauch, schnell wie eine Welle, nicht eigentlich tanzend, sondern gleitend, schwebend, fließend, einer sanften Melodie gleichend, die zur Linie geworden ist«, schrieb der Schriftsteller Hermann Bahr nach dem Besuch einer Vorstellung. »Wir hatten alle das Gefühl, niemals dergleichen gesehen zu haben.«

Zum Abschluss des Jahres 1904 will Isadora Duncan nun auch Russland, die Hochburg des klassischen Balletts, für den Neuen Tanz erobern, am 23. Dezember bricht sie zu einer einwöchigen Tournee nach St. Petersburg auf. Sie lernt die großen Ballerinen des Kaiserlichen Theaters kennen und gibt in der Knabenschule eine Vorstellung ihrer Kunst. Im Publikum sitzt ein junger Tänzer, der wenig später zum großen Star des russischen Balletts avanciert: Waslaw Nijinski. »Miss Duncan kam herein, nur mit einer hellblauen griechischen Tunika bekleidet, ihre Beine waren nackt!«, erinnert sich Nijinskis Begleiter. »Wir starrten sie wie vom Donner gerührt an … Wo waren die wehenden Röckchen, die Spitzenschühchen der Ballerinen? Wir hatten noch nie eine Tänzerin mit nackten Beinen gesehen.«

Doch in Gedanken ist Isadora Duncan in jenen Tagen in Berlin. Nicht einmal zwei Wochen zuvor hat sie sich unsterblich verliebt – in den englischen Schauspieler, Regisseur und Bühnenbildner Edward Gordon Craig. Er kam nach einer Aufführung zu ihr in die Garderobe, um ihr seine Aufwartung zu machen, und anschließend verbrachten sie die Nacht gemeinsam in Craigs Atelier, Siegmundshof 11 (die im Brief erwähnte »geliebte Nr. 11«, das »nette muffige Zuhause Nr. 6« ist dessen Wohnung in derselben Straße). Die Tage darauf ist das frisch verliebte Paar unzertrennlich – bis zur Stunde von Isadoras Abreise.

Bereits Anfang Januar 1905 ist sie zurück in Berlin. Da sie sich auf Reisen stets einsam fühlt, engagiert sie ihren Geliebten als Manager. Fortan begleitet Edward Gordon Craig sie auf ihren Tourneen, und sie kommt für seine Schulden auf. Im September 1906 wird die gemeinsame Tochter Deirdre geboren. Die Freude der Mutter darüber ist größer als die des Vaters: Für sie ist es das erste Kind, er hat bereits sieben, die von drei verschiedenen Frauen stammen. Der Liebesrausch geht seinem Ende entgegen. Anfang 1907 siedelt Craig nach Nizza über, und Isadora Duncan stürzt sich in neue Pläne: Tourneen in Nordeuropa, Russland und den Vereinigten Staaten und der Aufbau ihrer Internatstanzschule in Berlin-Grunewald.

Zwei weitere große Lieben gab es im Leben der Tänzerin: Die eine war der englische Millionär Paris Eugène Singer, Sprössling der bekannten Nähmaschinendynastie, von ihr zärtlich »Lohengrin« genannt, mit dem sie von 1910 bis 1912 zusammenlebte; die andere war der russische Schriftsteller Sergei Jessenin, den sie 1922 in Moskau heiratete.

## Es ist solch ein wunderbares Fest –
## eins das lebt und wärmt

Paula Modersohn-Becker an
Rainer Maria Rilke

*Bremen, Wacht Str. 43.
Immer noch Weihnachten [1900]*

*Lieber Freund,*
*mir ist die ganze Zeit so nach Weihnachten zu Mute und mir*
*ist so, als müßte ich zu Ihnen kommen und Ihnen das sagen.*
*Es ist solch ein wunderbares Fest. Und ist eins das lebt und*
*wärmt. Es ist ein Fest für Mütter und Kind, und auch für*
*Väter. Es ist ein Fest für alle Menschheit. Es kommt über*
*einen, und legt sich warm und weich auf einen und duftet*
*nach Tannen und Wachskerzen und Lebkuchenmännern und*
*nach vielem, was es gab und nach vielem, was es geben wird.*
*Ich habe das Gefühl, daß man mit Weihnachten wachsen*
*muß. Mir ist als ob dann Barrikaden fallen, die man müh-*
*sam und kleinlich gegen so vieles und viele aufgebaut hat,*
*als ob man weiter würde und das Gefäß allumfassender, auf*
*daß darin jedes Jahr eine neue weiße Rose aufblühe und den*
*andern zuwinkt und in sie hineinleuchtet und ihnen die*
*Wange streicht mit ihrem Geschimmer und die Welt erfüllt*
*mit Schönheit und Duft. Und das ist Leben, und ist ein*
*Leben wie ein Gebet, ein frommes Gebet, ein jauchzendes*
*Gebet, ein liebliches und lächelndes Gebet, welches immer*

tiefer hinab steigt in den Sinn des Seins, dessen Auge größer wird und ernster, weil es viel gesehen. Und wenn es alles gesehen, das letzte, dann darf es nicht mehr schauen, dann kommt der Tod. Und vielleicht versöhne ich mich in diesem Sinne mit dem Tod, weil ich ihn ja auch einst leiden muß. Dann ist es besser so. – Ich freue mich darauf, wieder mit Ihnen zu sprechen. Sie hören so gut und freundlich zu und ich habe keine Scheu, die Dinge so zu nennen, wie sie in mir liegen.

– Wir haben eine schöne grüne Weihnachtslaube im Wohnzimmer. Mein kleiner Bruder hat sie gebaut. Das ist ein schöner Winkel für Ihre Geschichten vom lieben Gott. Ich habe sie Milly unter den Weihnachtsbaum gelegt, und sie ist sehr froh und läßt Sie grüßen. Und ich grüße auch schön und freue mich auf Sie und über Sie. Sie sind dann in Berlin mein einzigstes Stück Worpswede und das ist viel. Es dunkelt. Ich sitze im Wesererker und lasse das Wasser unter mir vorbeigleiten. Sonst macht mich dies Wasser immer so traurig. Es ist so langsam und lautlos und geduldig und die langen Kähne liegen darauf, als weinten sie still. Und eigentlich weint sonst alles, was um das Wasser herum steht, die großen roten Speicher und die kleinen weißen Häuser, und wenn sie sich im Wasser spiegeln, dann zittern sie und weinen noch mehr. Ich glaube aber heute weinen sie nicht, denn es ist Weihnachten. Die Häuser weinen heute, glaube ich, nicht und das Wasser auch nicht, nur ist es still und alt und traurig und gut und lächelt nur selten und wie mit Schmerzen, denn das Leben hat es gelb und mürbe gemacht. Wie mein lieber Vater ist es. Dem war sein Leben auch zu schwer und der Tage zuviel, die die Lichtlein und Kerzen und Feuerbrände in ihm auslöschten. Ich muß Ihnen einmal etwas von ihm erzählen. Er ist einer, der mir den Gedanken

*gab, daß Altwerden schrecklich wäre. Nun glaube ich es
aber doch nicht mehr. Leben Sie wohl. Ich muß abbrechen.
Es war nur eine kurze stille Stunde, die mir blühte. Jetzt
kommt wieder die Welt mit ihren Anforderungen. Da
versuche ich denn auch, manche zu erfüllen, denn ich habe
es ja so gut.*
*Ihre Paula Becker.*

Farbenfrohe, sinnliche und kraftvolle Frauen bevölkern die
Bilder von Paula Modersohn-Becker. Sie spiegeln die Lust
und Energie, mit der ihre Erschafferin durchs Leben ging
und sich der Arbeit hingab. »Meine ganze Woche besteht
eigentlich nur aus Arbeit und Gefühl«, notierte sie im Oktober 1897 in ihrem Tagebuch. »Ich arbeite mit einer Leidenschaft, die alles andere ausschließt. Ich komme mir oft
vor wie ein Hohlzylinder, in welchem der Dampfkolben mit
rasender Schnelligkeit auf und ab geht.« In jenen Monaten
studierte sie in Berlin beim Verein der Berliner Künstlerin-
nen, um ihrem großen Traum, Malerin zu werden, ein Stück
näher zu kommen. Im Deutschland der Jahrhundertwende
war auch die Kunst eine Männerdomäne, und die Kunst-
akademien blieben den Frauen verschlossen. In diesem Umfeld als Künstlerin bestehen zu wollen war oft ein einsamer
Kampf. Mit Anfang zwanzig ließ sich Paula Becker in Worpswede nieder, wo sie von Gleichgesinnten umgeben war
und Lehrmeister und Vorbilder fand. Besonders hingezogen
fühlte sie sich zu der Bildhauerin Clara Westhoff und dem
elf Jahre älteren Maler Otto Modersohn, der später ihr Ehemann werden sollte. Mit beiden gemeinsam verbrachte sie

die ersten sechs Monate des Jahres 1900 in Paris. Im Herbst desselben Jahres besuchte der Lyriker Rainer Maria Rilke die Worpsweder Künstlerkolonie. Er kam gerade von einer Russlandreise zurück, und der wechselseitige Austausch von Reiseerfahrungen knüpfte ein erstes Band zwischen ihm und den »zwei Schwestern«, der »blonden Malerin« und »der Dunklen«, wie er Paula Becker und Clara Westhoff in seinen Tagebüchern nannte. Lange Abende sitzen sie in einem der Ateliers und debattieren. Für Paula Becker ist Rilke einer der wenigen adäquaten Gesprächspartner, von denen sie sich verstanden und in ihrer künstlerischen Suche ernst genommen fühlt. »Sie haben mir Wunderbarstes gegeben«, schreibt sie ihm rückblickend im Mai 1906. »Sie haben mich selber mir gegeben. Ich habe Mut bekommen. Mein Mut stand immer hinter verrammelten Toren und wusste nicht aus noch ein, Sie haben die Tore geöffnet. Sie sind mein großer Geber.«

Im Januar 1901 reist Paula nach Berlin und besucht Rilke an mehreren Sonntagabenden in seiner Wohnung in Berlin-Schmargendorf. Aus dem Briefwechsel, der sich um diese Gespräche herum entspinnt, könnte man schließen, dass dies der Beginn einer großen Liebe ist. Aber es kommt anders, nicht nur weil Paula längst mit Otto Modersohn verlobt ist. Völlig überraschend geben Rilke und Clara Westhoff im Februar 1901 ihre Verlobung bekannt, im April heiraten sie, noch einen Monat vor Paula Becker und Otto Modersohn. Besonders zwischen den beiden Frauen sorgt die Konstellation für Enttäuschung und Entfremdung, die einstmals so enge Bindung ist verloren.

Im Herbst 1907 stirbt Paula Becker, kurz nach der Geburt ihres ersten Kindes, mit 31 Jahren an einer Embolie. Lange bevor sie »alles geschaut«, wird sie aus dem Leben gerissen.

Wenige Monate vor dem hier abgedruckten Weihnachtsbrief an Rilke hatte sie ihrem Tagebuch anvertraut: »Ich weiß, ich werde nicht sehr lange leben. Aber ist das denn traurig? Ist ein Fest schöner, weil es länger ist? Und mein Leben ist ein Fest, ein kurzes intensives Fest.«

# Jedes Wort war ein Weihnachtsgeschenk

Dietrich Bonhoeffer an Maria von Wedemeyer

[Berlin Tegel] Heilig Abend, 1943

*Meine geliebte Maria!*

*Dies ist ein Augenblick, in dem man so viel zu sagen hat, daß man eigentlich nur schweigen kann. Das Herz ist so voll von guten, friedlichen und dankbaren Gedanken und es weiß sich so geborgen vor allen Gefahren und Anfechtungen, daß es etwas abgeben möchte von dem, was es unverdient empfangen hat. Ich habe eben die Weihnachtsgeschichte gelesen, habe in Ruhe die Weihnachtsbilder aus Deinem schönen Buch betrachtet, habe ein paar Lieder mir still aufgesagt und bei all dem an Dich, an Euch alle, an die Brüder im Feld, an die Menschen in diesem Haus gedacht; vor mir steht, von Deinen Kerzen beleuchtet, die kleine Marienfigur, die Du mir schenktest – ein Geschenk Deines Vaters –, dahinter stehen die aufgeschlagenen Losungen, links von ihnen die Betenden Hände [Dürers], rechts das geöffnete Futteral mit Deinen Bildern, das Du mir selbst gearbeitet und geschenkt hast. Etwas oberhalb hängt noch Dein Adventskranz, hinter mir auf der Bettkante habe ich die Handschuhe, die Du mir genäht hast, die Bücher, die Du mir ausgesucht hast – dazu*

die von Mutter und Großmutter – und die Pfefferkuchen
aufgestellt, an meinem Arm trage ich Vaters Uhr, die er trug,
als er fiel, und die Du mir geschenkt, gebracht und selbst an
meinem Arm befestigt hast. Meine Maria, Du bist überall
um mich, wo ich in meiner Zelle hinsehe, sehe ich Dich.
Zwar bist Du weit weg; in dieser Stunde – es ist 5 Uhr –
werdet Ihr wohl in der Kirche sein und Du wirst an mich
denken und Gott für mich bitten, wie Du es täglich tust; es
ist so schwer, getrennt zu sein, wenn man sich liebhat; aber
nicht wahr, wir sind in Wirklichkeit nie getrennt, nie, nie.
Wie werde ich jemals in meinem Leben den Schmerz, den
ich Dir in diesen vergangenen Monaten zugefügt habe –
wahrhaftig ohne mein Wollen –, wieder gut machen können? Nicht anders und nie anders, liebste Maria, als indem
ich Dich liebhabe, solange ich lebe und darüber hinaus, und
daß ich Dich um Deine Liebe, die mir nur ein Wunder sein
kann, bitte. Hab vielen Dank für Deinen so guten Weihnachtsbrief, der gerade heute ankam. Jedes Wort war ein
Weihnachtsgeschenk. –

Sag auch der Mutter und Großmutter, daß ich ihnen von
Herzen für ihre Grüße danke. In was für einem Reichtum
von menschlicher Liebe dürfen wir beide uns geborgen wis-
sen, und indem ich an die vielen Glieder meiner und Eurer
Familie denke, nehme ich unaufhörlich unsichtbare Grüße,
Wünsche und Gebete, die uns beiden und unserer Zukunft
gelten, in Empfang. Dazu darf ich wissen, daß in diesen
heutigen Abendstunden eine große Zahl meiner ehemaligen
Schüler von allen Fronten her an mich denken und die mehr
als dreißig von ihnen, die gefallen sind und das ewige
Weihnachten bei Gott feiern, sind über unser Erkennen und
Verstehen hinaus mit uns und mit der ganzen Kirche Christi
verbunden. –

*Eben fällt mein Blick wieder auf Dein Paket. Wie festlich hast Du es zugerichtet. Ich erhielt es heute mittag als große Überraschung. Auch für den baumwollenen Sweater, der doch nur von Dir gestrickt sein kann, habe ich Dir noch nicht gedankt; ich habe ihn vor Freude gleich angezogen. Er ist herrlich warm und leicht zugleich. – Meine liebste Maria, im festen Glauben an Gottes Liebe, die uns zu Jesus Christus ruft, in unserer Liebe zueinander und getragen von der Liebe vieler Verwandter und Freunde wollen wir sehr getrost und zuversichtlich in das neue Jahr gehen. Immer Dein Dietrich*

*Die Stifter'sche Weihnachtsgeschichte, die ja eigentlich mehr eine Wintergeschichte ist, halte ich für eine seiner allerbesten Erzählungen und ich freue mich darauf, sie wieder zu lesen.*

    *Hab vielen Dank!*

❉

Dietrich Bonhoeffer, geboren 1906 in Breslau, erhielt seine bestimmende Prägung im Elternhaus, die Mutter sorgte für eine christliche Erziehung. In Tübingen, Rom und Berlin studierte er Theologie, im November 1931 wurde er in Berlin-Tiergarten zum Pfarrer ordiniert. Für das NS-Regime hatte er von Anbeginn an nichts als Verachtung übrig. Zwei Jahre arbeitete er als Pfarrer in London, doch im April 1935 kehrte er nach Deutschland zurück, um hier angehende Pastoren der Bekennenden Kirche auszubilden, die in Opposition zu der vom Nationalsozialismus gelenkten Deutschen Kirche stand.

Als sich der heraufziehende Krieg abzeichnete, lehnte er Angebote, ins Exil zu gehen und in den USA einen Lehrstuhl für Theologie anzunehmen, ab; er sah seine Rolle in Deutschland im Widerstand gegen das NS-Regime: Wegen »volkszersetzender Tätigkeit« erhielt er Rede-, Schreib- und Veröffentlichungsverbot. Über seinen Schwager Hans von Dohnanyi schloss er sich der Widerstandsgruppe um Wilhelm Franz Canaris an und reiste in deren Auftrag nach Norwegen und Schweden, wo er der britischen Regierung Geheimdokumente übergab. Unter dem Vorwurf der Wehrkraftzersetzung wird er am 5. April 1943 verhaftet und im Untersuchungsgefängnis der Wehrmacht in Berlin-Tegel inhaftiert. Gerade einmal vier Monate zuvor hat Bonhoeffer sich mit der rund achtzehn Jahre jüngeren Maria von Wedemeyer verlobt, der Tochter eines pommerschen Gutsbesitzers. Der Briefwechsel der beiden aus den folgenden Jahren der Haft, der im Jahr 1992 erstmals veröffentlicht wurde, ist ein anrührendes Bekenntnis der Zuneigung zweier Liebender in finsteren Zeiten und ein bewegendes Zeugnis des deutschen Widerstandes gegen Hitler. Unbeirrt und unablässig versuchen sich die beiden in ihren Briefen gegenseitig Mut zuzusprechen.

Bis Oktober 1944 bleibt Bonhoeffer in Tegel, dann verlegt man ihn in das Gefängnis der Gestapo-Zentrale in der Prinz-Albrecht-Straße. Hier gelten verschärfte Haftregeln, weder Postkontakt noch Besuche sind gestattet. Dass Maria von Wedemeyer in diesen Monaten überhaupt von ihrem Verlobten hört, verdankt sie einem wohlgesinnten SS-Sonderkommissar, der ihr drei Briefe Bonhoeffers überreicht. Einer davon datiert auf den 19. Dezember 1944, ein Jahr nachdem der hier wiedergegebene Brief verfasst wurde. »Es werden sehr stille Tage in unseren Häusern sein«, schreibt Bonhoeffer, als das zweite Weihnachten im Gefängnis vor der Tür steht. »Aber ich habe immer wieder die Erfahrung gemacht, je stiller es um mich herum geworden ist, desto deutlicher habe ich die Verbindung mit Euch gespürt. Es ist, als ob die Seele in der Einsamkeit Organe ausbildet, die wir im Alltag kaum kennen. So habe ich mich noch keinen Augenblick allein und verlassen gefühlt. Du, die Eltern, Ihr alle, die Freunde und Schüler im Feld. Ihr seid mir ganz gegenwärtig. Eure Gebete und guten Gedanken, Bibelworte, längst vergangene Gespräche, Musikstücke, Bücher bekommen Leben und Wirklichkeit wie nie zuvor. Es ist ein großes und unsichtbares Reich, in dem man lebt und an dessen Realität man keinen Zweifel hat. Wenn es im alten Kinderlied von den Engeln heißt: ›zweie, die mich decken, zweie, die mich wecken‹, so ist dieses Bewahrung am Abend und am Morgen durch gute unsichtbare Mächte etwas, was wir Erwachsene heute nicht weniger brauchen als die Kinder. Du darfst also nicht denken, ich sei unglücklich.«

Bonhoeffer fügt diesem Brief als Weihnachtsgruß für Maria, die Eltern und die Geschwister ein Gedicht bei, das den Titel trägt: *Von guten Mächten wunderbar geborgen*. Am 8. April 1945 wird Dietrich Bonhoeffer durch ein SS-Standgericht zum Tod durch den Strang verurteilt. Im Morgengrauen des 9. April wird er im KZ Flossenbürg zum Galgen geführt. Das Gedicht aber, das er Weihnachten 1944 seiner Verlobten beigegeben hat, hat ihn unsterblich gemacht. Es ist untrennbar verbunden mit dem Schicksal seines Verfassers und wurde zum bekanntesten geistlichen Gedicht des 20. Jahrhunderts. Bei vielfacher Gelegenheit wird es bis heute, versehen mit der Melodie von Otto Abel, im evangelischen Gottesdienst gesungen, aber als Zeugnis eines Märtyrers im Widerstand gegen den Nationalsozialismus vermag es auch jene zu bewegen, die den religiösen Hintergrund Bonhoeffers nicht teilen:

Von guten Mächten wunderbar geborgen
erwarten wir getrost, was kommen mag.
Gott ist bei uns am Abend und am Morgen
und ganz gewiss an jedem neuen Tag.

## Der Christbaum brennt immer schwächer und Küsse sind unser Gebet

Clara Wieck und Robert Schumann

Clara Wieck an Robert Schumann

[Wien] Am Christabend [1837]

*Wie sollt ich den Christabend schöner feiern, als mich mit Dir zu unterhalten? Ich war heute sehr traurig, keinen Christbaum erblickt mein Auge. Wo magst Du jetzt sein? Ob Du recht glücklich bist? Doch ja – Dir brennt ja der Baum der Liebe! – ... Ein Gedanke hat mich heut beschäftigt: wie wird es in drei Jahren um uns stehen? Vielleicht hast Du dasselbe auch gedacht? – Heute hast Du ein paar Zeilen von mir erhalten ... Den 7. [Januar] ist mein drittes Konzert und Dienstag (übermorgen) spiel ich bei der Kaiserin. Eine Aufnahme habe ich hier gefunden, die mich entschädigt für die Kränkungen, die mir im Norden widerfahren ... Von einer sehr zarten Aufmerksamkeit gegen mich, hast Du vielleicht schon gehört. Schubert hat nämlich unter mehreren Stücken ein Duo vierhändig hinterlassen, was Diabelli jetzt gedruckt und mir gewidmet haben. Dies erschütterte mich sehr, ich kann mir kaum selbst sagen warum. Es ist doch eigen, wie reizbar ich jetzt bin, ich komme mir zuweilen sentimental vor.*

*Mit Fischhof hab ich öfters vierhändig gespielt, doch spielt* er nicht – er schlägt das Klavier. Diese ungarische Phantasie, könnt ich sie nur einmal wieder mit Dir spielen! – Nur einmal Dich wieder phantasieren hören. Glaub mir nur, ich hab Dich wirklich recht lieb. –

Die arme Laidlaw dauert mich – sie trägt Dich im Herzen? Das wundert mich nicht. Du möchtest mich also gern noch näher kennen? Was soll ich Dir antworten? Sag ich »ich bin eifersüchtig«, so belüge ich Dich, und sag ich, »ich bin nicht eifersüchtig«, so glaubst Du Dich belogen. So mußt Du Dich wohl noch ein wenig gedulden.

Liszt ist noch nicht hier, wird aber täglich erwartet. Doch denk Dir, wer gestern angekommen – Eichhorn mit 3 Söhnen, noch ein 10jähriger Cellist ist dazu gekommen ... Mir scheint doch, daß aus dem Ältesten nicht viel geworden ... Es ist nun so mit den Wunderkindern, es wird nicht viel aus ihnen – so wie es mit mir auch nicht gar viel geworden. – In meinem nächsten Konzert spiele ich Beethovens Sonate F-moll und nächstens vatim auch Deinen Carnaval. Sind die Phantasiestücke nicht bald fertig? ... Gern, lieber Robert, hätt ich Dir zu Weihnachten ein kleines Andenken von meiner Arbeit geschickt, doch wende ich meine Zeit nicht besser an, wenn ich Dir schreibe?

Den 26., 11 Uhr

Es ist zwar schon spät, doch noch ein Paar Wörtchen. Eben bin ich von der Kaiserin gekommen, esse einen Teller Wassersuppe und will diesen Brief schließen. Obgleich sich der Kaiser, die Kaiserin u. a. mit mir unterhalten haben, glaubst Du nicht, daß ich mich doch lieber mit Dir unterhalte?

Was wird noch alles mit mir vorgehen? Nach Pest und Graz sollen wir auch kommen.

*Vater hat gestern wieder zu Nanny gesagt, »wenn Clara
Schumann heiratet, so sag ich es noch auf dem Totenbett, sie
ist nicht wert, meine Tochter zu sein«. Robert, schmerzt das
nicht? Meine Empfindungen lassen sich nicht beschreiben;
doch alles will ich ja leiden, wenn es für Dich ist – ich teile
Dir dies bloß mit, weil es mein Herz zu sehr bewegt, als daß
ich es Dir verschweigen sollte.*

*Ich bin ganz außer mir, wenn ich den Vater abends noch
zanken höre, wenn mich seine Flüche aus dem Schlafe
stören, und ich nun höre, daß sie mein Liebstes betreffen …
Meinen Vater hab ich gar nicht mehr so lieb, ach Gott, ich
kann nicht so recht von Herzen zärtlich sein und möchte
doch so gern – es ist ja mein Vater, dem ich alles danke. Mein
höchster Wunsch – vielleicht wird er mir auch noch befrie-
digt und dann wollen wir uns lieben ungetrübt.*

*Auf Deine Frage, ob ich mich durch Vater wieder ein-
schüchtern lassen werde, die Antwort: Nein, nie mehr! …
Deine getreue Clara*

Robert Schumann an Clara Wieck

*Wien, den 18. Dezember 1838*

*Gott grüß Dich, mein herziges Mädchen. Du hast Frühling
um mich gemacht und goldne Blumen gucken mit den Spitzen hervor, mit andern Worten, ich komponiere seit Deinen
Briefen, ich kann mich gar nicht lassen vor Musik. Hier hast
Du mein kleines Angebinde zum heiligen Christ. Du wirst
meinen Wunsch verstehen. Weißt Du noch, als Du mir vor
drei Jahren am Weihnachtsabend um den Hals fielst?
Manchmal war es, als erschräkest Du vor Dir selbst, wenn*

*Du Dich mir so hingabst. Aber jetzt ist es anders und Du
ruhest still und sicher an meinem Herzen und weißt, was Du
besitzt. Du meine Liebe, meine traute Gefährtin, mein holdes
zukünftiges Weib – wenn ich nun in zwei Jahren die Türe
aufmache und Dir alles zeigen werde, was ich Dir geschenkt,
eine Haube, vieles Spielzeug, neue Kompositionen, dann
wirst Du mir noch ganz anders um den Hals fallen und
einmal über das andere ausrufen »wie hübsch, wer einen
Mann und vorzüglich wie Dich einen hat.« Und ich werde
dann Deiner Freude gar keinen Einhalt tun können und Du
wirst mich dann in Dein Zimmer führen, wo Du aufgeputzt
und beschert, Dein Bild in Miniatur, eine Schreibtafel zum
Komponieren, einen zuckernen Pantoffel, den ich gleich esse
und vielerlei; denn Du beschenkst mich viel mehr als ich
Dich und ich kenne Dich darauf. Das Glück! Dann werden
wir immer stiller, der Christbaum brennt immer schwächer
und Küsse sind unser Gebet, daß es immer so bleiben
möchte, daß uns der gute Gott zusammen erhalte bis an
das Ende.*

*In diesem Jahr wird es noch freilich traurig um mich
sein; ich werde mir manche Melodie summen, ich werde
manchmal an das Fenster gehen und hinauf zu den Sternen
sehen, wie sie funkeln, ich werde den ganzen Abend bei
Dir sein …*

*Mit einem jungen Menschen, den ich vor kurzem kennen-
gelernt habe, einem reinen unverdorbenen Gemüt, habe ich
vor, den Abend zuzubringen. Ich bin froh, jemanden gefunden zu haben, der mich leicht versteht und in dem ich reiche
Anlagen vermute. Er ist aus Liebe zur Musik seinen Eltern
davongelaufen; er sinnt und denkt nichts als Musik. Er wird
sich später auszeichnen, wie ich hoffe. Seither bin ich immer
recht froh und fleißig gewesen. Dieser junge Mensch hat mit*

*schuld, dann aber vorzüglich deine letzten Briefe, die mich
so sehr beruhigen und im Innersten beglückt haben. Habe
Dank, meine geliebte Clara für alles, was Du mir armen
Künstler tust.*

*Wolle mich der Himmel so zufrieden erhalten … Nur
wenn ich lange nichts von dir erfahre, fangen die Kräfte
mich zu verlassen an. Dann kommt die Melancholie. Es ist,
als hüllten und packten sie mich in lauter schwarze Tücher
und Gewänder; ein unbeschreiblicher Zustand.*
*Tausend Adieu, Du liebe Gute!*
*Vergiß Deinen Robert nicht.*

Einige Jahre mussten ins Land gehen, bevor Clara Wieck und
Robert Schumann ihr erstes gemeinsames Weihnachten feiern konnten. Im März 1828 war der siebzehnjährige Robert
aus Zwickau nach Leipzig gekommen, um Jura zu studieren –
die Familie sah vor, dass aus ihm ein guter Beamter werde.
Seine Leidenschaft aber gehörte dem Klavier. Er erhielt Unterricht durch den Klavierpädagogen Friedrich Wieck, bei dem er
zwei Jahre später auch Logis nahm. Ein »Tollwütiger auf dem
Klavier«, so erinnert sich der Lehrer an das erste Vorspiel.
Robert Schumann erwies sich als großes Talent, das Haupt-
augenmerk des berühmten Klavierlehrers galt aber seiner
Tochter Clara, aus der – so wollte es der väterliche Ehrgeiz –
eine Klaviervirtuosin werden sollte. Im Herbst 1831 begann
er, mit der damals Zwölfjährigen auf Konzertreise zu gehen.
Zu den vielen Bewunderern Claras gehörte der Geheime Rat
Goethe, der sich in Weimar von ihrem Spiel hingerissen zeig-

te. Auch Robert Schumann strebte eine Karriere als Pianist an, doch eine anhaltende Lähmung eines Fingers der rechten Hand durchkreuzte alle Pläne, und dies stürzte ihn in eine tiefe Krise. Schließlich begann er, Kompositionstechnik zu studieren und selbst zu komponieren.

Ganz allmählich kamen sich Robert und die neun Jahre jüngere Clara näher, immer vertrauter wurde der Umgang. Claras Vater war strikt gegen eine Verbindung seiner Tochter mit dem mittellosen verhinderten Pianisten, und er verbot Clara den Umgang mit seinem vormaligen Schüler. Sie sahen sich nun heimlich und schrieben sich leidenschaftliche Briefe. Während Robert Schumann die ersten seiner großen Klavierwerke komponierte – darunter die *Fantasiestücke* und die *Kreisleriana* –, ging Clara mit ihrem Vater wieder auf Konzertreise. In Wien wird die gerade einmal Achtzehnjährige im Winter 1837/38 begeistert gefeiert. So groß ist das Gedränge an den Kassen, dass die Polizei gerufen werden muss, um Ordnung zu schaffen. Clara Wieck wird zur kaiserlich-königlichen Kammervirtuosin ernannt, und ein Wiener Konditor kreiert eine »Torte à la Wieck«: »eine zarte Mehlspeise, die«, wie eine Zeitung schreibt, »sich von selbst in den Schlund hinunterspielt«. In ihrem Weihnachtsbrief an den Geliebten in Leipzig offenbart sich der Konflikt zwischen der Loyalität zu ihrem Vater und Förderer und ihrer Liebe zu Robert. Weihnachten darauf hält sich dann Schumann in Wien auf, um einen Wechsel in die Habsburgerstadt zu sondieren. »Feire das Fest recht glücklich«, schreibt ihm Clara aus Leipzig, »uns leuchtet ja beiden ein schöner Hoffnungsstern, schöner als alle Christbäume der Welt – der verlöscht nicht, nur laß uns einander fest und treu lieben.«

Es sollte dann noch knapp zwei Jahre dauern, bis die ersehnte Hochzeit stattfinden konnte. Sie wurde gegen den Willen der Familie Wieck per Gerichtsbeschluss durchgesetzt. »Jetzt geht ein neues Leben an«, notierte Clara in ihr Tagebuch. Dass dieses »neue Eheleben« kein einfaches sein würde, lässt sich aus den beiden Weihnachtsbriefen schon erahnen. Robert Schumann erwartete wie selbstverständlich, dass Clara sich seinem Schaffen unterordnen und ihre Karriere als Pianistin aufgeben würde. Ein Ansinnen, das bei ihr auf wenig Verständnis stieß, zumal die Einnahmen aus ihren Konzertreisen den Unterhalt der Familie sicherten. Sie ging weiterhin auf Tournee, dazwischen brachte sie innerhalb von dreizehn Jahren acht Kinder zur Welt. Ihr Mann indes wurde zunehmend von Depressionen geplagt, und doch erwies er sich als Komponist höchst produktiv. Er vollendete sein berühmtes Klavierkonzert, schuf seine vier Symphonien und zahlreiche kammermusikalische Werke. Was oft übersehen wird: Auch Clara Schumann war neben ihrer Tätigkeit als Virtuosin eine ernst zu nehmende Komponistin. Ihre Werke – darunter ein Klavierkonzert, Klavierstücke und Lieder – gerieten nach ihrem Tod jedoch fast völlig in Vergessenheit, erst ab den 1970er-Jahren wurden sie in neuen Editionen wieder zugänglich gemacht und auf Schallplatte eingespielt.

22, Place Dauphine – Paris, Ier
*Odéon 40–68*
*Weihnachtsabend [24.12.1950]*

*Mein Liebes,*
*es ist sieben Uhr des sogenannten Heiligen Abends und ich*
*bin unlustig und unfroh, und wenn ich etwas weiß, so ist es,*
*daß ich auf diese Weise mein Leben nicht weiterführen*
*möchte. Was Weihnachten anlangt, so ist es wirklich das*
*erste Mal in meiner Existenz, daß ich es ignoriere, denn es*
*war eines der wenigen Dinge, auf die ich gehalten habe, es*
*ist ein jedes Mal ein Abschnitt, ein Fest, das einen Abschnitt*
*markiert, aber daß es das nun nicht mehr ist, darüber bin ich*
*weiter nicht traurig. Ich bin hier allein im Haus, was unter*
*den gegebenen Umständen mir am wenigsten unangenehm*
*ist, ich bin nicht in der Stimmung, mit mir fremden, indif-*
*ferenten Menschen »Reveillon« zu feiern. Später am Abend*
*werde ich versuchen, in die Mitternachtsmesse in Notre-*
*Dame zu gehen – wenn ich hineinkomme. Zum letzten Mal*
*war ich vor zehn Jahren in Saint Cyr in meiner Dorfkirche –*
*an einer sternenklaren Nacht mit kristallhart gefrorenen*
*Wegen, und ich ging vom brennenden Kamin durch die kalte*

Nacht, mit einer kleinen Bitch, einer geflohenen Pariserin,
sie war blond und hübsch und nicht seriös, es war auch ein
recht wenig frohes Weihnachten, Krieg und Dunkelheit vor
einem. Mein Onkel, der damals bei mir war, war schlafen
gegangen, ich hatte ihm die familien-traditionelle Gänse-
leberpastete aufgebaut – von mir zubereitet. Dann kam das
Debakel und sein Ende. Aus dieser allgemeinen Unlust
heraus hatte ich auch keine Lust, Dir zu schreiben, d. h. es
hat sich auch so ergeben, wie Du aus folgendem ersehen
wirst. Was magst Du jetzt grade machen? In Princeton, bei
mir unlieben Menschen sein, oder in Yale bei mir Unbekannten? Aber um von etwas anderem als von den vielen Uns,
Unlust und Unheiterkeit zu reden, so will ich Dir schnell
einen kleinen Bericht meiner letzten Tage, eigentlich
Wochen, geben. Am Sonntag in der Nacht um zwei Uhr,
heut vor einer Woche, kamen Géa und ich von unserer
Schweizer Autofahrt heim nach Paris. Es war eine auf-
regende Fahrt, mehr Schlitten als Auto – aber schließlich
haben wir es doch geschafft, ohne den Wagen oder uns zu
Schanden zu fahren, aber es war unvernünftig. Immer
wieder Schneestürme, bei dem Scheinwerferlicht ein wilder
Sternentanz, der einen schließlich beängstigend umzingelt.
Ein wahres Kinderbilderbuch, ein erträumtes Weihnachten
aus dem Märchenreich. Und daraus ersiehst Du, daß,
trotz der Beschwerlichkeit, es eine schöne Fahrt war. Als ich
nachts um zwei nach Haus kam, war das Haus leer – Ida
kam den nächsten Morgen aus Nice vom operierten Vater;
Mitsou empfing mich mit einem unglaublichen Geschimpfe
und mußte lange klagend erzählen – trotzdem sie aufs Beste
versorgt war, von Idas Mädchen –, und dann hat sie mir
ein kaltes Katzküßchen gegeben ins Gesicht und auf den
Arm, sehr vorsichtig und selbst erstaunt, daß sie ihren

*Widerwillen überwand. Ich war sehr geehrt, und dann muß-
te sehr lange geschnurrt und sich sehr eng in die Armhöhle
hineingelegt werden. Es ist doch schlecht ohne den Menschen, halt fad, und fad ist es auch mir. –*

*Dein langer Brief lag auf meinem Bett, und trotzdem ich
über die Länge gerührt war, hat er mich doch in Verzweiflung versetzt. Er kam mir so lieblos vor, und sicher, die äuße-
ren Verhältnisse machen es schon schwer genug, und wenn
dann die Privatprobleme zu schwierig sind, dann ist es kaum
zu ertragen. Ich verstehe Deine Probleme, und Du glaubst
immer, ich versteh sie nicht, ich weiß, wie Du gehetzt bist
und viel zuviel Arbeit hast, aber für mich bleibt kein Winkel
mehr offen, der für mich Verständnis hat, und ich will nicht
hadern, denn es ist ja schließlich doch Weihnachten, aber
gegen das »Zupfen« muß ich mich doch wehren, oder gegen
das, was Du so bezeichnest. In diesem Fall Idas Wohnung!
Ich muß hierauf sagen: es ist doch eine Tatsache, daß Du mir
wiederholt und wiederholt – ich sage nicht, daß Du es klar
ausgesprochen hättest, denn das wäre zu einfach – eine
große Wahrscheinlichkeit daraus gemacht hast, daß Du
diesen vergangenen Sommer bereits nach St. Cyr kommen
wolltest; dann war es der frühe Herbst, dann der späte; und
nur so nebenbei, ich habe zu dem »Nichtkommen« auch nie
die leiseste Bemerkung gemacht, nur still getrauert; denn
angenommen, daß Du kommen würdest (was ich ja nie
habe), aber immerhin – und wäre dies nicht der Fall, wäre
ich wirklich völlig verantwortungslos – habe ich mir deshalb,
ganz für mich und privat, überlegt, solltest Du doch kommen: was mache ich in der Kälte mit Dir – ein nicht ganz
unwichtiges Problem und, außer mit viel Geld, gar nicht so
leicht zu lösen. Ich habe alle Heizmöglichkeiten erforscht,
dazu kam, daß ich mir einige Monate Paris, sollte der Virgil*

*erscheinen, ganz günstig vorgestellt habe. Und dann kam dieses Angebot, eine wirklich einzigartige Hilfe, außerdem ist die Wohnung entzückend und hat allen Comfort, noch dazu war es für das kommende, jetzt so nahe neue Jahr gedacht, folglich wäre es Vollwahnsinn, wenn ich Dir diese Möglichkeit nicht vorschlagen würde. Deine wirklich unerwartete Reaktion läßt mich annehmen, daß Du auf unbegrenzte Zeit hinaus wirklich gar nicht daran denkst zu kommen, jetzt ganz von der Lage der Welt abgesehen. Und diese Reaktion hat doch wirklich nichts mit Deiner Überbelastung zu tun, denn zum Arbeiten wäre es hier ideal (das Angebot steht, glaube ich, nicht mehr, da ich bis jetzt nicht darauf reagiert hatte), und im Gegenteil ich könnte endlich versuchen, Dir einen Teil der Korrespondenz und der äußerlichen Dinge abzunehmen. [...] Ein Zusammenleben geht wahrscheinlich nur auf der Basis der Arbeit, wobei – und das wirst Du mir sicher gleich vorhalten, da ich es des Öfteren ausgesprochen habe – ich sehr wohl weiß, daß es für mich nicht immer ideal wäre, ich auch wahrscheinlich keine absolut gute Sekretärin wäre, aber das Leben besteht nicht aus Idealen, und Arbeit, solange es Arbeit ist, muß man mit etwas Vernunft organisieren. Ich habe diese Rolle in meinem Leben – und ich glaube, recht gut – schon einmal gespielt [...]. Und um auf den Anfang und die Unlust zurückzukommen, so hat mich eben Dein Brief, dazu die Lage (auch der Vorwurf, daß ich über meine »Unsicherheit« klage, ich weiß doch wirklich nicht, was in den nächsten zwei Wochen aus mir wird) deprimiert, so daß ich am Montag überhaupt unfähig war, das Geringste zu tun, kaum meine Sachen auspacken konnte und am Dienstag eine Migräne hatte (wobei das wieder ein Spiel ist, sich zu überlegen, ob ich nun so deprimiert war, weil sich die Migräne vorbereitet hat, oder aber ob ich die Migräne bekam, weil ich so unlustig war, aber auch das ist ein völlig müßiger Zeitvertreib, weil eine Schlußfolgerung ja nichts ändert). Und von Mittwoch an habe ich dann eine ungezählte Masse an Korrespondenz gemacht, teils Weihnachten, teils Geschäftliches, dazu kommt die ständige Unruhe in diesem Haus, und so blieb das Schreiben an Dich als allerletzte Beschäftigung vor Weihnachten. Und als ich über dieser nicht endenwollenden Korrespondenz saß, habe ich voller Kummer an Dich gedacht, denn sicher hast auch Du über einer nicht zu bewältigenden Post gesessen. [...]*

*Weihnachtstag, 25.*

*Soeben Dein Weihnachtsbrieflein, ich bin ganz glücklich und sehr gerührt und voller, voller Liebe und Zärtlichkeit und möchte Dir nur Gutes und Liebes sagen, wenn ich nur nicht immer allein wäre; ich werde noch darüber ganz verrückt werden, besonders, wenn das Leben so schrecklich schwierig ist. Bin sehr gerührt über das Symbol, und so ist es doch noch schön geworden. Weihnachten. [...] Was Deine persönlichen Verdienstmöglichkeiten betrifft, so kann ich nicht recht sehen, warum Knopf Deinen Roman oder [Deine] Romane nicht herausbringen soll, natürlich angenommen, Du beendest ihn zur Zeit; hältst Du den Termin nicht ein, wird er wohl, fürchte ich, aus lauter Wut die Sache fallen lassen. Die Geschäfte müßten doch eigentlich jetzt besser gehen mit dieser angekurbelten Inflation. Was mein Geld anlangt, so kann ich mir kaum vorstellen, daß ich es über die nächste Katastrophe hinwegretten kann, das wird wohl kaum gehen; in diesem Fall muß es eine Entwertung des Dollars geben, und ich muß mich damit abfinden, daß ich*

wieder arbeiten muß, eine Tatsache, die Du ganz vergißt,
denn schließlich habe ich es schon einmal durch einige Jahre
hindurch getan, wenn es mich auch wenig gefreut hat. Wenn
ich eine Möglichkeit fände, mit mehr Freude arbeiten zu
können. Zu all den vielen Überlegungen kommt auch noch
hinzu, daß man endlich eben wissen muß, von einem rein
praktischen Standpunkt, wo man die nächsten Jahre leben
wird. Sollte es in den U.S.A. sein, so müßte man sehen,
schleunigst eine Wohnung zu finden – wahrscheinlich schon
zu spät –, denn es kommen doch neue Restriktionen und
neue Schwierigkeiten mit den Wohnungen, und ein zielloses
Herumschwirren ist eine Sünde und ein Verbrechen, da es
unfruchtbar ist, und ich auch in meiner eigenen Arbeit
behindert bin. Ich glaube, in den nächsten Wochen oder
Tagen dürfte sich eine gewisse Klarheit, jedenfalls über die
nächste Zeit, herausbilden. In Amerika wird wohl dann eine
Ära des Isolationismus ausbrechen.

Also, weihnachtlich ist auch mir nicht zumute, der FM-
Apparat freut mich, der aber für Dich sein soll und nur für
mich, wenn wir zusammenleben. Über den kleinen Apparat
schrieb ich das letzte Mal, nämlich, daß es vom Strom
abhängt, daß es übrigens genau wie in Amerika zweierlei
Stärken gibt, 220 und 110 V, und daß man dann für den
ersteren einen Transformator braucht, und daß ich in St. Cyr
meinen sehr guten Apparat so betreibe, und dann braucht
man eine andere Prise de courant, die hier anders ist, aber
auch das kann man kaufen überall, auch eine Art Transformator, der dann auf der Rückseite für die europäischen
Prisen paßt, dafür hat es zuviel Amerikaner hier gegeben,
daß das nicht erfunden wurde, denn das paßt für Bügeleisen,
Rasierapparate etc. Natürlich wäre es herrlich, wenn Du
die Universitätswohnung bekämst, und die Manuskripte

*müssen da hinein, auf jeden Fall müssen sie drüben bleiben,
jedenfalls die, an denen Du nicht arbeitest. Wir müßten uns
eventuell auch für meinen schwarzen Koffer eine kleine
Kammer zusammen im Lincoln Storage nehmen, das kostet
etwas (ich hatte mich schon erkundigt, natürlich prompt
vergessen), muß aber gemacht werden, es war auch [preis-
lich] nicht so schlimm. Wenn Du mir etwas zuversichtlicher
schreibst über [das], was uns privat anbetrifft, bin ich gleich
ein ganz anderer Mensch, kann auch wieder an meine
eigene Arbeit denken, sonst bin ich einfach krank und kann
grade nur recht und schlecht vegetieren, grade so, daß die
Umwelt nicht den Zustand meiner Seele merkt, und damit
Du weißt, wie mir in einem fort zumute ist, sende ich Dir
auch den gestrigen Anfang meines Briefes. Ich werde zu
Neujahr vierzehn Tage hier allein sein, darauf freue ich
mich, ich bin eben ein gräßlicher Einzelgänger und kann
mich nicht einordnen. Einmal ist es Alma [Mahler-Werfel],
einmal Ida, wobei das letztere mir bei weitem leichter ist.
Aber schwer ist es auch für mich. Ich bin dafür auch nicht
mehr jung genug. Bleibe ich dann weiterhin allein in Paris,
werde ich mir doch ein Zimmer suchen, ich kann sonst nicht
arbeiten, und Du mußt nicht die Wichtigkeit dieser letzteren
Tatsache unterschätzen; finanziell werde ich einmal ganz
darauf angewiesen sein, außerdem brauche ich es für meine
innere Gesundheit oder Gleichgewicht. [...]
    Sandte Dir auch als Symbol ein kleines Päckchen, zwei
Pfunde Lindt-Napolitain von Basel, wird wohl nicht mehr
zur Zeit angekommen sein. War gestern Nacht wirklich
noch in der Messe, St. Germain l'Auxerrois mit den Petits
Chanteurs à la croix de bois, herrlicher Chor, klingt wie
ein wunderbarer Sopran, sehr merkwürdig, es war aber sehr
kalt. Aus Deutschland brachte ich zwei sehr schöne Leder-*

*koffer, etwas Silber und zwei Teppiche [mit], nützlich, ein andermal mehr davon, der Brief ist bereits viel zu lang, und ich schreibe den ganzen Tag daran. Ein gemeinsames Neues Jahr! Mein einziger Wunsch, und Gesundheit, Frieden!*

*Noch immer glücklich über Weihnachtsbrief. Bin glücklich, daß die Schuldlosen erschienen sind.*
*Bald mehr, Bouchi.*

Sehr regelmäßig schickt die Malerin Annemarie Meier-Graefe »viel zu lange« Briefe über den Atlantik. Adressat ist der österreichische Schriftsteller Hermann Broch, der nicht irgendein Freund oder Geliebter ist, sondern ihr rechtmäßig angetrauter Ehemann. Nach ihrem ersten Kennenlernen, das 1937 in Wien stattgefunden hatte, waren sie sich 1942 im amerikanischen Exil wiederbegegnet. Eine intensive, höchst widersprüchliche Beziehung nahm ihren Lauf. Ende 1949 fügte sich Hermann Broch dem Wunsch seiner zwanzig Jahre jüngeren Freundin nach einer Legalisierung ihres Verhältnisses. Für beide war es die zweite Ehe: Annemarie Meier-Graefe, eine geborene Epstein, war mit dem Kunsthistoriker Julius Meier-Graefe verheiratet gewesen und inzwischen seit fast fünfzehn Jahren Witwe; Hermann Broch hatte nach der Scheidung von seiner Frau mehr als zwei Jahrzehnte ohne Bindung gelebt. In eine zweite Ehe willigte er nur auf der Grundlage eines »Eheabkommens« ein. Dieses von ihm verfasste Dokument sah für beide Partner »völlige Freiheit in der Lebensführung« vor und verpflichtete sie dazu, einem etwaigen Scheidungswunsch des jeweils anderen »ohne Stellung von Forderungen und Bedingungen Folge zu leisten«. Nicht eben die beste Basis für ein harmonisches Zusammenleben.

Im Juni 1950 reist Annemarie Meier-Graefe nach Frankreich, im südfranzösischen Saint-Cyr-sur-Mer besitzt sie seit einigen Jahren ein Haus, das sie nun endlich einrichten will. So schwer ihr der Abschied von ihrem Ehemann fällt, so sehr weiß sie doch, dass sie »auf diese Weise [ihr] Leben nicht weiterführen möchte«. Wie es aber stattdessen weitergehen soll, das ist die Frage, die den folgenden Briefwechsel beherrscht. Wird Broch seiner Frau nach Frankreich folgen? Wird ein Zusammenleben überhaupt möglich sein? Und wenn ja, wo und wie soll man leben? Wo und wie kann der Autor die nötige Kraft und »Gemütsruhe« zum Schreiben finden? Gegenseitiges Unverständnis, Vorwürfe, Schuldzuweisungen und lange Erklärungen sind an der Tagesordnung, aber immer steht am Ende ihrer Briefe ein Liebesbekenntnis, und immer sind sie adressiert an »mein sehr Liebes«, »mein Süßes«, »mein Liebstes« oder »Geliebtes«.

Der Ausbruch des Koreakrieges im Juni 1950 fügt den vielen Sorgen ein weiteres Kapitel hinzu. Die Angst vor einer Ausweitung des Kriegsgeschehens ist groß und Anlass genug, Brochs Reise nach Europa definitiv aufzuschieben. Viel eher scheint nun eine Rückkehr Annemaries in die USA in Betracht zu kommen. Aber Annemarie ist dabei, in Frankreich ein neues Leben zu beginnen. Begeistert berichtet sie ihrem Ehemann von ihrem Alltag, der Katze Mitsou, ihren Ausflügen und Reisen (wie hier mit ihrem Zeichnerkollegen Géa Augsbourg), dem Zauber der Provence und von Paris, das ihr so gutgetan habe »wie anderen Leuten eine ausgedehnte Sanatoriumskur«. Auf ihre Klagen darüber, dass sie »allein, sinnlos und traurig in der Welt herumschwirre«, antwortet Broch mit Gegenklagen, wie groß seine finanzielle Misere sei und wie sehr er sich in seiner Arbeit »gehetzt« fühle. Die Veröffentlichung seines Romans *Der Tod des Vergil* hatte ihm in Amerika eine Menge Anerkennung, aber kaum Geld eingebracht, und auch das Honorar für den gerade erschienenen Roman *Die Schuldlosen* war bereits aufgebraucht. Er fristet sein Dasein in einer sehr bescheidenen Wohnung in New Haven, wenige Kilometer von New York entfernt. Nennenswerte Einnahmen waren nur vom New Yorker Knopf-Verlag zu erwarten, wenn denn der sogenannte Bergroman, an dem Broch wie besessen arbeitet, jemals fertig werden sollte. Die Hoffnung auf Erlösung durch ein Stipendium, einen Literaturpreis oder gar den Nobelpreis, für den ihn einige seiner renommierten Freunde vorgeschlagen hatten, bleibt allerdings vergeblich. Ende Mai 1951 setzt Brochs überraschender Tod den Schlusspunkt unter alle offenen Fragen und Spekulationen.

Zum ersten Hochzeitstag am 5. Dezember 1950 hatte Broch – wissenschaftlich in Punkte und Unterpunkte untergliedert – noch an seine Frau geschrieben, was es aus seiner Sicht zu den Themen »Pläne – Unbestimmtheit«, »Finanzielle Grundlagen«, »Hiesige Situation«, »Bibliothek« und »Arbeit« zu sagen gab. Unterm Strich blieb, »daß die Illusion vom ruhigen Lebensabend in Frankreich kaum konkretisiert werden kann« und »daß jeder, der sich einen fixen Lebensplan vorgaukelt, sich in Illusion befindet«. In seinem Weihnachtsbrief, den Annemarie am zweiten Feiertag erhielt, drängte er sie noch einmal, angesichts der politischen Großwetterlage alles so herzurichten, dass sie sofort zurückkehren könne, »wenn die Sache allzu brenzlig wird«. Der FM-Radioempfänger (FM steht für Frequenzmodulation = UKW), ein Weihnachtsgeschenk von Hannah Arendt und Heinrich Blücher, wird als »einziges Plus« für ihre Rückkehr ins Feld geführt.

Annemarie verbringt das Weihnachtsfest 1950 an der Place Dauphine Nummer 22, im Haus von Marc Chagall und dessen Tochter Ida, mit der sie seit vielen Jahren eng befreundet ist. Da die Freundin den Meister am Krankenbett besucht, verzichtet Annemarie auf die Reveillon, das mitternächtliche Weihnachtsessen, besucht aber die ehemalige Hofkirche Saint-Germain-l'Auxerrois in der Nähe des Louvre, wo die Stimmen der Petits Chanteurs à la Croix de Bois erklingen (die 1907 begründeten »Kleinen Sänger vom Holzkreuz« gibt es noch heute). Aber der wichtigste Moment des Weihnachtsfestes ist das Eintreffen von Brochs Brief nebst »Weihnachtssymbol«: ein kleiner Ring – »das beste, d.h. das einzige, das der Woolworth gehabt hat«.

## An sich geht es mir saudreckig, auf deutsch gesagt

Brigitte Reimann an ihre Jugendfreundin
Veralore Schwirtz

*Burg, den 24.12.47*

*Meine liebe Veralore!*
*Nachträglich wünsche ich Dir ein schönes, froh verlebtes*
*Weihnachtsfest! Ich bin ja so froh, nun über Weihnachten*
*nach Hause gekommen zu sein. Ach, ich habe Dir ja so*
*viel zu erzählen! An sich geht es mir saudreckig, auf*
*deutsch gesagt. Vorher konnte ich Dir nicht schreiben, weil*
*ich völlig isoliert im Infektionskrankenhaus lag. Ich kann*
*Dir bloß sagen, Kinderlähmung ist so ziemlich die schreck-*
*lichste Krankheit, die es gibt. Diese Hilflosigkeit macht*
*mich bald verrückt. Das rechte Bein war zu Anfang voll-*
*ständig gelähmt, das linke Bein war sehr schwach. Ich habe*
*schrecklich geheult, als ich ins Krankenhaus mußte und*
*die Schwestern mir die liebliche Aussicht eröffneten, daß ich*
*die sechs Wochen, bis die Ansteckung vorbei ist, keinen*
*Besuch kriegen dürfte. Aber so schlimm war es dann doch*
*nicht. Ich lag zu ebener Erde, da konnte ich meinen Besuch*
*immer durchs Fenster sprechen. Herrenbesuch habe ich*
*sogar auch oft gehabt, Hans-Martin R. kam immerzu an.*
*Aber ich bin nun mal unsterblich: unsterblich in meinen*
*(leider nur in Gedanken »meinen«) Hannes verliebt.*

*Ich könnte manchmal direkt heulen vor Sehnsucht nach ihm.*

25.12.47

*... Heute kriege ich noch einmal eine Spritze. Im Krankenhaus habe ich schon 9 gehabt. Sie tun scheußlich weh, ich kann mich hinterher den ganzen Tag nicht umdrehen. Ich kriege sie nämlich in den Po. Ich werde mächtig verwöhnt. Vor Magdeburg habe ich schon ein Grauen: Vielleicht muß ich ein halbes Jahr dableiben. Hoffentlich klappt das Mitkommen in der Schule, damit ich nachher wieder in meine alte Klasse zurückkommen kann ...*

*Stell Dir bloß vor, in M. muß ich in die »Krüppelstation« und in Gips liegen. Eine feine Aussicht! Ach, Hauptsache, ich werde wieder gesund! Im Augenblick bin ich bloß schrecklich abgemagert. Die reinsten K.-Z.-Beine. Und der Hüftknochen steht raus wie bei einem Droschkengaul. Mutti ist immer schrecklich traurig. Sie freut sich bloß, daß ich noch so fidel bin. Ich freue mich auch, daß ich meinen Humor behalten habe. Mensch, sonst hätte ich mich schon aufgebaumelt.*

*Ich habe große Pläne. Wir haben über meinen Beruf gesprochen, und ich will gerne Schriftsteller werden, aber nicht nur nebenbei, sondern als Hauptberuf. Damit man mein Talent prüfen kann, soll ich nun in M. schreiben. Vielleicht zuerst eine Novelle. Zeit, Lust und Phantasie habe ich. Hoffentlich wirds was!*

*Ein gesundes neues Jahr mit viel Glück wünscht Dir und Deinen Eltern*
*Deine Brigitte*

※

Als Veralore Schwirtz mit ihren Eltern 1944 in den kleinen Ort Burg bei Magdeburg zieht, findet sie in Brigitte Reimann schnell eine Herzensfreundin, »so daß nach kürzester Zeit keine mehr etwas ohne die andere unternahm« – wie Veralore viele Jahre später berichtet. »Wir buddelten zusammen Kartoffeln, sammelten Kartoffelkäfer, brachten Kohlen mit in die Schule, machten Streiche, gründeten einen Klub. Wir machten eine Schulreform mit und strickten uns Badeanzüge aus aufgeribbelten Wollsachen.« Im Frühjahr des Jahres 1947 schickt man Veralore Schwirtz in ein Sanatorium im Harz. Brigitte Reimann hält sie derweil auf dem Laufenden, berichtet in ihren Briefen vom Schulalltag, den Schülern und Lehrern, den Ereignissen in der Heimat und von den ersten Liebesabenteuern.

Es ist ein hartes Jahr für die Siebzehnjährige: Im September stellt sich heraus, dass die Trennung von ihrer Schulfreundin nicht nur vorübergehend, sondern endgültig ist, Veralore zieht mit ihren Eltern in den Westen; im Oktober kehrt Brigittes Vater aus der Kriegsgefangenschaft heim, aber er ist »so nervös, so krank – und überhaupt so schrecklich fremd«; Anfang Dezember wird auch Brigitte Reimann krank, sie hat Kinderlähmung. Kein Stoff für ein üppiges Freudenfest im Hause Reimann. Zumal Lebensmittel noch immer knapp waren. Wenigstens kann sie zu Hause sein, und immerhin ist trotz allem genügend Kraft da für weitreichende Entschlüsse: Sie beschließt, Schriftstellerin zu werden. Die ersten Monate des neuen Jahres verbringt sie in einer Klinik in Magdeburg, lernt wieder laufen, und zu Ostern kann sie wieder zur Schule gehen. Im Dezember 1948 schreibt sie der Freundin im Westen, gesundheitlich gehe es ihr »so etwas unter mittelbrillant«, aber sie habe ihr erstes Laienspiel geschrieben und zur Schulweihnachtsfeier auf die Bühne gebracht. Der

Schuldirektor habe sie »als eine Dichterin gepriesen« und ihr Stück als »erstes wirkliches Laienspiel der Provinz Sachsen gekrönt«.

Brigitte Reimanns Leben wird auch später von schweren Krankheiten überschattet sein, aber auch von einer unermüdlichen Lebensfreude und Energie und großen künstlerischen Erfolgen durchstrahlt. Sie gilt heute als eine der wichtigsten deutschen Schriftstellerinnen des 20. Jahrhunderts. Die Weihnachtsfeiertage der Jahre 1947 und 1948 sind die Geburtsstunde einer Dichterin.

## Ich hab diese Zeit des Jahrs gar lieb

Johann Wolfgang Goethe an Johann Christian Kestner

Frankfurt am Main, 25. Dezember 1772

*Cristtag früh. Es ist noch Nacht lieber Kestner, ich bin aufgestanden um bey Lichte Morgens wieder zu schreiben, das mir angenehme Erinnerungen voriger Zeiten zurückruft; ich habe mir Coffee machen lassen den Festtag zu ehren und will euch schreiben bis es Tag ist. Der Türner hat sein Lied schon geblasen, ich wachte drüber auf. Gelobet seyst du Jesu Christ. Ich hab diese Zeit des Jahrs gar lieb, die Lieder die man singt; und die Kälte die eingefallen ist macht mich vollends vergnügt. Ich habe gestern einen herrlichen Tag gehabt, ich fürchtete für den heutigen, aber der ist auch gut begonnen und da ist mirs fürs enden nicht Angst. Gestern Nacht versprach ich schon meinen lieben zwey Schattengesichtern euch zu schreiben, sie schweben um mein Bett wie Engel Gottes. Ich hatte gleich bey meiner Ankunft Lottens Silhouette angesteckt, wie ich in Darmstadt war stellen sie mein Bett herein und siehe Lottens Bild steht zu Häupten das freute mich sehr, Lenchen hat jetzt die andere Seite ich danck euch Kestner für das liebe Bild, es stimmt weit mehr mit dem überein was ihr mir von ihr schriebt als alles was ich imaginirt hatte; so ist es nichts mit uns die wir rathen phantasiren und weissagen. Der Türner hat sich wieder zu mir gekehrt, der Nordwind bringt mir seine Melodie, als blies er vor meinem Fenster. Gestern lieber Kestner war ich mit einigen guten Jungens auf dem Lande, unsre Lustbarkeit war sehr laut, und Geschrey und Gelächter von Anfang zu Ende. Das taugt sonst nichts für die kommende Stunde, doch was können die heiligen Götter nicht wenden wenns Ihnen beliebt, sie gaben mir einen frohen Abend, ich hatte keinen Wein getruncken, mein Aug war ganz unbefangen über die Natur. Ein schöner Abend, als wir zurückgingen es ward Nacht. Nun muss ich dir sagen das ist immer eine Sympatie für meine Seele wenn die Sonne lang hinunter ist und die Nacht von Morgen herauf nach Nord und Süd um sich gegriffen hat, und nur noch ein dämmernder Kreis vom Abend heraufleuchtet. Seht Kestner wo das Land flach ist, ists das herrlichste Schauspiel, ich habe jünger und wärmer Stunden lang so ihr zugesehn hinabdämmern auf meinen Wandrungen. Auf der Brücke hielt ich still. Die düstre Stadt zu beyden Seiten, der Stillleuchtende Horizont, der Wider-schein im Fluß machte einen köstlichen Eindruck in meine Seele den ich mit beyden Armen umfasste. Ich lief zu den Gerocks lies mir Bleystifft geben und Papier, und zeichnete zu meiner grossen Freude, das ganze Bild so dämmernd warm als es in meiner Seele stand. Sie hatten alle Freude mit mir darüber, empfanden alles was ich gemacht hatte und da war ichs erst gewiss, ich bot ihnen an drum zu würfeln, sie schlugens aus und wollen ich solls Mercken schikken. Nun hängts hier an meiner Wand, und freut mich heute wie gestern. Wir hatten einen schönen Abend zusammen wie Leute denen das Glück ein groses Geschenck gemacht hat, und ich schlief ein den Heiligen im Himmel danckend, dass sie uns Kinderfreude zum Crist bescheeren wollen. Als ich*

*über den Marckt ging und die vielen Lichter und Spielsachen
sah dacht ich an euch und meine Buben wie ihr ihnen kommen würdet, diesen Augenblick ein Himmlischer Bote mit
dem blauen Evangelio, und wie aufgerollt sie das Buch
erbauen werde. Hätt ich bey euch seyn können ich hätte
wollen so ein Fest Wachsstöcke illuminiren, dass es in den
kleinen Köpfen ein Wiederschein der Herrlichkeit des Himmels gegläntzt hätte. Die Tohrschließer kommen vom Burge-
meister, und rasseln mit Schlüsseln. Das erste Grau des Tags
kommt mir über des Nachbaars Haus und die Glocken
läuten eine Cristliche Gemeinde zusammen. Wohl ich bin
erbaut hier oben auf meiner Stube, die ich lang nicht so lieb
hatte als ietzt. Sie ist mit den glücklichsten Bildern ausge-
ziert [die] mir freundlichen guten Morgen sagen. Sieben
Köpfe nach Raphael, eingegeben vom lebendigen Geiste,
einen davon hab ich nachgezeichnet und bin zufrieden mit
ob gleich nicht so froh. Aber meine lieben Mädgen. Lotte ist
auch da und Lenchen auch. Sagen Sie Lenchen ich wünschte
so sehnlich zu kommen und ihr die Hände zu küssen als der
Musier der so herzinnigliche Briefe schreibt. Das ist gar ein
armseeliger Herre. Ich wollte meiner Tochter ein Deckbette
mit solchen Billetdous füttern und füllen, und sie sollte so
ruhig drunter schlafen wie ein Kind. Meine Schwester hat
herzlich gelacht, sie hat von ihrer Jugend her auch noch
dergleichen. Was ein Mädgen ist von gutem Gefühl müssen
dergleichen Sachen zuwieder seyn wie ein stinckig Ey. Der
Kamm ist vertauscht, nicht so schön an Farb und Gestalt als
der erste, hoffe doch brauchbaarer. Lotte hat ein klein Köpfgen, aber es ist ein Köpfgen.*

*Der Tag kömmt mit Macht, wenn das Glück so schnell im
avanziren ist, so machen wir balde Hochzeit. [...]*

*Nun Adieu, es ist hell Licht. Gott sey bey euch, wie ich bey*

*euch bin. Der Tag ist festlich angefangen. Leider muß ich
nun die schönen Stunden mit Rezensiren verderben ich tuhs
aber mit gutem Muth denn es ist fürs letzte Blatt. Lebt wohl
und denkt an mich das seltsame Mittelding zwischen dem
reichen Mann und dem armen Lazarus.*

   *Grüst mir die Lieben alle. Und lasst von euch hören.*

Im Mai 1772 machte sich der zweiundzwanzigjährige Goethe
von Frankfurt zu Fuß nach Wetzlar auf. Er trat am dortigen
Reichskammergericht – der obersten zivilen Gerichtsbehörde
des Heiligen Römischen Reiches – ein Praktikum an. Doch für
die Juristerei und das Geschehen am Gericht interessierte sich
der junge Goethe nicht besonders, lieber las er Homer und
Pindar und wandte sich anderen Vergnügungen zu.

Auf einem Ball in Volpertshausen lernt er die neunzehnjährige Charlotte Buff kennen und verliebt sich sogleich in
sie. Doch Lotte ist schon vergeben – sie ist dem Legations-
sekretär Johann Christian Kestner versprochen, zu dem Goethe ein freundschaftliches Verhältnis pflegt. Es ist kein einfaches Leben, das Lotte in Wetzlar führt: Nach dem frühen
Tod der Mutter führt sie den Haushalt und sorgt für ihre
Geschwister, zehn an der Zahl. Im Hause Buff – der Vater ver-
waltet die Geschäfte des Deutschen Ordens – ist Goethe ein
gern gesehener Gast. Er hilft Lotte beim Obstpflücken, spielt
mit ihren jungen Geschwistern und geht mit ihr spazieren.
Die Gefühle des Praktikanten für die Verlobte bleiben Kestner
nicht verborgen. Goethe »war sehr verliebt in sie und bis zum
Enthusiasmus«, notiert er in sein Tagebuch. Und in einem

Brief an einen Vertrauten schreibt er: »Lottchen wußte ihn so kurz zu halten und auf eine solche Art zu behandeln, daß keine Hoffnung bei ihm aufkeimen konnte.« Und doch wird die Freundschaft auf die Probe gestellt, als Lotte Kestner gesteht, dass sie von Goethe geküsst wurde.

Im September 1772 reist Goethe von einem Tag auf den anderen aus Wetzlar ab, ohne sich zu verabschieden. In den Briefen der nächsten Monate und Jahre, die er an Kestner sendet, kommt er immer wieder auf Lotte zurück. Er schildert Kestner seine Träume von ihr und lässt sich Erinnerungsstücke schicken – darunter Haare und einen Kamm. Und als er die Nachricht von der geplanten Hochzeit erhält, besorgt er die Ringe für das Brautpaar: Am Palmsonntag 1773 geben sich Kestner und Lotte das Jawort.

Wie sehr ihm die ganze Sache naheging, zeigt auch dieser Weihnachtsbrief, den Goethe an Kestner schrieb – das Ergebnis einer durchwachten Nacht. Er mochte noch so stimmungsvoll davon berichten, wie er die Frankfurter Winterlandschaft aufs Papier bannte, mit dem Herzen war er in Wetzlar. Die Silhouette der geliebten Lotte blickt ihm beim Schreiben über die Schulter ebenso wie das Bildnis von Lenchen Buff, einer ihrer Schwestern. In *Die Leiden des jungen Werthers* wird Goethe die unglückliche Liebe wenig später literarisch verarbeiten: Die Kestners geben für die Figuren der Lotte und des Albert im Roman das Vorbild ab, und eine weitere Person aus dem realen Leben findet darin Eingang: der braunschweigische Gesandtschaftssekretär am Reichskammergericht Carl Wilhelm Jerusalem, der sich aus unglücklicher Liebe zur Gattin eines anderen Gesandtschaftssekretärs erschoss. Beides, die eigene Verliebtheit und die Nachricht vom Tod des unglücklichen Jerusalem, geben den Stoff ab für Goethes Welterfolg.

Im Herbst 1774 schickt Goethe ein Exemplar seines *Werthers* an die Kestners. Der Freund findet sich »übel decouvriert und prostituiert«, und als das allgemeine »Werther-Fieber« ausbricht, dauert es nicht lange, bis die ersten enthusiastischen Leser nach Wetzlar pilgern, um »Goethes Lotte« und das »Lotte-Haus« persönlich in Augenschein zu nehmen.

Es sollte dann noch einmal ein Wiedersehen zwischen Goethe und Lotte geben, vierundvierzig Jahre nach ihrer schicksalhaften Begegnung. Im Herbst 1816 reist Lotte Kestner zu Verwandten nach Weimar, der Wirkungsstätte des inzwischen berühmten Ministers und Schriftstellers. Vieles hat sich seitdem verändert. Die Kestners waren nach Hannover gezogen. Acht Söhne und vier Töchter hatte Lotte zur Welt gebracht, und im Sommer 1800 war Kestner auf einer Dienstreise nach Lüneburg überraschend gestorben.

Goethe lädt die Jugendfreundin in seine Loge ins Theater ein. Es muss eine recht gezwungene Zusammenkunft gewesen sein, viel haben sie sich nach all den Jahren nicht mehr zu sagen. Goethes Seelenfreundin Charlotte von Stein lässt es sich nicht nehmen, dessen Jugendgeliebte zu begutachten: »Sie ist von angenehmer Unterhaltung, aber freilich würde sich kein Werther mehr um sie erschießen.« Doch als Romanfigur ist Charlotte Buff, verheiratete Kestner, unsterblich geworden: durch Goethes *Werther* und später durch Thomas Mann, der sie in *Lotte in Weimar* verewigte.

*Ich bin um Mitternacht, während Ihr*
*schließt, durch den Kamin gekommen ...*

Mark Twain an seine Tochter Susy

*25. Dezember 1875*
*Palast des Weihnachtsmanns, auf dem Mond,*
*Weihnachtsmorgen*

*Meine liebe Susy Clemens,*

*ich habe all die Briefe erhalten und gelesen, die Du und*
*Deine kleine Schwester mir mithilfe Eurer Mutter und Eurer*
*Kindermädchen geschrieben habt, und ich habe auch die*
*gelesen, die Ihr kleinen Leute eigenhändig geschrieben*
*habt – auch wenn Ihr nicht die Buchstaben aus dem Alpha-*
*bet der Erwachsenen verwendet, habt Ihr doch die Buch-*
*staben genutzt, mit denen* alle *Kinder in allen Ländern der*
*Erde und auf den funkelnden Sternen schreiben; und da alle*
*Bürger des Mondes Kinder sind und keine andere Schrift als*
*diese verwenden, wirst Du leicht verstehen, dass ich die*
*krakeligen und phantastischen Zeichen von Dir und Deiner*
*kleinen Schwester ganz ohne Schwierigkeiten lesen kann.*
*Ich hatte aber einige Probleme mit den Briefen, die Ihr Eurer*
*Mutter und Euren Kindermädchen diktiert habt, weil ich ein*
*Ausländer bin und Englisch nicht so gut lesen kann. Du*
*wirst sehen, dass ich bei den Bestellungen in Euren eigenen*

*Briefen keine Fehler gemacht habe. Ich bin um Mitternacht,*
*während Ihr schlieft, durch den Kamin gekommen und habe*
*alles persönlich abgeliefert. Ich habe Euch beide auch ge-*
*küsst, weil Ihr brave Kinder seid, wohlerzogen, mit guten*
*Manieren und die gehorsamsten kleinen Leute, die ich je*
*gesehen habe. Doch in den Briefen, die Ihr diktiert habt,*
*waren einige Worte, die ich nicht richtig verstand, und einige*
*Bestellungen, denen ich nicht nachkommen konnte, weil*
*unsere Vorräte zu knapp waren. Unser letzter Posten*
*Kücheneinrichtung für Puppen ging gerade an ein armes*
*kleines Kind auf dem Nordstern, in das ferne kalte Land*
*über dem Großen Bären. Deine Mama kann Dir den Stern*
*zeigen, und Du wirst sagen: »Kleine Schneeflocke (denn dies*
*ist der Name des Kindes), ich freu mich, dass Du die Küche*
*bekommen hast, denn Du brauchst sie mehr als ich.« Das*
*heißt, Du musst dies eigenhändig schreiben, und Schnee-*
*flocke wird Dir eine Antwort schicken. Wenn Du es nur*
*sprichst, wird sie es nicht hören. Aber Dein Brief muss leicht*
*und dünn sein, denn die Entfernung ist groß und das Porto*
*teuer.*

*Bei ein oder zwei Worten im Brief Deiner Mama war ich*
*mir nicht ganz sicher. Ich habe es als »Koffer voller Puppen-*
*kleider« verstanden. Ist das richtig?*

*Ich werde heute Morgen um neun Uhr an Eurer Küchen-*
*tür sein. Aber ich darf von niemandem gesehen werden und*
*mit niemandem sprechen außer mit Dir. Wenn die Klingel*
*an der Küchentür schellt, soll George sie mit verbundenen*
*Augen öffnen. Dann soll er mit der Köchin zurück ins Ess-*
*zimmer oder in die Speisekammer. Du musst George sagen,*
*dass er auf Zehenspitzen gehen soll und nicht sprechen*
*darf – oder er wird eines Tages sterben. Dann musst Du ins*
*Zimmer des Kindermädchens hinaufgehen und auf einen*

Sessel oder das Bett steigen und ein Ohr an das Sprechrohr halten, das in die Küche hinunterführt, und wenn ich durch das Rohr pfeife, musst Du hineinsprechen und »Willkommen, Weihnachtsmann!« sagen. Dann werde ich fragen, ob Du einen Koffer bestellt hast oder nicht. Wenn Du Ja sagst, werde ich Dich fragen, in welcher Farbe Du den Koffer gern hättest. Deine Mama wird Dir helfen, eine schöne Farbe zu wählen, und dann musst Du mir all die Sachen aufzählen, die im Koffer enthalten sein sollen. Wenn ich dann sage: »Auf Wiedersehen und frohe Weihnachten, meine kleine Susy Clemens«, musst Du antworten: »Auf Wiedersehen, lieber alter Weihnachtsmann, ich danke dir sehr, und bitte sag der kleinen Schneeflocke, dass ich heute Abend zu ihrem Stern hinaufschauen werde, und sie soll zu mir hinunterschauen – ich werde am westlichen Erkerfenster stehen; und in jeder klaren Nacht werde ich zu ihrem Stern aufblicken und sagen: ›Ich kenne dort oben jemanden, den ich lieb habe.‹« Dann musst Du hinunter in die Bibliothek gehen und George bitten, alle Türen, die zum Vorzimmer führen, zu schließen, und alle müssen eine Zeit lang still sein. Ich werde zum Mond reisen, all die Sachen zusammenpacken und nach ein paar Minuten durch den Schornstein, der zum Kamin im Vorzimmer gehört, zurückkommen – falls Du wirklich einen Koffer wolltest, denn der Kamin im Zimmer des Kindermädchens ist für etwas so Großes wie einen Koffer zu eng.

Wenn Ihr wollt, könnt Ihr Euch unterhalten, bis Ihr meine Schritte im Vorzimmer hört. Dann müssen alle still sein, bis ich durch den Kamin wieder hinaufgestiegen bin. Vielleicht wirst Du meine Schritte gar nicht hören; in diesem Fall kannst Du ab und zu einen Blick durch die Esszimmertür werfen, und schon bald wirst Du Deine Bestellung direkt *unter dem Klavier im Salon finden – denn ich werde sie dort hinlegen. Wenn ich ein bisschen Schnee im Vorzimmer zurücklasse, musst Du George bitten, ihn in den Kamin zu fegen, da ich für so etwas keine Zeit habe. George soll aber nicht den Besen nehmen, sondern einen Putzlappen – andernfalls wird er eines Tages sterben. Du musst auf George aufpassen, damit er nicht in Gefahr gerät. Falls meine Stiefel Spuren auf dem Marmor hinterlassen, darf George sie nicht wegschrubben. Lasst sie zum Andenken meines Besuchs da, wo sie sind; und wann immer Du sie anschaust oder jemandem zeigst, sollen sie Dich daran erinnern, ein braves kleines Mädchen zu sein. Aber was wirst Du sagen, wenn Du unartig warst und jemand auf den Stiefelabdruck Deines guten alten Weihnachtsmanns auf dem Marmor zeigt, kleiner Schatz?*

*Auf Wiedersehen, bis in ein paar Minuten. Dann komm ich zur Erde herunter und klingel an der Küchentür.*

*Alles Liebe,*
*Dein Weihnachtsmann, der manchmal auch »der Mann im Mond« genannt wird.*

Seine zukünftige Frau Olivia lernte Mark Twain, der mit bürgerlichem Namen Samuel Langhorne Clemens hieß, zuerst auf einem Porträt kennen – in Gestalt einer Elfenbeinminiatur, die ihr Bruder im Sommer 1867 mit sich führte. Und sofort verliebte sich der Dreißigjährige in das Bild der schlanken, schönen, zehn Jahre jüngeren Frau. Als er Olivia im Winter darauf zum ersten Mal in New York begegnete, begann er sogleich, um sie zu werben. Doch die zeigte sich erst einmal reserviert. »Ich machte drei oder vier Heiratsanträge«, schreibt Mark Twain in seiner Autobiografie, »und bekam ebenso viele Körbe.« Zu unterschiedlich scheinen die Milieus ihrer beiden Familien. Mark Twain stammte aus einfachen Verhältnissen in Missouri. Im Alter von zwölf Jahren hatte er die Schule verlassen müssen, nachdem sein Vater gestorben war. Er hatte als Lotse auf dem Mississippi gearbeitet und als Silbergräber in Nevada und führte das unstete Leben eines Reporters. Olivia wiederum war die Tochter eines reichen Kohlenhändlers und Minenbesitzers im Staat New York – eine gebildete junge Frau mit einem Collegeabschluss. Jervis Langdon stand der Verbindung seiner Tochter mit dem zweifelhaften Journalisten skeptisch gegenüber, und die Referenzen, die er über diesen einholte, fielen wenig vielversprechend aus. Doch schließlich gelang es Mark Twain mit seiner Hartnäckigkeit, Vater und Tochter zu überzeugen. Im Februar 1870 heiratete er Olivia, im November kam das erste Kind auf die Welt. Der Sohn Langdon Clemens sollte nur 24 Monate alt werden. Im März 1872 wurde die Tochter Olivia Susan, genannt Susy, geboren, zwei weitere Töchter folgten.

Als Mark Twain seiner »lieben Susy« am Weihnachtstag des Jahres 1875 »aus dem Palast des Weihnachtsmanns« schreibt, ist diese drei Jahre und neun Monate alt. Die Familie war inzwischen nach Connecticut gezogen. In Hartford bezogen die Clemens ein dreistöckiges Haus mit mehreren Schlafzimmern und Bädern, die große Eingangshalle schmückte ein Marmorfußboden. Zum erweiterten Familienkreis gehören eine Köchin, eine Gouvernante und der Butler George, ein ehemaliger Sklave. Hier führt Mark Twain ein geselliges Leben, empfängt Nachbarn und Freunde, Journalisten und Autoren.

Man vergnügt sich bei Whist und Krocket, und es werden Diskussionen über Politik, Religion und Literatur geführt. Und hier entstehen auch jene beiden großen Romane, in die Mark Twains Kindheitserinnerungen am Mississippi einfließen und die ihn berühmt machen werden: *Die Abenteuer des Tom Sawyer* und *Die Abenteuer des Huckleberry Finn.*

Die Liebe zwischen Mark Twain und seiner Frau Olivia hält ein Leben lang. Sie hilft den Eheleuten auch über schwierige Zeiten hinweg, etwa als sie 1891 in finanzielle Nöte geraten und das Haus in Hartford aufgeben müssen; und auch, als ihre geliebte Tochter Susy im Alter von nur 24 Jahren an Hirnhautentzündung stirbt. Sie sei zeit ihres Lebens ein nachdenkliches Wesen gewesen, erinnert sich Mark Twain später an seine Tochter: Als die Gouvernante der kleinen Susy über die religiösen Vorstellungen der Indianer erzählte, die mehrere Götter anbeten, erklärte diese, sie bete jetzt nicht mehr auf dieselbe Art wie vorher. Und sie begründete dies mit den Worten: »Mama, die Indianer glaubten, dass sie Bescheid wüssten, aber jetzt wissen wir, dass sie sich irrten. Mit der Zeit kann sich herausstellen, dass wir uns irren. Deshalb bete ich jetzt nur noch, dass es einen Gott und Himmel geben möge – oder etwas Besseres.« – »Ich trug damals dieses rührende Gebet in seinem genauen Wortlaut in ein Buch ein, in dem wir die Aussprüche der Kinder sammelten«, schreibt Mark Twain, »und meine Ehrfurcht davor ist mit den Jahren gewachsen. Seine unverbildete Anmut und Schlichtheit ist die eines Kindes, aber seine Weisheit und sein Pathos gehören allen Zeitaltern, die je kamen und gingen, seit die Menschheit lebt, sich sehnt, hofft, fürchtet und zweifelt.«

## Kann eine Bescherung glücklicher vonstatten gehen?

Bettina von Arnim an ihre Schwester
Kunigunde von Savigny

*Wiepersdorf, den 25. Dezember 1846*

*Liebe Gunda!*
*Das kannst Du denken, daß Deine Kiste mit großer Gewissenhaftigkeit uneröffnet blieb bis zum Augenblick der Bescherung. Jede genießbare Delikateß wurde mit lautem Jubel empfangen, wir wollten recht ein festlich Mahl halten und machten die Beding, daß gar nichts solle verspart werden. Wie kams nun, daß wir miteinmal allesamt darauf vergaßen und keiner mehr Appetit darauf hatte, sondern in dem plötzlich alle Grenzen übersteigenden Jubel sich einer um den andern drehte, Prügel austeilte, die ebenso begeistert empfangen als gegeben wurden? Luftsprünge, die nur mit größter Energie auszuführen, gelangen allen drei Mädchen, als hätten sie lernen auf dem Seil tanzen, und Friedmund mischte sich dazwischen mit kühnen Fechterpositionen, indem er seine Oberkleider von sich warf und mit beiden Armen weit ausgriff; sang dazu: »Seid umschlungen, Millionen!« Dazwischen tanzten sie wieder, schrieen, jauchzten, tobten, daß die Wände zitterten, umarmten sich und prügelten wieder drauf los. Ich hab auch eine Menge Prügel erhalten, und endlich freuten sie sich noch mehr, daß jeder seine*

*Prügel fühle. Gisel behauptet, sie müsse braun und blau sein,
die andern ließen sich aber auch ihre Prügel nicht verrin-
gern, kurz jeder war zufrieden mit dem, was er erhalten
habe; jeder war überzeugt, er habe das meiste von dieser allgemeinen Prügelausteilung. Kann eine Bescherung glück-
licher vonstatten gehen? Ja, sie riefen: Nie haben wir ein so
schönes Weihnachtsfest erlebt! Ausgeteilt wurde alles von
Kuchen an das Hofgesinde; denn wir hatten keinen Appetit
mehr, aller Geschmack war uns vergangen, aber Klopfen,
Jauchzen, auf den Tisch pauken nahm kein Ende. Heute am
ersten Feiertag dauert die Krise immer noch fort. […] Und
diese ganze Geschichte kam nur daher, weil ein Schmetterling ausgekrochen war, den wir im Sommer als Puppe in ein
klein Schächtelchen eingesperrt, und den Firnhabers auf den
Neuhof mitgenommen hatten. Schon längere Zeit hatten die
Kinder ihre Freude, mit Sophie Guaita und mit Klodine Firnhaber über die Puppe des Schmetterlings zu korrespondieren
und diese berichteten von Zeit zu Zeit darüber. Nun kommt
am Weihnachtsabend ein Brief von Oncle George [Bettinas
Bruder] aus Frankfurt; der endigt auf dem Neuhof mit der
Nachricht, daß der Schmetterling ausgekrochen, ganz
unverletzt und schön, wie man keinen schönern finde. Gleich
hat Firnhaber aus dem Treibhaus die blühenden Orangen
und Myrten ins Zimmer versetzt, auch von der Schmitt, dem
Landsitz des alten Firnhabers, wurden alle Hyazinthen und
duftenden Blumen hingebracht, damit es dem Schmetterling
nur recht wohl sein solle, und denk Dir den Übermut: sie
ließen den Oncle George per Expressen aus Frankfurt holen,
und der eilt sich auch ganz extra, um den neugebornen
Schmetterling sich wiegen zu sehen auf einer blühenden
Myrte, wie er schreibt, und das brachte die Kinder in ein
wahnsinniges Entzücken. Es ist aber auch eine ganz seltsame*

*und doch auch rührende Erscheinung, diese Lust an dem
Schmetterling. George schreibt, Klodine habe mit ihren
Freudentränen die Myrte begossen und der Schmetterling
sei ganz zahm gewesen, habe sich der Klodine auf die Hand
gesetzt, als wolle er sie küssen, und jeder habe den Schmetterling verfolgt, um ihn einen Augenblick zu haben, und
was er alles vor Tollheiten und Ungereimtheiten noch
schreibt. So was steckt an. Wir sind, wie Du weißt, zum
Exzentrischen geneigt. Die Einsamkeit, die Unzerstreutheit
hier auf dem Lande regt mehr auf und kurz, es war, wie die
Kinder hoch und teuer beschwören, ein himmlischer Weihnachtsabend.*

*Oncle George schreibt nun in seiner tollen Laune aus
Schillers »Freude, schöner Götterfunken« folgende Strophen
ans Ende seines Briefs:*

> *»Wem der große Wurf gelungen,*
> *Wer ein holdes Weib errungen,*
> *Stimm in unseren Jubel ein!«*

*Er meint damit den Schmetterling als Bräutigam der Myrte.
Denk Dir den tollen George! und reist in dieser Winterkälte
wegen dieser närrischen Spielerei auf den Neuhof! Es ist
doch immer noch eine wunderliche poetische Laune in den
Brentanos. Das kommt von dem Viscontischen Blut, die
waren rasend exzentrisch. Da hab ich hier ein Buch in der
Bibliothek gefunden, da finde ich die merkwürdigsten, aber
auch poetischsten Züge drin, ganz frei von Philistertum,
recht verwandt mit meiner innigsten Laune. – Und alles das
hat so einen Frühlingshauch und die Kinder haben gleichsam die Hülse geborsten und sind wie toll und dämelig
herausgeblüht in lauter Übermutsglückseligkeit, nein, es ist
zu närrisch! Und dort sind sie noch närrischer, da geht die*

*Tollheit im kecksten Fortschritt. Heut schreibt ja der Firnhaber so:*

*»Alle Neune hat er geworfen!«*

*Er meint abermals den Schmetterling, der die Myrte errungen habe, und macht noch eine ganz trunkene Beschreibung von Anmut und Schönheit und Glückseligkeit, ja und ist ganz toll närrisch.*

*Und nun kommt noch hinterdrein ein Brief von Freimund, der auch angesteckt zu sein scheint von dieser psychologischen Exzentrizität; denn er behauptet steif und fest, er selber sei der Schmetterling und die Myrte aber sei die Anna Baumbach, die Tochter des Generals Baumbach, der im vorigen Sommer durch Berlin reiste auf die Brautwerbung des Kronprinzen von Württemberg. Und Freimund schreibt, er wolle ewig diese Myrte umschwärmen und seinen Honig aus ihr saugen. Denk doch die Tollheit von dem tollen Freimund! Gar keine langweiligen Schwermutsgedanken mehr, lauter Hoffnung, lauter Liebeslust! Kann man so toll sein? Und ich nun gar bin auch angesteckt. Was liegt aber dran? Sind sie alle toll, so kann ichs auch sein. Wir haben nun einmal unser höchstes Hochgefühl in diesem Zustand uns zu empfinden, und ich kann Dir sagen, daß es gar nicht schöner sein kann als in dieser magnetisch sich mitteilenden Wonnetrunkenheit. Und ich bitte Dich, sage es doch auch dem Oncle Pitt [Karl Otto Ludwig von Arnim] damit es ihn nicht zu sehr überrascht, wenn er von andern Leuten hört, seine Angehörigen seien alle toll geworden vor Freuden, daß Freimund der Schmetterling zu sein sich wirklich überzeugt fühle, der von jener blühenden Myrte, die sich für die Anna Baumbach hält, von nun an sein ganzes Leben nicht mehr lassen will.*

*Gute Gunda! Wer kann für solche wunderbare Seelen-
ereignisse? Sie haben lange schon im Keim dazu vorbereitet
gelegen. Ein einziger Tautropfen recht in die Mitte des
Herzens und plötzlich bricht die Knospe auf und macht alle
glückseligkeitstoll mit ihrem reinen edlen Duft, den sie im
Schoß der Familie ausbreitet; denn auch der Siegmund
»stimmt in unsern Jubel ein«. Allen Geschwistern ists recht
und lieb. Wie fühle ich mich belohnt, daß ich manchem
widerstanden habe. Ich habe Freimunds Glück dafür ein-
getauscht. Wir haben uns lange nicht geschrieben.*
*Deine in der Empfindung ihres Glückes*
*Dich doppelt liebende Schwester*
*Bettine.*
*Am Weihnachtsfest 1846*
*Ich grüße Euch alle herzlich.*

Ein selten ausgelassenes Weihnachtsfest, das hier beschrieben
wird – mit Jauchzen und Klopfen, Luftsprüngen und Prügeln,
die »Tollheit im kecksten Fortschritt«, »Übermutsglückseligkeit« und »höchstes Hochgefühl«. Gefeiert wird auf dem
Arnim'schen Gut Wiepersdorf, Bettina (oder Bettine) im
Kreis ihrer Kinder, den drei Mädchen Armgard, Maximiliane
und Gisela sowie ihrem ältesten Sohn Friedmund; ihre
anderen beiden Söhne, Freimund und Siegmund, grüßen aus
der Ferne. Anlass der ausgelassenen Stimmung ist weniger die
Geburt Christi als die Nachricht von der Geburt eines Schmetterlings. Im Sommer zuvor hatte Bettina ihre Nichte Klodine
(die Tochter ihres Bruders Georg) und deren Mann Georg

Firnhaber auf dem Gut Neuhof bei Gießen besucht und ihnen eine Schachtel mit einem Kokon geschenkt. Nun, pünktlich zum Fest, ist der Schmetterling aus seinem Kokon gekrochen: »Freude schöner Götterfunken«.

Man mag es kaum glauben, dass die Verfasserin dieses Briefes, die sich hier im Kreis ihrer Lieben austobt, kein junges Mädchen mehr ist, sondern eine reife Frau, die einundsechzig Jahre zählt. Und auch der Sohn Friedmund, der hier in Fechterpose »seine Oberkleider von sich« wirft, ist längst ein erwachsener Mann, dreiunddreißig Jahre alt. Aber sie schreibt es ja selbst: Das Exzentrische, die »wunderliche poetische Laune«, die sich Bettina von Arnim bis ins Alter bewahrt hat, »das kommt von dem Viscontischen Blut« – die Vorfahren väterlicherseits, die Brentanos, entstammen einer lombardischen Adelsfamilie, die es Ende des 17. Jahrhunderts nach Frankfurt am Main verschlagen hatte. Dass sie nach dem frühen Tod ihrer Mutter als Kind vier Jahre in einem Kloster zubrachte, tat Bettinas Ungestüm keinen Abbruch. Im Jahr 1811, mit sechsundzwanzig Jahren, heiratete sie den Dichter und Landedelmann Achim von Arnim. Sie brachte sieben Kinder auf die Welt und kümmerte sich um die Bewirtschaftung von Gut Wiepersdorf, achtzig Kilometer südlich von Berlin.

Bettinas zweites, ihr eigentliches Leben beginnt nach dem Tod ihres Mannes im Jahr 1831. Sie siedelt nach Berlin über und wird zur streitbaren Publizistin und Schriftstellerin. Ihre Wohnung fungiert als Versammlungsort für Demokraten und unabhängige Geister, sie empört sich öffentlich über die Armut der Arbeiter und scheut sich auch nicht, dem preußischen König die Leviten zu lesen: *Dies Buch gehört dem König* heißt eine ihrer Streitschriften. Ihre Kindlichkeit und Direktheit hat sie sich bis ins Alter bewahrt, und damit hat sie es ihren Mitmenschen bisweilen nicht leicht gemacht, auch nicht denen in ihrer engsten Umgebung. So entgegnete sie ihrem Schwager Karl von Savigny, dem Ehemann ihrer Schwester Gunda und preußischen Justizminister, einmal in einer Gesellschaft auf die Frage, ob es denn wirklich nötig sei, ihrem Buch an den König einen weiteren Band folgen zu lassen: »Ich muß doch dem König vollkommen klar machen, daß er Esel zu Ministern hat, das kann ich nicht in aller Kürze.«

»Häufen Sie Widersprüche auf Widersprüche, bergehoch, überschütten Sie alles mit Blumen, lassen Sie Funken und Blitze herausleuchten, und nennen Sie's Bettina«, so lautet die Einschätzung ihres Weggefährten, des Publizisten Karl August Varnhagen von Ense. Sie selbst formulierte es so: »Wär ich schon so, wie es in mir werden will, dann ritt ich stehend auf zwei Gäulen und spränge dazu durch den Reif.« Sie starb im Januar 1859, im Alter von dreiundsiebzig Jahren, nachdem sie ein letztes Weihnachtsfest mit ihren Kindern verbracht hatte.

An jenem Weihnachtsabend des Jahres 1846 freilich gab es in Wiepersdorf nur lauter Freude und Lust. Die Geburt des Schmetterlings erwies sich als gutes Omen: Im Mai 1847 heiratete Bettinas ältester Sohn Freimund, der sich kurzerhand selbst zum Schmetterling erklärte, seine »blühende Myrte«, die im Brief erwähnte Anna von Baumbach: ein »Glückslos«, davon war die ganze Familie überzeugt. Die Nachricht von der Verlobung der beiden brachte der Bote, »ein Postbübchen mit rotverfrorener Nase«, just an Heiligabend, als Bettina und die Kinder um den mit Lichtern und goldenen Äpfeln geschmückten Christbaum standen.

## Meine Bude liegt voll von Weihnachtspost, und fast alles ist zum Speien

Hermann Hesse an Heinrich Wiegand

Zürich, 25. Dezember 1927

*Caro amico*
*Meine Bude liegt voll von Weihnachtspost, und fast alles ist*
*zum Speien, Tannenzweige und süße Glückwünsche von*
*alten Jungfern, sentimentale Postkarten von »Knulp«-*
*Lesern, nach Baumkuchen und Wachs riechende Briefe mit*
*eingeklebten Photos von kinderreichen pommerschen Fami-*
*lien – na, dies und jenes Liebe ist zum Glück doch dabei,*
*dazu gehört sehr auch Ihr Weihnachtsbrief. […]*

*Aus Dresden schreibt man mir, dort sei im Dezember im*
*»Volkswohl« mein Gedicht »Weihnacht des Alten« erschie-*
*nen. Offenbar ist es ein unberechtigter Nachdruck, und falls*
*Sie das Blatt kennen, geben Sie ihm vielleicht einen Wink, in*
*meinem Auftrag, es möchte mir 10 Mark Abdruckshonorar*
*schicken.*

*Gestern abend habe ich mit Ninon bei den Siamesen*
*Bescherung gehabt, wir wurden schwer beschenkt, ich bekam*
*eine Füllfeder und eine ganze Winterausrüstung mit*
*Sweater, Handschuhen, Ski-Socken etc., denn da für meine*
*Gesundheit etwas geschehen muß, gehn wir nach Neujahr*
*nach Arosa, »Hotel Alpensonne«, zu einem Versuch. Hof-*

*fentlich kann ich's vertragen – ich war seit mehr als zehn Jahren nie mehr im Hochgebirge. Heut hab ich einen Kater, da ich zwei Schlafpulver brauchte, aber die Sonne scheint, wir können mittags ein wenig am See bummeln.*

*Danke für Ihre lieben Worte über die »Nürnb. Reise«, Ihr Mitgehen und Urteil tut mir immer wohl.*

*Meine Krankengedichte haben Sie hoffentlich erhalten. Die Steppenwolfgedichte erscheinen im Frühling, nur in kleiner Auflage auf Subskription; ich werde Ihnen ein Exemplar reservieren. Wahrscheinlich gebe ich in etwa einem Jahr überhaupt einmal wieder Gedichte heraus, einen richtigen Band, den Überblick über meine Lyrik seit etwa 1915, denn seither ist ja kein Gedichtband mehr erschienen.*

*Von Ninon bekam ich zur Weihnacht eine kleine Maschine, die den frohen Namen Allegro trägt, und unter Glas einen exotischen grünen Schmetterling. Und in den nächsten Tagen werden wir packen und dann nach Arosa fahren. Falls ich die Luft dort ertragen kann und ein wenig zu Kräften komme, wird Ski gelaufen.*

*Ninon läßt grüßen. Schoeck ist bei seinem 86jährigen Vater, in Brunnen, kommt aber zu Neujahr wieder. Addio, viel herzliche Grüße Ihnen beiden von Ihrem H. Hesse*

Seit 1924 standen Hermann Hesse und der Leipziger Musik- und Literaturkritiker Heinrich Wiegand im Briefkontakt. Ziemlich bald drehte sich die Korrespondenz zwischen Autor und Kritiker nicht mehr nur um literarische, sondern auch um ganz private Themen. Seit 1919 bewohnte Hesse vier möblierte Zimmer in der Casa Camuzzi in Montagnola, einem malerisch gelegenen Schlösschen im Schweizer Kanton Tessin. Hier entstanden so berühmte Werke wie *Siddhartha* (1922) und *Narziß und Goldmund* (1930) und mittendrin, im Jahr 1927, der *Steppenwolf* und die *Nürnberger Reise.* Im Juli desselben Jahres war der Dichter fünfzig geworden und hatte damit das Alter erreicht, in dem er es als sein gutes »Recht« ansah, freiwillig aus dem Leben zu scheiden – »den Notausgang zu benützen«, wie er es seinen Romanhelden Harry Haller im *Steppenwolf* sagen lässt. Hesses Romane wurden damals schon in mehr als zwei Dutzend Ländern gelesen, aber in aller Welt bekannt zu sein hieß nicht, sich dort auch zu Hause zu fühlen. Hesse selbst sah sich als »Einsiedler«, als »Sonderling«, als einer, der wie Harry Haller auf »zwei Beinen ging, Kleider trug und ein Mensch war, aber eigentlich doch eben ein Steppenwolf«. Er stand »gänzlich außerhalb der bürgerlichen Welt, da er weder Familienleben noch sozialen Ehrgeiz kannte«. Depressionen, Suizidgedanken, Kopfschmerzen und Schlaflosigkeit quälten ihn. Immer wieder unterzog er sich der Psychoanalyse und suchte Erholung in Kuraufenthalten. Wie sollte sich so ein »Wolf« über bunte Weihnachtsbriefe freuen können?

In allen Briefen, Gedichten und Erzählungen, die Hesse zum Thema Weihnachten schrieb, wird ein Grundmuster erkennbar: Der erwachsene Mann blickt ernüchtert auf den unwiederbringlich verlorenen Zauber kindlicher Weihnachtsfreuden zurück. »Als ich ein Knabe war in Weihnachtszeiten«, heißt es in der *Weihnacht des Alten,* »Wie war ich selig da und unersättlich, / Im Duft der Kerzen mit dem neuen Spielzeug / Zu spielen unterm Tannenbaum.« Wenn der Vater in Hesses Geburtshaus im württembergischen Calw unter ebendiesem Tannenbaum stand und die Weihnachtsgeschichte vorlas, war dies der Höhepunkt des Familienfestes. In der Erzählung *Unter dem Christbaum* von 1936 schreibt Hesse darüber: »Dies war das Herz und der Kern unseres Christfestes: das Stehen um den Baum, die bewegte Stimme des Vaters, der Blick in die Ecke des Zimmers, wo auf halbrundem Tisch zwischen Felsen und Moos die Stadt Bethlehem aufgebaut war, die letzte freudige Spannung auf die Bescherung, die Geschenke.« Schon mit dreizehn war Hesse nach eigener Aussage diesen unbeschwerten Weihnachtsfreuden entwachsen. Der »Alte« betrachtet die »leergewordene Welt« und weiß »keine neuen Spiele mehr«. Er meidet die »verfluchte Weihnachtsstimmung«, die »Christbäume und Stille Nacht-Grammophone der Wirtshäuser«, wo immer es geht. Für den erwachsenen Hesse war das Weihnachtsfest reine »Sentimentalität« oder, schlimmer noch, ein »Reklameobjekt, Basis für Schwindelunternehmungen, beliebtester Boden für Kitschfabrikationen«.

Solange er die Festtage im Familienkreis verbringt, werden zumindest weihnachtliche Traditionen gepflegt, aber ein Familienleben hatte Hesse im Dezember 1927 nicht. Seit Jahren lebte er von seiner Frau und den drei Söhnen aus erster Ehe getrennt, ein zweiter Eheversuch war nach wenigen Monaten gescheitert, die Scheidung war im Frühjahr vollzogen worden. Die Feiertage verbringt er bei Freunden in Zürich, dem Ehepaar Alice und Fritz Leuthold, die er ihrer Beschäftigung mit der asiatischen Kultur wegen die »Siamesen« nennt. An seiner Seite ist seit wenigen Wochen die Wiener Kunsthistorikerin Ninon Dolbin, die er 1922 kennengelernt hatte. Sie war zu ihm in die Casa Camuzzi gezogen und wurde später seine dritte Ehefrau. Ninon blieb bis zu Hesses Tod an seiner Seite. Doch weder diese dauerhafte Verbindung noch das Alter stimmten den Dichter dem Weihnachtsfest gegenüber milder.

Mit dreiundsiebzig schreibt er an die »Siamesen«: »Wenn man an einem einzigen Beispiel zeigen wollte, wie unser entartetes Leben im technischen Zeitalter auch das Liebenswerte und Heilige verdirbt, dann würde das Beispiel der Weihnacht genügen.«

Im schönen Gegensatz zu seiner Abneigung gegenüber allen weihnachtlichen Freuden wurde er alljährlich von Freunden und Lesern mit Weihnachtsgrüßen bedacht. Die Post wächst zu einer wahren Flut an, nachdem ihm im Jahr 1946 der Nobelpreis für Literatur verliehen wurde. Wochenlang kämpft er in der Zeit des Jahreswechsels damit, nicht ohne sie zu verfluchen – und doch fast jeden Brief eigenhändig zu beantworten.

*Ich dachte an Kaulbachküche mit
Gänschen voriges Jahr ach du Huze Puz*

Franziska Gräfin zu Reventlow an Bohdan von
Suchocki

Gastourion, 25. Dezember 1906

*Mein Herz, mein Haz*
*Ach wie schau ich nach einem Briefchen aus, hoffentlich*
*morgen. Aus der Post werde der Teufel klug bis jetzt kam*
*2mal die Woche, nun höre ich es ist Streik der italienischen*
*Dampfer und kämen keine mehr her nur die Lloyd, – so sind*
*am Ende auch meine verspätet gekommen. Geliebstes und*
*hast du Bücher abgeschickt??*
   *Nun ist das gefürchtete Weihnachten vorüber und war*
*recht wehmütig aber auch ganz schön. Das Bübchen war so*
*wahnsinnig lieb, ach Gott ach Gott, das Tierchen, das süsse. –*
   *Wir fuhren gestern früh in die Stadt, unsre gewohnte*
*Carotsa war schon besetzt, wir sassen in einem kleinen*
*»Kafenion« am Wege (eine kleine offne Bude die sich*
London beer House *nennt, weil es da eine scheussliche*
*Limonade giebt, Zinzerbeer genannt/Gingerbeer) O Hellas!*
*während etliche Kerle, die wir am Weg auftrieben mit*
*furchtbarem Geschrei die Strasse entlang liefen um einen*
*andren Wagen aufzutreiben. Schliesslich kam dann ein*
*sehr zerfetztes Gespann daher, das dafür sehr billig war, u.*
*uns auch zurück fuhr. Es war so schönes Wetter, aber man*

konnte sich nicht recht vorstellen, dass wirklich Weihnachten wäre. In der Stadt grosser Festtag, St. Spiridion, dessen
Knochen mit grossem Geschrei spazieren getragen wurden
u. vielen Kerzen, dreckigen Priestern, kostümierten Land-
leuten u. dazwischen Wagen mit 10 geschlachteten u. auf-
geblasenen Schweinen, deren Bäuche hin u. herwackelten.
Wir haben schrecklich lachen müssen. Na und die Besorge-
rei, alle Läden voll Leute und das Gekauderwelsch, bis man
sich versteht. Und für Bübchen etwas finden, Spielsachen, du
lieber Gott. Wie ich von früher her weiss soll das Hauptspiel
griechischer Kinder darin bestehen Mäuse oder Vögel
Schwänze Flügel etc abzuschneiden u. sie dann an Fäden
tanzen zu lassen. Deshalb brauchen sie wahrscheinlich keine
andren Sachen. Mit Müh u. Not ein paar Bilderbücher auf-
getrieben, natürlich deutsche, andre giebts nicht u. ein paar
Kleinigkeiten u. den Mann furchtbar geärgert, indem ich
einen grossen Haufen zusammengelegt u. mit Hohngeläch-
ter über die Preise das meiste wieder zurück gelassen hab
dann wurde er allmälich etwas billiger. Bübchen raste
währenddem alleine von Laden zu Laden u. kaufte für mich
Geschenke, die ich mir vorher gewünscht hab, einen wundervollen grossen Schwamm, wie ich in Samos einen hatte, so
gross dass man ihn um die Schultern legen kann und ein
paar Zarruchias. Das gute, von seinem Geldchen das Fädchen ihm zum Abschied geschenkt hatte. Dann hat der Bier-
mann nur noch etwas Baumschmuck u. Kerzen geschenkt u.
wir seinem Bamsen [Kind] ein Büchlein, ich mir eine men-
schenwürdige Lampe, Marke »Wunderlampe«, was Bubi
sehr begeistert, und ein paar Malrahmen, na du würdest
lachen Huzzi. Vor 10 Tagen hatte ich Lust welche zu machen,
bestellt u. seitdem drauf gewartet. Jetzt hiess es, machen
könnten sie keine u. brachten ein paar fabelhafte Tiere an,

*die man aber zur Not brauchen kann. – Dann gings heim,*
*auf halbem Weg [hat] der »Kutscher« seine Schnur von der*
*Peitsche verloren u. [ist] zurückgerannt, sie holen. 10 Minu-*
*ten weiter beide Pferde gestürzt u. das ganze Geschirr kaput,*
*Wagen auch beinah umgefallen. Kutscher fröhlich gelacht*
*»den birusi« (Schadet nichts). Die Gäule aufgesammelt,*
*alles mit Spagat etwas zusammengeknüpft, dann weiter. –*
*Dann haben wir unser Cypressenbäumchen gehauen,*
*gesägt, gebort u mit unendlicher Mühe Lichter festgemacht,*
*mit Stecknadeln. – Dann war grosses Bübchenvergnügen, er*
*fand es wäre doch ein wunderschönes Weihnachten. Abends*
*gab's ein Schweinebrätchen. Ich dachte an Kaulbachküche*
*mit Gänschen voriges Jahr ach du Huze Puz. Wirklich zum*
*Glück hab ich solches Kopfweh gehabt, dass es nur mit Müh*
*ging. Du hast mir deine Migräne angehext, schon zum 2ten*
*mal, früher hatte ich nur gewöhnliches Kopfweh. Um*
*½9 gings nimmer u. hab mich ins Bett gelegt unfähig noch*
*zu bewegen u. Bübchen hat mir vorgelesen u. dann allmäh-*
*lich zu mir gekrochen. [...]*

*Nun sitzen wir bei unsrer Lampe, Bubi schneidet Bildchen*
*aus u. ist etwas müde von gestern. Mein Köpfchen tobt noch*
*etwas, aber gegen gestern ists ein Vergnügen. – Gäbs doch*
*morgen ein Briefchen – ach Hazzi, ach Huzzi, diese Tage bin*
*ich bald geplatzt vor Heimweh. Morgen fang ich nun an*
*früh aufzustehen u. »systematisch« zu arbeiten. Gezeichnet*
*hab ich ziemlich viel u. mit Bubi gelernt. Huzzi, die Mause*
*ist von einer Artigkeit, dass du's nicht glauben würdest und*
*so lieb, dass man ihn aufhapsen möchte, das Göttertier.*
*Immer schnattern wir vom Huzzi, was er wohl macht u. wie*
*freundlich es wäre, wenn es mit im Bettchen läge u. Ripp-*
*chen zählen und Huzzitisch u. alle freundlichen Spiele mit*
*uns spielte. [...]*

*Mein liebstes mein Huz, ich will noch an Fädchen schreiben u. dann mit Bübchen spielen zum Weihnachtsvergnügen. Es fragt schon immer wann ich fertig bin. Lebwohl du geliebstes, du musst mir auch von deinem Weihnachtchen schreiben, wo bist du wohl gewesen. Weisst du noch heute vor 4 Jahren, wie der Huzzi noch der »Pole« war u. morgens kam und mir Käffchen machte. Huzzei u. am Neujahr fangst du an ein artiges fleissiges Huzzi zu sein, glaub mir die Zeit geht so viel schneller, wenn man etwas bestimmtes alle Tage vor hat. Lebwohl mein Süsses, geliebtes, das nächste mal ganz bestimmt die Löckchen, immer vergess ich früh sie abschneiden, aber du kriegst sie.*

*Küsse dich viele 1000 male und das Bübchen auch seinen Huzzi, es hat ihn so lieb und ich auch*
*Dein Hüzchen.*
*das Herzchen war am Weihnachtsbaum*

Man mag sich die Tochter einer norddeutschen Reichsgrafenfamilie im ausgehenden 19. Jahrhundert als etwas langweilige und sittsame junge Dame im hochgeschlossenen Kleid vorstellen – die 1871 in Husum geborene Franziska Gräfin zu Reventlow, genannt Fanny, war das ganze Gegenteil. Sie gehörte zu den »schillerndsten Figuren des Fin de Siècle«. »Ihre Bewunderer nannten sie heidnische Madonna, Hetäre, Femme Fatale, Skandalgräfin«, heißt es in einer Biografie. Durch die Konventionen, die im deutschen Kaiserreich wie im Familienkreis als verbindlich galten, fühlte sie ihre »Flügel beschnitten«. Undenkbar, in der klassischen Frauenrolle eingezwängt, nichts als »Wohnstubendekoration oder ein brauchbares Haustier« zu sein. »Ich will ins Leben hinaus und für diese Ideen leben und wirken«, schrieb die Neunzehnjährige. Als junges Mädchen plante sie, sich Zirkusakrobaten anzuschließen, später setzte sie einen Besuch des Lehrerinnenseminars in Lübeck durch, um wenigstens einen Beruf zu lernen. Ihr eigentliches Ziel aber war, Malerin zu werden. Im August 1893 übersiedelte sie deshalb nach München. Der Versuch, durch eine Eheschließung die dafür notwendige materielle Basis zu schaffen, gelang nicht, die Ehe mit dem Berliner Bankierssohn Walter Lübke wurde nach nur zwei Jahren wieder geschieden. Fanny zu Reventlow musste fortan allein für ihren Lebensunterhalt und den ihres Sohnes Rolf sorgen, der 1897, im Jahr ihrer Scheidung, unehelich geboren wurde. Obendrein hatte sie als »untreue Ehefrau« die Scheidungskosten zu tragen. Die finanzielle Misere war groß, die Familie wandte sich ab, und die Gesellschaft schaute mit Verachtung auf eine geschiedene Frau mit einem unehelichen Kind. Mühsam schlug sich Fanny zu Reventlow mit Übersetzungen durchs Leben, hin und wieder veröffentlichte sie Texte in Zeitungen und Zeitschriften, darunter dem berühmten *Simplicissimus*. Nebenher versuchte sie sich als Schauspielerin, Versicherungsagentin, Sekretärin und Glasmalerin. Freizügig und modern auch im Hinblick auf den eigenen Körper und die Erotik, scheute sie selbst vor Prostitution nicht zurück. »Er möchte mir eher übel nehmen, wenn ich ihn und mich verhungern liesse, u. wenn ich mich mit Uebersetzen totschinde«, notierte sie in Bezug auf ihren Sohn Rolf in ihrem Tagebuch.

Die Erfahrungen dieser Jahre verarbeitete sie literarisch in ihrem Romanerstling *Ellen Olestjerne*, der 1903 erschien. Den Einband illustrierte Bohdan von Suchocki. Nach einer ersten

Begegnung hatte sie einem Freund geschrieben, sie könne mit »diesem Menschen auf die Länge absolut nichts anfangen«. Es sollte dann aber doch anders kommen: Zwischen dem polnischen Glasmaler, Puppenspieler und Kunsthandwerker Bohdan von Suchocki und Fanny zu Reventlow entspann sich ein Liebesverhältnis. Im Herbst 1903 bezogen die beiden gemeinsam mit Franz Hessel eine Wohnung in der Münchner Kaulbachstraße 63. Zur Wohngemeinschaft gehörte natürlich auch Rolf, der heiß geliebte Sohn, von seiner Mutter oft »Göttertier« genannt oder »Maus« – die Mutter war dementsprechend das »Gemäuse«. Hessel finanzierte das Ganze, und Suchocki, der ebenso leidenschaftlich gern tanzte wie kochte, übernahm die »Kaulbachküche«. Die russische Malerin Marianne von Werefkin, die einmal in der kleinen Kommune zu Gast war, berichtet von einer »jammervollen Umgebung«, in der sie Suchocki, »der die Hosen eines anderen trägt, weil er keine eigenen mehr hat«, mit einem Handkuss begrüßt. »Und der Pole, der keine eigenen Hosen hat, aber die Manieren eines Prinzen, bereitet ihr [Fanny] die Suppe und bringt sie ihr ans Bett. Diese beiden Kinder, so einfältig und arm wie Lot und doch so reich an Hirngespinsten, unglücklich, ohne es zu spüren, deklassiert, ohne darunter zu leiden, scheinen mir aus dem Traum zu kommen. Und mein Herz öffnet sich ihnen und liebt sie.«

In dem erstmals 2004 veröffentlichten Briefwechsel zwischen Fanny zu Reventlow und Bohdan von Suchocki wird all dies sichtbar: die Fürsorge füreinander, die »Hirngespinste« und Hoffnungen, die finanziellen Sorgen und die große Liebe, für die sie ihre eigene »Kindersprache« erfinden. »Ich dricke mich sehr plump aus, da ich Gott sei Dank den ›Nitsche‹ nicht gelesen habe!«, schreibt Suchocki im Hinblick auf die intellektuellen Kreise, in denen Fanny zu Reventlow verkehrte und in denen die Nietzsche-Lektüre geradezu ein Muss war. Da er oft Mühe mit der deutschen Sprache und mit Reventlows Schrift hatte, las er die Anrede »mein Herz« anfangs als »mein Huz«, was fortan zur bevorzugten Anrede unter den Liebenden wurde und hinreichend Anlass zu weiteren Neuschöpfungen bot. »Hazzi«, »Huzzi«, »Huze Puz«, »Häzzchen« oder »Hazzitier« nannten sie einander und übertrugen die Verniedlichungen auf alle nur erdenklichen Wörter.

Finanziell unterstützt von »Fädchen«, ihrer Münchner Freundin Philippine Landshoff, bricht Fanny zu Reventlow im Herbst 1906 zusammen mit Rolf zu einer Reise ans Mittelmeer auf. Es soll eine Studienreise werden, von der sich die Malerin neues Material und frische Inspiration verspricht. Herzzerreißende Sehnsuchtsbriefe begleiten die vorübergehende Trennung. »Ich komme sehr späth nach Hause, dann gehe ich mit Licht herum und rufe, Huzz, Huzz! und da ist mir sehr traurig«, schreibt Suchocki aus München. Und von Korfu aus antwortet Fanny: »Herr Gott! Hazzi, wie man ohne Dich nur ›Halb‹ ist.« Schon Anfang Dezember wirft das bevorstehende Weihnachtsfest seine Schatten voraus, weil es sicherlich »grässlich melancholisch« werden wird. Sie hoffe nur, an Weihnachten »ein freundliches Geschnatter« von ihrem Hazzi zu erhalten, und werde sich »einsam besaufen«, schreibt sie ihm, und dass sie beinahe geheult habe, als sie vom Schnee in München hörte. Aber gleich nachdem das Fest vorbei ist, heißt es wieder übermütig: »Huzzei, mein süsses, mein einziges, mein allergeliebtestes, ich nehm dich und bussi dich und klopf dich und patsch dich und hab dich lieb.«

*Auf dem Baum, den Du in meinem Herzen aufgestellt hast, brennen so viele Kerzen und Engel*

Katherine Mansfield an John Middleton Murry

*[Hôtel Beau Rivage, Bandol] Es ist Weihnachten [25. Dezember 1915] Morgen.*

*Mein Kleiner König,*
*Der Regen strömt herab & das Meer brüllt die Psalmen heraus – Sogar im Hafen schaukeln die Boote – aber ich bin so glücklich, und auf dem Baum, den Du in meinem Herzen aufgestellt hast, brennen so viele Kerzen und Engel, dass ich Dir kaum schreiben kann. Ich möchte Dir in die Arme fliegen und dass wir uns nahe bleiben – nahe und einander küssen, weil wir uns lieben. Auf dem Feuer liegt ein großer Tannenzapfen. Ich habe ihn draufgelegt, kurz bevor ich den Brief angefangen habe – als eine Art Festlichkeit. Und erinnerst Du Dich an die Nadel mit dem schwarzen Kopf, die Du in meinen Vorhang gesteckt hast, damit er »hängt«. Sie ist immer noch da – sie muss Dir sehr ähnlich sehen. Heute Vormittag schreibe ich einen fürchterlich langen Brief, denn wenn ich das nicht tue, kann ich nicht verhindern, dass mein Herz wie ein Weihnachtsknallbonbon zerplatzt.*
*Mein Lieber – mein Geliebter, herrlicher wunderbarer und trefflicher kleiner Bogey. Auch wenn ich das Alter jener ersten und ursprünglichen Pa-Männer in der Bibel erreichen*

*sollte, so würde ich Dich doch nie genug lieben können. Ich kann ganz gut verstehen, dass Gott die Ewigkeit gemacht hat – Halte mich, Bogey – halte mich auf. Oh, Liebster, halte mich ganz fest. Mein Körper zittert heute vor Liebe zu Dir – ich kann Dich in jedem winzigsten Teil von mir spüren.*

*Bevor ich weiterschreibe, muss ich Dir etwas sagen. Ich hoffe, Du küsst bei Lady Ottoline niemanden. Nach allem, was ich gesagt habe, klingt das wirklich absurd! Aber es hat mich sogar gestört, dass Du Anne »ernsthaft« geküsst hast. Es hat mich gestört, dass Du sie richtig geküsst hast. Aus folgendem Grund. Selbst wenn ich es wollte – könnte ich es nicht. Das ist keine Frage des Willens oder der Vernunft, vielmehr muss ich Dir körperlich treu sein, weil mein Körper keinen anderen zulassen würde – sogar um richtig zu küssen, weißt Du? Deshalb habe ich so steif darüber geschrieben, dass Du da über Weihnachten hingehst. Ist das Eifersucht? Wahrscheinlich. Aber Du gehörst mir – Du gehörst mir, und wenn wir einander so lange nicht geliebt haben, dann könnte ich es nicht ertragen, dass jemand anderes auch nur die Schwelle Deiner Lippen berührt. Aber erzähle mir alles, was bei Ottoline geschehen ist und ob Du jemanden geküsst hast – (ich lache ein wenig, mein Herz, während ich das schreibe, weil es ein wenig absurd ist). Berichte mir, und ich ertrage und verstehe es und nehme es mir nicht zu Herzen. Nur, sage es mir immer. Jetzt wirst Du sagen, »meine Güte, meine Fee verwandelt sich in einen Drachen«. Das stimmt nicht.*

*Heute sind zwei Briefe von Dir gekommen. Im einen hattest Du Lawrence getroffen (aber das habe ich wegerklärt – nicht wahr?), und im andern hattest Du, Gott sei Dank, endlich mein Telegramm bekommen. Ach, liebes Herz, unsere stürmische Zeit ist um. Und dann kam gerade, als ich mir*

*100mal die Haare gebürstet hatte, Dein Telegramm. Ein reizenderes Geschenk hättest Du mir nicht machen können – ich lese es immer wieder, und es sieht so schrecklich komisch und süß aus, weil es so falsch geschrieben ist – von dem Mann hier und darübergekrakelt.*

*Zärtlichste* Lewe *(ich lese das als* Liebste*) wundervolle* BRAFE *erhalten vollkoRner glücklich und Dein Name ist* MErcy!!

*So ist er sogar noch schöner. Mir ist, als habe das Schicksal das mit Absicht getan, um zu zeigen, dass es uns wirklich liebt und wir wirklich seine komischen kleinen Kinder sind ...*

*Obwohl es feucht ist und regnet, habe ich nicht die geringste Spur von Rheuma. Dieses Heilmittel ist wunderbar.*

*Als ich gestern hinausging, um Deinen Brief zum Palais D'Azur zu bringen, wurde mir klar, warum die Boote hereingekommen waren – es gab nämlich eine Prozession dunkler junger Seeleute, barfuß, die hellblauen Hosen bis zu den Schenkeln aufgerollt in weiten vollen Blusen &* die [Haare] en pudding *gestutzt, auf den Schultern trugen sie kleine rote Fässchen & die füllten sie am Brunnen. Ein großer Disput erhob sich, weil es Mittag war & auch die Frauen zum Wasserholen gekommen – & die Seeleute wollten die Fässchen nicht wegnehmen und lachten nur – Sie hatten ein winziges Boot, das an der Kaitreppe schaukelte – An Deck hingen drei Seeleute über eine Reling und rupften drei Enten. Die Federn trieben auf dem Wasser. Das Schiff heißt* Felicina *und kommt aus Verragia. Das andere Schiff hat keinen Namen. Heute sind sie beflaggt & lassen fünf oder sechs Flaggenfetzen flattern.*

*Gestern ging ich allein in den Wald & verbrachte den ganzen Nachmittag damit, kleine Pfade und* chemins de chamois

*[Ziegenpfade] zu erforschen. Auch pflückte ich ganz zauber-
hafte Gänseblümchen, mit rosa Spitzen – Nachdem die
Sonne untergegangen war, wurde es sehr feenhaft, und als
ich auf die Straße nach Hause kam, es war noch tief im
Wald, ertönte ein Klingeln, und um die Ecke kam ein alter
Mann mit einer Herde gescheckter Ziegen. Als ich in die
Stadt kam, strömten alle Babys durch die Straßen und
schauten sich Weihnachtsgeschenke an. Weiß der Himmel,
sie geben eine traurige kleine Vorstellung ab, aber Du hättest
ihre Freudenschreie hören sollen.* »Ah, ah, le beau chemin de
fer. Dis! Dis! Qu'il est mignon le p'tit chien! Ah, la grande –
la belle!« *[Da, da, die schöne Eisenbahn! Sieh doch, der süße
kleine Hund! Oh, der große – der ist aber schön!] Auch ich
fing nun an hinzuschauen & beinahe hätte ich einen Elefanten oder einen Hund mit einem hochstehenden Ohr oder ein
zauberhaftes Teeservice mit aufgemalten Rosen & eine
Zuckerdose mit einer winzigen Erdbeere als Griff auf dem
Deckel gekauft. Dann landete der Kapitän der* Felicina *&
kam die Straße hochmarschiert – sehr bedeutend – über und
über goldbetresst – kleiner gestutzter Bart – steifes Leinen.
Ihm folgten 2 Seeleute, und er verschwand hinter dem
Perlenvorhang der Metzgerei. Dann kam noch ein Schiff
hereingesegelt. Was fünf macht. Kannst Du Dir vorstellen,
wie aufregend sie in dem kleinen Ort sind? Und wie man
sich danach sehnt, an Bord zu gehen und kleine Leitern auf-
und abzusteigen?*

*In der Kirche ist ein Kinderhort. Den haben die Kinder
ganz allein gemacht. Einfach wunderschön. Eine Landschaft
mit angemalten Pappmascheehäusern – sogar Läden an den
Fenstern. Eine Windmühle – kleine Brücke aus Zweigen –
Brunnen aus herabfallendem in Streifen geschnittenem
Silberpapier, die Straßen alle aus frischem Sand, die Berge*

*und die Täler alle aus Moos, das sie im Wald gesammelt haben. In dem Moos sind Bäume gepflanzt & mit silbernen Sternen behängt (viel zu groß dafür). Unter den Bäumen sind Schafe – Schäfer, heilige Männer – die drei Könige – einer mit einem schwarzen Gesicht und einem schrecklichen Weiß in den Augen. Fette kleine Engel kauern an allen möglichen Stellen, und in einer putzigen Pappmascheegrotte kauern Maria, Josef (ein sehr alter Trottel und ein nackter »p'tit Chesau« [kleiner Jesus]), wie sie sagen, der die Augen auf- und zumachen kann. Der Priester zeigte dieses Wunderding einem Baby, als ich da war, aber alles, was es sagen konnte, war, mit sehr gedämpfter Stimme: »il est tout nu« [er ist ganz nackt]. Auch die Taube hockt auf einem Baum – ein betrunkenes Geflügel, größer als der Ochse & der Esel – & aus einem Haus lugt der Kopf des Wirtes, eine Nachtmütze mit Troddel auf, und er sagt zu Maria, er habe kein Zimmer …*

*Mein Liebster. Ich habe nur noch Zeit, damit zur Post zu laufen. Ich liebe Dich – liebe Dich. Ich bin immer Deine*

   *Tig.*

*Plus tard [Später]. Colette ist angekommen – danke, Liebster.*

*Ich habe meinen Brief geöffnet (Das mache ich immer – als würde ich nur schnell den Kopf hineinstrecken), um Dir zu sagen, dass, als ich zur Post lief, sie für den ganzen Tag geschlossen war, & leider wird dieser Brief erst morgen abgehen, Liebster. Aber ich bin froh, dass ich ihn geöffnet habe, denn ich möchte Dich etwas fragen. Möchtest Du, dass ich zurückkomme? Meinst Du, Du kannst an Deinem Dosty-Buch besser allein arbeiten? Soll ich hierbleiben, bis es fertig ist oder bis zum Frühjahr oder bis wann? Ich bin bereit, noch heute zurückzukommen, wenn Du mich willst – das weißt*

*Du, mein Herz. Aber sprich offen mit mir darüber, ja?*
*Und wenn Du wirklich willst, dass ich komme, schreib mir*
*kurz, dass Hara krank ist und Du sehr erleichtert wärst,*
*wenn ich sofort nach England zurückkäme usw., bloß damit*
*ich etwas Definitives habe, das ich den Konsuln und den*
*Passmenschen zeigen kann. (Wir sind immer noch Baby*
*genug, um mit Puppen zu spielen, und ich würde lieber mit*
*Hara schwindeln als mit einer wirklichen Person. Ich möchte*
*sie so sehen, die kleinen Hände in ihren Kimonoärmeln, sehr*
*bleich & wie sie will, dass man ihr die Haare bürstet.)*
   *Ich habe gerade ein Weihnachtsmahl verzehrt – ganz*
*furchtbar und ungehörig, es allein zu verspeisen. Die belle*
*familie bekam ein ungeheures Futter. Ich ließ die kleinen*
*Winzlinge völlig hilflos – & etwas vom Wein mitgenom-*
*men – auf ihren Stühlen zurückgelehnt zurück. Denn selbst*
*das Baby, das noch keine drei ist, trank, bis das Glas auf*
*seiner Nase saß, wo sie es sitzen ließ und hineinblies & mich*
*durch den Boden anstarrte. Jetzt gehe ich mit dem Engländer*
*spazieren, der endgültig übermorgen abreist. […]*
   *Ich werde versuchen, Dir in diesem Brief eine Nussschale*
*als kleinen Hut zu schicken. Es ist jetzt dunkel, und die Wel-*
*len schlagen bis an die Straße zwischen den Palmen.*
*Spürst Du meine Liebe?*
*Immer & toujours*
*Tig*

Die Beziehung zwischen Katherine Mansfield und John
Middleton Murry war so bewegt wie das Meer, das an diesem Weihnachtsmorgen vor dem Hotelfenster an der Côte

d'Azur »seine Psalmen herausbrüllt«. Im Dezember 1911 hatten sie sich bei einem Abendessen für Oxford-Studenten kennengelernt. Die Neuseeländerin Katherine Mansfield lebte zu diesem Zeitpunkt seit einigen Jahren in London und hatte sich dort bereits einen Namen als Autorin gemacht. Unter dem Titel *In a German Pension (In einer deutschen Pension)* war gerade ihre erste Sammlung mit Kurzgeschichten erschienen. John Middleton Murry studierte in Oxford und war nebenbei Herausgeber einer Literaturzeitschrift namens *Rhythm*. Er war zweiundzwanzig, sie dreiundzwanzig. Sie war beeindruckt von einem so jungen Herausgeber, der ihr »beneidenswert brillant«, gebildet und außerordentlich schön erschien. Murry seinerseits bewunderte die Literatin, ihre Fähigkeit, mit kühler Autorität über Literatur zu sprechen, und dass sie »irgendwie nicht zuvorderst eine Frau war«, wie er rückblickend berichten sollte.

Nach der einen oder anderen Begegnung zum Tee taten sie sich zusammen, zunächst nur als Wohn- und Arbeitsgemeinschaft – Murry wurde Katherines Untermieter – und dann auch als Liebespaar. Gemeinsam arbeiteten sie in der Redaktion von *Rhythm* als »die zwei Tiger«, wie einer der Autoren sie nannte: Murry wurde zu »Tig« oder »Bogey«, der Kobold, und Mansfield war der andere »Tig« oder »Wig«. Katherine arbeitete fleißig, schrieb unter fünf verschiedenen Pseudonymen Buchkritiken und Short Storys, eroberte zusammen mit Murry die literarische Welt Londons und zog mit ihm von einer winzigen Wohnung zur nächsten. Nicht zuletzt aufgrund von Geldsorgen. Sie liebten sich, trennten sich, versöhnten sich wieder – mehr als einmal. Dass Katherine bereits verheiratet war, störte keinen von beiden. Die Ehe zu ihrem ehemaligen Gesangslehrer George Bowden bestand ohnehin nur auf dem Papier. Katherine hatte sich Hals über Kopf in diese Verbindung gestürzt, nachdem sie festgestellt hatte, dass sie von einem anderen Mann schwanger war. Sie erlitt eine Fehlgeburt und verließ ihren Ehemann noch in der Hochzeitsnacht.

Von bürgerlichen Verhaltensnormen hielt Katherine Mansfield herzlich wenig, viel lieber wollte sie »*alle* Arten von Leben ausprobieren«. Eines der Abenteuer, das sie im März 1915 ausprobierte, war, einem Liebhaber mitten ins französische Kriegsgebiet nachzureisen. Dafür die Grenzkontrollen auszutricksen fand sie amüsant. Im Herbst fährt Katherine Mansfield noch einmal nach Frankreich, diesmal in Begleitung von Murry. Im südfranzösischen Küstenort Bandol beziehen sie Quartier im Hôtel Beau Rivage. Die Hoffnung auf warmes Mittelmeerklima sollte sich allerdings nicht bestätigen, und nach einer Lebensmittelvergiftung streicht Murry die Segel und kehrt nach London zurück. Katherine sendet ihm von Bandol aus täglich sehnsüchtige Briefe. Er bräuchte nur zu schreiben, dass ihre Puppe Hara krank sei, und auf der Stelle käme sie zurück. Aber das erhoffte Zeichen bleibt aus, Weihnachten verbringen sie getrennt: Katherine im Hôtel Beau Rivage, Murry in London bei seinem engen Freund D. H. Lawrence und bei Lady Ottoline Morrell auf Garsington Manor, wo diese den berühmten Bloomsbury-Kreis zu empfangen pflegte.

Einige Wochen später kehrt Murry nach Bandol zurück, und das Paar erlebt drei glückliche Monate in einer »perfekten Villa«, die Katherine oberhalb des Hafens für sie gefunden hatte. Murry setzt dort die Arbeit an seiner Biografie über Fjodor Dostojewski fort, dem »Dosty-Buch«, Katherine arbeitet an einer Kurzgeschichte über ihre neuseeländische Heimat. Sie erscheint 1918 unter dem Titel *Prelude* in der berühmten *Hogarth Press* von Virginia und Leonard Woolf.

Im April desselben Jahres wird Katherine Mansfield endlich von George Bowden geschieden und kann John Middleton Murry heiraten. Das Paar trennt sich zwar nicht in der Hochzeitsnacht, aber zwei Wochen später. Das wirkliche Ende ist es auch diesmal nicht, das bringt erst die Tuberkulose, an der Katherine Mansfield 1923 mit nur vierunddreißig Jahren stirbt. In einer Art testamentarischem Abschiedsbrief schreibt sie wenige Wochen vor ihrem Tod an Murry: »Trotz allem, wie glücklich waren wir! Ich spüre, keine anderen Liebenden sind freudiger über die Erde gegangen – trotz allem!«

## In gegenfüsslerischer Ferne feiern wir Weihnachten

Hilde Domin an ihren Ehemann Erwin Walter Palm

Jarabacoa 25. XII. 1949
abends, im alten Häuschen.

*Mein Liebster, Kleiner!*
*In gegenfüsslerischer Ferne feiern wir Weihnachten – wenn*
*ich Neujahr 3 x mit dem Fuss aufstampfe, hörst Dus?*
  *Hier sitze ich beim Aladin mit dem nördlichen Tannen-*
*lampenschirm, vor mir ein kümmerliches Röschen vom ein-*
*zig überlebenden Rosenbusch des einstigen Gartens, (die*
*Granate, und die vom Come m. gepflanzten Hybiscusträu-*
*cher sind umso glänzender gediehen, der kleine Baum mit*
*den gelben Blüten ist ein wahrer Riese geworden, und der*
*Préferé aller Colibris), zur Linken auf dem kleinen Bücher-*
*gestell ein bunter Strauss mit kleinen Chrysanthemen,*
*Dahlien und Margariten, aus dem zwei dicke Sonnenblumen*
*mich freundlich anblicken, zur Rechten ein von Joven*
*irgendwo abgehackter Weihnachtsbaum, im kärglichen*
*Schmuck von etwas Engelshaar. Die 6 Honigwachskerzchen*
*(es waren nur noch 6 Halter da) sind heute alle zu Ende*
*gebrannt. Vom ehemaligen Come[?] m.-Haus, weiter oben,*
*das aufgeregte Stimmengetön der* muchachos *des Sale-*
*sianerseminars die Weihnachten feiern und Frösche*

abschiessen (aber sonst die alte freundliche Stille). Heut
mittag, auf der Weide des Curas – er hat den Holzverkauf
geschmackvoll betrieben, der Ausblick hat ungemein gewonnen, die Wiese gegenüber ist nun wie ein sanft verblichener
Gobelin, mit ihren paar Bäumen die grosse Schatten werfen,
und den Kühen in der Nachmittagssonne oben auf der
Lehne (ich weiss nicht ob unsere alte Freundin mit den
Nylonstrümpfen dabei ist). Die Froschmusik – die Frösche
resp. Kröten haben jetzt 2 Tanks zur Verfügung, den alten
aus Zink und einen grossen aus Beton auf dem Dach. Das
Wasser ist manchmal so gelb dass selbst Ramona es (im
Ernst, Witz ist nicht ihre starke Seite) + als urina de malos
bezeichnet. (Der 2. Krötentank speist Dusche, Waschbecken,
WC. mit laufendem $H_2O$. Unglaublich. Ich ziehe so selten
wie möglich um das Wunder zu schonen.) – Die Froschmusik, wollte ich sagen, nimmt es gut und gern mit dem
Getöse bei den Salesianern auf. – Zu all dem habe ich das
erwähnte »Dolce del Paraiso Molta«, etwas trocken aber gut,
und Chianti. Aber so herrlich dies klingt, es war kein
Weihnachten. (Trotz der vom vorigen Aufenthalt ererbten
Spargelspitzen.) Ich war ganz alleine. Sogar Ramona war
nicht da, da sie ihre Bälger vom Sichbesaufen abzuhalten
hatte. Ich zündete also die 6 Kerzen an, gestern abend, und
ass dann so langsam wie möglich zu abend. Aber trotzdem
ich es nett hergerichtet hatte, war es eben etwas trübsinnig.
Bei Paul hast Dus gewiss besser getroffen. Ich dachte an
letztes Jahr und unser Plattenkonzert. Zwar hatte ich mir
etwas Tröstlicheres zugedacht: einen Radio. Aber obwohl ich
den Radio geliehen bekommen hätte, und Joven schon, wie
ein Affe kletternd, eine Antenne zwischen Haus und Fichte
gespannt hatte, bekam ich im letzten Moment die vom
unzuverlässigen Mella versprochene Batterie nicht. Ich lieh

mir eine Bibel von einem der Padres, leider auf Spanisch. Las
den Anfang aller 4 Testamente. Das von San Marco klang
doch wie von einem Wundertäter der gestern hier durch
Cibao gewandert wäre. Die eigentliche Stimmung fehlte
(und Deine Stimme!). Betrübt war ich als ich so alleine
die Kerzen anzündete – und als ich sie ausblies. Selbst der
Wein (Wasser zum Verdünnen gab es nicht) war nur ein
schwacher Trost. Dies ist kein Fest zum Alleinesein. Trotzdem bin ich lieber hier als unten in der Stadt.

Am 23. zog ich in dies Häuschen, inzwischen ein Haus
(4 Schlafzimmer, wodurch das lange Mittelzimmer ein
dunkler Schlauch geworden ist, Bad, Vorratszimmer,
anständige Küche), mit Hilfe eines Rolionschen Camions,
von Mella – ¡milagro! – pünktlich geschickt. So war ich
rasch eingerichtet. Auch die Hängematte hängt wieder. Und
die eiligen Pferdchen traben mit ihren kleinen Trommel-
hufen vorbei. Abgesehen davon dass nicht richtig Weihnachten ist – z.B. niemand hat dem armen Hasen etwas
geschenkt, zum ersten Mal, und die Aussicht auf das Kränz-
chen ist beinah ein Frühjahrstrost zu Ostern – ist es hier
gemütlich und reizend. […]

Eben besucht mich eine grüne Esperanza. Ich habe mir
auch von Ramona heute die Tasse lesen lassen, wo sie nur
Erfreuliches sah, in Hinsicht auf Geld, Reisen, wohlbezahlte
Stellungen etc. Kurz, en hora buena! –

Als ich nochmals den Lageplan von Sucre sah, fiel mir auf
dass es jenseits der Anden liegt. WIE kommt man hin? Ist
die Fahrt nicht zu gefährlich. Ich lese lieber von Zügen als
von Avionen, obwohl die Flieger die Berge kennen müssen
wie ein Schweizer Chauffeur die seinen. Salta scheint mir,
trotz allem, zu weit ab. Meinst Du nicht? Wenn nächstes
Jahr der Congress in Lima ist, kommst Du vielleicht hin

*(falls Du hinfährst). Sola ist ohnedies nicht mehr da, nicht
wahr? Wer sollte also was dort einrichten, und die Fahrt
bezahlen?*

*Ich las heute – aber sehr sprungweise – Stifters »Nach-
sommer«. Viel schlechter als die »Studien«. Die alten Rezep-
te breitgetreten, die alten Wunschträume gesteigert und
wiederholt, die sozialen Ideale noch mehr verhimmelt, die
Figuren noch blasser, der Stil, und das Ganze, unerträglich
pedester und rosa zugleich, viel schlechter. Jetzt habe ich die
2 Bände Sartre hier, von Panchito, plus die Mémoiren
François Ponçets, von Ransohof. Plus vielem andern. Der Tag
scheint mir länger hier in dieser Ruhe, und die letzten
14 Tage hier sind mir so viel Wert wie 4 Wochen im Dorf.
Schad dass ich nicht bleiben kann – aber es geht wirklich
schwer. Man muss die Stunden geben.*

*Ich gehe jetzt (8$^{15}$) zu Bett, hebe den Brief auf um zu
sehen ob morgen nachmittag etwas von Dir kommt. Früher
kann ich ihn ohnedies nicht aufgeben. – Eben hebt ein
grosses Froschduo wieder an, ein bewundernswertes Schlaf-
lied. Gute Nacht, Affenköpflein – und nächste Weihnachten
nicht allein! Vielleicht im eigenen Haus! (Ein solches ist
auch unter Ramonas Herrlichkeiten, aus der Kaffeetasse!)
Sehr zärtlich, aus ferner Ferne*
∞ *H.*

*PS. Auch Rattenbesuch, auf dem* cielo raso *und im Zimmer,
wie eh und je.*

Hilde Löwenstein wurde im Juli 1909 in Köln geboren, die Geburtsstunde der Dichterin Hilde Domin schlug erst zweiundvierzig Jahre später. Während ihrer Studienzeit in Heidelberg lernte Hilde Erwin Walter Palm kennen. 1931 ging das junge Paar gemeinsam zum Studieren nach Italien. Der über Europa hereinbrechende Krieg machte aus dem Auslandsaufenthalt ein ungewolltes Exil, in dessen Folge es die Palms von Italien nach England und ab 1940 in die Dominikanische Republik verschlug. Sie lassen sich in der Hauptstadt Ciudad Trujillo nieder. Das zweite Haus, das sie dort zusammen mit Kaninchen und Katzen beziehen, ist umgeben von mehreren Terrassen und einem üppigen Garten. Es liegt so dicht am Meer, dass Hilde im Badeanzug vom Haus aus zum Schwimmen gehen kann. Das Paradies – doch längst kein leichtfüßig paradiesisches Leben. Die Heimat ist weit, und die Notwendigkeit, sich an das fremde Land und die fremde Sprache anzupassen, verlangt ihnen einiges ab. Die einzige unmittelbare Verbindung nach Deutschland ist »der Radio«. »Wir hingen an den Nachrichten aus Europa wie an einer Nabelschnur«, berichtet Hilde.

Da die Palms keineswegs mit einem Vermögen auf der karibischen Insel gelandet waren, sind sie darauf angewiesen, von dem zu leben, was sie erwirtschaften können. Und das reicht oft gerade so, obwohl Erwin schon nach wenigen Monaten einen Lehrauftrag an der Universität von Santo Domingo erhält. Hilde stellt die eigenen beruflichen Ambitionen hintenan. Sie tut alles, um zum Lebensunterhalt beizutragen und ihren Mann zu unterstützen. Sie ist für ihn Ehefrau, Schreibkraft, Korrekturleserin, Übersetzerin und Fotografin in Personalunion. Erst 1948 bessert sich die Situation, als auch sie eine Stelle an der Universität erhält. Sie beginnt mit dem Unterricht der deutschen Sprache am gerade gegründeten

Lehrstuhl. Erwins akademische Tätigkeit führt ihn zu Vor-
trags- oder Forschungsreisen um die halbe Welt. Die »gegen-
füsslerische Ferne«, in der er sich im Dezember 1949 befindet,
liegt unterhalb des Äquators, in Südamerika. Seinen Antwort-
brief verfasst er auf dem Weg von Bolivien nach Peru.

Hilde verbringt die Feiertage ohne ihren Mann recht einsam in den Bergen, in Jarabacoa. Hierher flüchten sie gemeinsam, wenn sie vom Trubel der Hauptstadt genug haben
oder das körperliche Befinden nach gesunder Höhenluft verlangt. Aber trotz herrlicher Landschaft, Wein und gelun-
genem Menü: »Es war kein Weihnachten«, erst recht ohne
Radio. Immerhin gibt es ein Froschkonzert, und die Kaffee-
satz-Lesekünste der Haushälterin Ramona verheißen ebenso
ein gutes neues Jahr wie die Gottesanbeterin, die vorbeige-
flattert kommt. Sie setzt ein Zeichen der Hoffnung, weil
genau das ihr spanischer Name ist: Esperanza.

Noch im Exil beginnt Hilde 1951 mit dem Schreiben von
Gedichten. Im Februar 1954 kehren sie und ihr Mann nach
vierundzwanzig Jahren nach Deutschland zurück. Im selben
Jahr erscheinen in der katholischen Zeitschrift *Hochland* die
ersten Gedichte der Lyrikerin Hilde Domin. In dem Künstler-
namen, den sie sich gibt, trägt sie das karibische Exil lebens-
lang bei sich: »Nennen Sie sich, sagte einer / als ich in Europa
an Land ging / mit dem Namen Ihrer Insel.« – »Es ist der
Name eines Sonntags / einer geträumten Insel / Kolumbus
erfand die Insel / an einem Weihnachtssonntag // Sie war eine
Küste / etwas zum Landen / man kann sie betreten / die Nach-
tigallen singen an Weihnachten dort.«

*Aber bei uns Einsamen, die wir in fremden Welten leben, pocht gerade an dem Abend selten die Freude an die Tür*

Elisabeth von Heyking: Briefe, die ihn nicht erreichten

New York, 25. Dezember 1899

*Es ist wieder Weihnachten geworden, lieber Freund! Weihnachten in einem Lande, wo ich das Fest noch nie erlebt habe, wo es mir darum besonders fremd vorkommt. Warum haben wir nur diesen rührenden und zugleich etwas komischen Zug, an bestimmten Jahrestagen so besonders zu hängen? Was wissen wir eigentlich von dem Tag der Geburt Christi, und was ist uns dieser Tag? Und doch, so wenig Bedeutung er für viele unter uns heute noch in der Hast des Lebens hat und so wenig wir von Frieden auf Erden wissen, an diesem Jahrestage scheint es uns, als hätte jeder Mensch ein besonderes Recht auf Freude, und wir stecken viel Lichtchen an, um doch ja die Freude sehen zu können, falls sie wirklich mal zu uns käme. Aber bei uns Einsamen, die wir in fremden Welten leben, pocht gerade an dem Abend selten die Freude an die Tür. Andere Gäste sind es, die uns besuchen. Vor allem ist es die alte Frau Erinnerung, deren Bilderbuch mit jedem Jahr dicker wird. Als ich gestern Nachmittag die Kerzen am Bäumchen in unserem Wohnzimmer angezündet hatte und meinen Bruder hereinrief, huschte die alte Frau auch gleich durch die offene Tür ins Zimmer herein. Den ganzen Tag schon hatte ich gefühlt, dass sie draußen stand und nur auf den Moment wartete hereinzuschlüpfen, und den ganzen Tag hatte ich ihr immer die Tür vor der Nase zugeschlagen, denn ich fürchte mich ein bisschen vor der alten Frau und ihrem großen Bilderbuch. Aber nun stand sie neben uns. Ta, dem auch aufgebaut wurde, hatte sie wohl eingelassen.*

*Und wie es raschelte und knisterte in den Blättern des großen Bilderbuchs! Wie es darin lebendig ward und längst verstummte Stimmen wieder klangen in vergessenem Lachen und verhalltem Schluchzen. Lauter Dinge, die einst gewesen, füllten das Zimmer und umwogten uns; kleine graue Geisterchen saßen lichtbeschienen in den Zweigen des Weihnachtsbaumes und flüsterten leise von Vergangenem; und auch all das, was nie gewesen, was nur gewünscht und ersehnt worden – nun lebte es für den einen Abend wieder auf.*

*Am längsten verweilte ich bei den letzten Blättern des Bilderbuches. Die Weihnachten in Peking standen wieder vor meinen Augen. Erinnern Sie sich des einen Jahres, als der arme junge McIntyre krank war und wir ihm ein Bäumchen brachten? Ich saß in der Sänfte und hielt die winzig kleine geschmückte Tanne auf dem Schoß, und Sie gingen nebenher und ermahnten die Kulis, mich behutsam durch die holprigen, hart gefrorenen Straßen zu tragen. Erinnern Sie sich der Freude des armen Jungen, als wir dann bei ihm eintraten und unser glänzendes Bäumchen auf den Tisch vor ihm aufbauten zwischen den Fotografien seiner fern in Schottland lebenden Eltern und Geschwister, die er sich für diesen Abend recht nah an sein Bett hatte heran-rücken lassen?*

*Und erinnern Sie sich der Bescherungen in unserem lie-*

ben chinesischen Häuschen, zu denen Sie und ein paar
Freunde meines Bruders jedes Mal kamen? Tagelang vorher
war große Aufregung, um für jeden eine Überraschung in
den Kuriositätenläden aufzutreiben, und als erst die Bahn
eröffnet war, fuhren unternehmungslustige Leute nach
Tientsin, um zu schauen, was etwa die dortigen europäischen
Magazine böten.

Sie, lieber Freund, entdeckten aber immer die reizendsten
Dinge! Vor mir steht heute die kleine altfranzösische
Bronzeuhr, die einst in der Direktoire-Zeit nach China kam
und die Sie von Pekinger Palastbeamten erstanden und mir
unter dem Weihnachtsbaum aufbauten. Das Piedestal ist
noch ganz im Stile Ludwig XVI. mit Delfinen und feinen
Girlanden geschmückt; darüber erheben sich vier Drachen,
die die Uhr tragen, kuriose Geschöpfe, in denen der französische Künstler möglichst dem nahezukommen suchte, was
ihm als chinesisch vorschwebte. Über der Uhr, auf einer
kleinen Weltkugel, steht ein gallischer Hahn, der offenbar
nach Freiheit kräht, aber ein so skeptisches Gesicht macht,
als glaube er schon längst nicht mehr daran.

Als Sie mir diese Uhr schenkten, sagten Sie: »Die passt so
gut zu Ihnen: ein Fundament altererbten Geschmacks, der
von vielen Generationen herstammt; die Drachen, der
Hang zum Absonderlichen, der Zug zum Unbegreiflichen,
Mystischen, der in uns erwacht, je mehr wir sehen, dass das
Exakte, Vernünftige, Realistische doch nichts erklärt und
schließlich immer wieder alles mit einem großen Frage-
zeichen endet – und als Spitze des ganzen Gebäudes der
kleine tapfere Hahn, der nach Aufklärung und Freiheit
quand même ruft, der viel graue, trübe Tage erlebt hat und
zu sagen scheint, nach all dem Krähen müsste die Sonne
doch endlich aufgehen.«

*Ja, das alles und noch so vieles mehr steht auf den letzten
Blättern des großen Bilderbuchs!*

*Mein Bruder und ich saßen in dem New Yorker Boarding-
House-Zimmer unter dem Weihnachtsbaum, hielten uns
schweigend an der Hand und dachten vergangener Zeiten.
Ta löschte eines nach dem anderen die Lichtchen aus, die
herabgebrannt waren – ganz wie an anderen Weihnachts-
abenden. Manchmal fingen ein paar grüne Tannennadeln
Feuer, knisterten und glühten, und ein harziger Waldduft
zog durchs Zimmer – ja, ganz wie an allen Weihnachts-
abenden! –*

Elisabeth von Heyking wurde 1861 in Karlsruhe geboren. Sie
war die Tochter des preußischen Gesandten Albert Graf von
Flemming und die Enkelin der Schriftsteller Bettina und
Achim von Arnim. Da in ihrem Elternhaus die mondäne Gesellschaft Baden-Badens verkehrte, kam die junge Elisabeth in
Kontakt mit vielen berühmten Zeitgenossen, mit Künstlern,
Politikern und Gelehrten und selbst mit Kaiser Wilhelm II.
Der jungen Elisabeth schien die ganze Welt offenzustehen.
Tatsächlich sollte sie viel von dieser Welt sehen, aber anders,
als sie es sich vorgestellt hatte. 1881, mit achtzehn Jahren,
heiratete sie Stephan Gans zu Putlitz, Professor für National-
ökonomie in Berlin. Schon im ersten Ehejahr verliebte sie sich
jedoch in den preußischen Diplomaten Baron Edmund von
Heyking und bat ihren Mann seinetwegen um die Scheidung.
Für Stephan Gans zu Putlitz waren die Kränkung und die
gesellschaftliche Schmach so unerträglich, dass er sich das

Leben nahm. In den höfischen Kreisen Berlins lastete man seinen Tod Elisabeth an. Dass sie nach dem Ende des Trauerjahres Edmund von Heyking heiratete und öffentlich um das Sorgerecht für die Tochter Stephanie prozessierte, hatte gravierende Folgen: Das Auswärtige Amt entzog sich einem klaren Bekenntnis zu Edmund von Heyking und schickte ihn stattdessen auf »Wanderschaft«. Fast zwei Jahrzehnte erhielt er keinen der attraktiven europäischen Gesandtschaftsposten, sondern wurde als Konsul nach New York entsandt, in das chilenische Valparaiso und nach Kalkutta, es folgten Stationen in Kairo, Peking und Mexiko. Gemeinsam mit der Tochter aus Elisabeths erster Ehe und den beiden gemeinsamen Söhnen, aber manchmal auch ohne die Kinder zogen die Heykings von einem Erdteil zum nächsten. Elisabeth empfand dies oft als erzwungenes Exil, und nicht immer überstand ihre Gesundheit die wechselnden Klimaverhältnisse ohne Schaden.

Ihre Aufzeichnungen aus jenen Jahren wurden posthum als *Tagebücher aus vier Weltteilen* veröffentlicht. Über das erste Weihnachtsfest in China notierte die 25-Jährige im Dezember 1886: »Draußen weht ein eisiger Sturmwind, den man bis in die Zimmerecken spürt. Den ganzen Tag über baute ich im großen Saal auf, um ½8 versammelte sich die ganze Gesandtschaft in Edmunds Zimmer … Für die chinesischen Diener hatte ich Pelzjacken, worüber sie besonders froh waren, weil sie sonst zu Weihnachten nie etwas bekommen. Sie dankten mir sehr, ›weil sie sich bisher nie für alt genug gehalten hätten, um Pelzjacken tragen zu dürfen, nun hatte ich sie zu dieser Würde avanciert‹. Das war echt chinesisch.« Vier Jahre später erlebte sie in Mexiko »so warme Weihnachten«, wie sie sie bisher nur aus Chile kannte, »mit tiefblauem Himmel und im Garten weiße Rosen und Callas blühend«. In Mexiko beginnt sie mit der Arbeit an ihrem chinesischen »Bilderbuch«:

Innerhalb eines Jahres entsteht ein Briefroman mit unverkennbar autobiografischen Zügen. Die Briefschreiberin ist eine junge Frau aus besseren Kreisen, die selbst einige Jahre in China war und nun in Begleitung ihres chinesischen Hausangestellten Ta durch Europa und Amerika reist. Von dieser Reise schreibt sie einem engen Freund, der in Peking geblieben ist. Aus den Erinnerungen an die gemeinsame Zeit entspinnt sich ein aufschlussreiches Bild des damaligen China und der deutschen Kolonialpolitik, die Elisabeth von Heyking mitverantwortlich macht für den Boxeraufstand, der das Land zu Beginn des neuen Jahrhunderts erschütterte. Der Adressat der Briefe kommt bei diesen Unruhen ums Leben – es werden *Briefe, die ihn nicht erreichten*. Unter diesem Titel erscheinen die Aufzeichnungen 1903 zunächst als Zeitungsabdruck und nachfolgend als Buch in Deutschland. Es wird ein Riesenerfolg, Elisabeth von Heyking wird quasi über Nacht zu einer gefeierten Schriftstellerin. Neben der finanziellen Unabhängigkeit bringt das Buch dem Ehepaar Heyking auch die lang ersehnte Reputation ein. Das Weihnachtsfest des Jahres 1903 feiern sie zu Hause in Deutschland. Die nächste Station wird Belgrad sein. Am letzten Tag des Jahres notiert Elisabeth in ihrem Tagebuch: »Am 19. kam Stephaniechen aus der Haushaltungsschule zurück, sehr frisch und vergnügt. Dann trafen die Jungen ein, und wir feierten zum erstenmal seit vier Jahren Weihnachten mit den Kindern! Das alte Jahr dann mit den Kindern bleigießend beschlossen. Was wird das neue bringen? Möchte es uns allen ein sanfter Freund werden!«

Die *Briefe, die ihn nicht erreichten* erlebten noch im Erscheinungsjahr die 46. Auflage und wurden in zahlreiche Sprachen übersetzt.

# Der Papst in aller Pracht, ganz silberweiß gekleidet, auf seinem Thron

Erwin Speckter an seine Familie

[Rom] Ende December 1832

*Von allen kindlichen Weihnachtsfreuden war mir nichts geblieben, als die dunkle kalte Winternacht, ohne alle Weihnachtshelle. Kein Kinderjauchzen, keine Engelchöre, keine Hüttenhelle, nur die am schwarzdunkeln Himmel funkelnden Sterne schienen noch wie aus weiter weiter Ferne das verhallende Singen der Engelchöre. Louis A. und ich gingen Nachts von 10 bis 12 Uhr in die Sixtina; hier war Nachtmesse, wo auf dem Altar auf hohen silbernen Leuchtern viele Wachskerzen brannten. Der Papst in aller Pracht, ganz silberweiß gekleidet, auf seinem Thron; rundum in weitem Kreise die scharlachrothen Cardinäle mit ihren Monsignoren und Dienern, die ihnen hohe Wachsfackeln vorhielten, damit sie die Gebete lesen konnten. Vor dem Altare waren die päpstlichen Bischöfe und ihre Gehülfen in heidnischer Pracht mit ihrem heidnischen Hocuspocus beschäftigt; auch von Kammerherren, Pfaffen und sonstigem Gefolge, das immer zu solcher Ceremonie nöthig ist, wimmelte die Capelle. Wenn sonst eine solche kirchliche Feierlichkeit auf mich immer einen ergreifenden Eindruck machte, in dieser Nacht schien mir dieser Pomp die bitterste Ironie und das*

Ganze ein tragikomischer Firlefanz. Dabei war die übrige
Capelle von geputzten Damen angefüllt, die auf die Bänke
stiegen, um das Schauspiel gut zu sehen. Vieler Blicke zog
auch Jemand auf sich, der auf hoch errichteter Loge saß; es
war der König von Griechenland mit seiner ganzen Regentschaft. Aus dem ungewissen hohen Dunkel des Gewölbes
nieder starrten wie gewaltige Riesengeister einer höhern
Welt die erhabenen Gestalten Michel Angelo's in mächtigen
Umrissen, denn Anderes war wenig bei dieser matten
Beleuchtung von ihnen zu erkennen. Nur wer heimisch und
bekannt mit diesen Wunderwerken ist, sah noch mehr, und
so sah ich, wie sie in ihrer einfachen Größe mitleidig nieder-
lächelten auf diese kleinen Geschöpfe einer kleinen Welt, die
in ihrem Flitterstaat die Spuren ihrer innern Verwesung zu
verbergen sich bemühten. Spott schien es, daß unter der
Glorie des allmächtigen Weltrichters in seiner einfachen
Majestät sein Statthalter auf Erden in solchem Prunke auftritt, und zwar in jener Nacht, wo Er nackend in einer Krippe
lag von armen Hirten umgeben. Aber Mitleiden nur zuckte
durch die weit geöffneten, unaussprechlich ernsten Augen
der heiligen Märtyrer, barmherziges Mitleiden über die
Blindheit einer vergänglichen Welt. In ihren Augen lag ein
anderer Blick schon, sie schauten die Klarheit und Wahrheit,
die ewige Herrlichkeit und Majestät nicht mehr durch einen
täuschend getrübten Spiegel wie wir Armen. Ja, mächtiger,
ergreifender als je erschienen mir in dieser Nacht jene
Gestalten, wirklich wie eine andere Welt, eine Welt, wie sie
vielleicht vor oder gleich nach der Schöpfung war oder
vielleicht sein wird, oder eine Welt anderer Himmelskörper,
befreit von aller Kleinlichkeit und Verkuppelung, eine ewig
unvergängliche Geisterwelt. Das Gewölbe der Kirche sah
man im Dunkel nicht, es schien von den aufsteigenden

*wunderbaren Tönen der Musik gebildet, ein wogendes Meer,
eine unbekannte Region, auf deren Wohllautswellen jene
Gestalten sich zu bewegen schienen, nur matt von dem in
solcher Höhe sich verlierenden Kerzenschimmer irdischer
Helle beleuchtet. Die Musik und diese Geistergestalten, die
ich immer mehr zu enträthseln mich bemühte, waren das
Einzige, was mich in dieser Nacht wohlthätig ergriff und
mich endlich so meine nächste Umgebung vergessen machte,
daß, wenn auch kein Weihnachtsgefühl, keine Kinderfreude
mich beseelte, ich mich doch von tiefer, gewaltiger Begeisterung hingerissen und bezaubert fühlte: – als plötzlich die
Musik verstummte – Bediente mit Fackeln kamen, Alles sich
erhob und zur Thür hinausströmte. Die Messe war aus und
wir, A. und ich, wurden mit hinausgerissen. Draussen nun
sahen wir uns die geputzten Damen mit ihren bleichen,
hohläugigen, überwachten Gesichtern an; es waren aber
wenig schöne darunter und besonders konnte ich mich nicht
recht hineinfinden in diese Welt voll kleinlichem Putz und
Schmuck. Mich überlief ein Fieberfrost, mir war zu Muthe,
als sei ich plötzlich aus himmelhoher Höhe gestürzt, aus
einem seligen Traum erwacht und sähe nun nur die Fratzen-
gebilde der Bettvorhänge und Tapeten mich anstarren.
Endlich führten zwei wunderschöne Gesichter mich bis
dahin Schlafwandelnden ins Leben zurück; es waren zwei
von den Töchtern des Grafen Armansperg (von der griechischen Regentschaft), die mit ihrem Vater nach Griechenland gehen. Sie brachten mich aus Michel Angelo's Himmel
und Schöpfung ganz wieder in die wirkliche Gegenwart;
– da war nun freilich meine Stimmung auch nicht sehr
weihnachtlich, denn daran dacht' ich bei dieser Gelegenheit
wenig. Nachdem diese Mädchen verschwunden waren, fühlte ich schmerzlich, wie alle diese verschiedenen Gemüths-*

*bewegungen in meinem Innern kämpften: die Sehnsucht
und die Erinnerung früherer Zeiten, der Nachklang des
Michel Angelo'schen Geisterconcerts, der bittere Ekel über
die Narrenspossen um mich, ihre stechende Ironie und nun
plötzlich diese ganz weltlichen, närrischen, trivialen Regun-
gen durch zwei Mädchen geweckt — das Alles stach wie
tausend Messer durch meine Brust, oder ich fühlte wirklich
die unsäglichsten Brustschmerzen, weil ich zwei volle Stunden hinten über gelehnt gestanden hatte, um in die Höhe zu
sehen. Der Rücken war mir wie abgebrochen und es ward
mir wirklich schwer, in der kalten Nacht vor Schmerzen zu
Hause zu kommen. Wir gingen mit dem König von Griechenland, der Regentschaft und ihrem Gefolge, dem
Kronprinzen von Baiern nebst Suite, dem Prinzen August
Heinrich von Preußen und seinen Adjutanten u.s.w., von
päpstlichen Bedienten vorgeleuchtet, die Treppe hinunter.
Mich interessirte es, den unschuldigen König von Griechenland zu beobachten. Er ist lang aufgeschossen, sieht aber
noch sehr kindlich aus, etwas unserm Otto ähnlich. Er soll
liebenswürdig sein und das veranlaßte mich ihn anzusehen,
der nun doch auch nur zum Schauspiel der Welt dahin
geführt wird. Denn wer weiß, ob nicht bald diese ganze Idee
vom griechischen Thron ein bitteres Ende nimmt, wobei der
junge König, der an Allem keine Schuld hat, mit seinen
Baiern als Opfer fällt. Ist er wirklich so fühlend, wie er aussieht, so wird es ihm wenig Freude machen, fern von Allem,
was ihm theuer, eine unfreiwillige Rolle zu spielen. Er muß
thun, was die griechische Regierung will, diese, was die
Diplomatie der andern Mächte will, wahrscheinlich wider
den Willen des griechischen Volkes. Und wie Viele wird es
geben, die aus bloßem Widerspruch und Aufruhrgeist ihn
anfeinden werden! Alle Schuld wird auf ihn geschoben wer-*

den und er sie büßen müssen, der vielleicht auf ein schönes, freudenvolles, segensreiches Leben Anspruch hat, vielleicht zu manchem Großen berufen sein kann, dem er so entzogen wird. Doch geht es glücklich ab, ist ein so gebeugtes Volk wie die Griechen wieder zu heben, dann hat er gewiß auch einen schönen Beruf, eine große, eine herrliche Aufgabe, und der Diplomatie sowie dem König von Baiern muß dann für ihren Feuereifer, für das Interesse einer so unglücklichen Nation, aller Dank gebracht werden, Dank ihm, seinem Hause und Lande. – Der junge König stieg in den Wagen und wir gingen zu Hause, machten Feuer an und blieben auf, bis die Uhr drei schlug. Inzwischen hatten sich die Schmerzen meiner Brust gelegt und wir gingen dann zusammen nach Maria maggiore.

Wie das Gewoge und Gebrause des Meeres summten seit 12 Uhr die Glocken ihre Weihnachtsmelodie. Es war sehr kalt, selbst die Sterne am Himmel schienen fast vor Kälte über diese frostige Weihnacht zu beben, oder lag es nur in meiner Stimmung, daß ich ihre Engelchöre nicht mehr verstehen konnte, weil die weite, kalte, dunkle Ferne die selige Melodie ersterben machte? Die Straßen waren voll von Zügen frommer Menschen, die zur Kirche gingen. In Rom ist es Sitte, an diesem Abend große Schmausereien zu geben; man servirt nur Fastenspeisen, die aber eines großen Festtags würdig sind und dann darf man nach 12 Uhr auch Grasso essen, weshalb man weislich das Mahl bis über Mitternacht verzögert. Von den Mahlzeiten nun, voll von Speise und Trank, kamen die frommen Beter und ließen in allerhand Zungen, wenn auch etwas uncanonisch, ihre Freude aus. Doch das ist zu verzeihen, da es wol noch das letzte und einzige Ueberbleibsel aus dem alten Heidenthum ist. Wenn jene ihren Gottesdienst auch mit mehr wahrem

*Ernst ausgeübt, so war er doch auch voll Abgötterei und
Aberglauben. Jene beteten schöne Statuen, die höchsten
Meisterwerke der Kunst an, diese sind genügsamer und
begnügen sich mit abgeschmackten Puppen, behängt mit
unzähligen goldenen Herzen, Armen, Beinen und Brüsten
von Wachs u. s. w. [...]*

*Aber jetzt stieg wirklich ein Wunder vor unsern Augen
auf, die hell erleuchtete Kirche, die aus dem Dunkel der
Nacht wie ein Zauberschloß mit ihren goldfunkelnden
Fensteraugen blickte; geistig bleich und hell erschimmerte
der Außenwände weiße Marmorverkleidung, von der Pech-
fackeln zitternd irrem Licht angestralt, die auf dem Platze
vor der Kirche brannten. Je näher wir kamen, desto mehr
stieg die Kirche, die auf einem Hügel liegt, vor uns in die
Höhe und schien so fast wie ein Phänomen in der dunkeln
Nacht zu schweben. Zauberisch schön sah sie aus und wol
hätte ich sie halten mögen für einen kostbaren Reliquien-
schrein, in dem noch Etwas von der Helle und Glorie der
ersten Weihnacht der dunkeln Nachwelt aufbewahrt ist.
O wär' ich nie hinein getreten! Hier hätte ich meine Weihnacht feiern sollen! Aus dem Lichtschimmer drangen
Accorde hervor, gebrochen durch Mauern und Wände und
sanft verhallend wie eine mehr zu ahnende als hörbare Har-
monie. Bald stralte die Helle aus dem geöffneten Thore des
Himmelssaals, in dem die ewige Weihnacht glänzt, bald war
es das Gefunkel von vielen mit Kerzen geschmückten Weih-
nachtsbäumen! Das war ein schönes Wunder, das ich gern
geglaubt hätte, wenn ich nicht so unklug gewesen, es näher
zergliedern zu wollen. Wo im Meere Städte versunken sind,
hört man zu Zeiten noch die Glocken läuten, wo ein Schatz
vergraben liegt, sieht man nächtlich eine Glut; so dacht' ich
mir hier eine bessere Zeit versunken, die am Jahrestag melo-*

disch aufseufzet, und hoffte einen Schatz zu heben, nach
dem ich diese Nacht so sehnlich rang, den Schatz der Weihnacht. Ich trat hinein und alle Täuschung war vorbei. Ich
glaubte nichts mehr diese Nacht, ich hatte zu viel gesehen:
die schöne alte Basilika war zum Ballsaal umgewandelt, die
Säulen bis zum Capitol mit goldgeschmückten Purpurteppi-
chen bekleidet, unzählige, brillant funkelnde Kronleuchter
hingen stralend zwischen den Säulen, aber die Prachthelle
von tausend und abertausend Lichtern, um, auf und hinter
dem Altar, überbot deren Helle, selbst alle Seitencapellen
stralten. Magisch imposant sah von dieser blendenden
Glorie erhellt freilich die alte Kirche aus. Es blitzten und
funkelten die alten Mosaiken, wie aus farbigen Lichtfunken
gebildet; es glänzte der Marmor, die prächtig geschnitzte
vergoldete Decke, der prächtige Mosaikfußboden und rings-
um die Capellen (wenn auch nicht an sich schön, wie das
herrliche Schiff der Kirche, und überladen mit späterem,
barockem Schmuck) imponirten doch, von dem magischen
Lichtmeer umflossen, durch ihre unmäßige Pracht dem
Auge. Durch diese helle Kirche, in der es obendrein sehr
behaglich warm war, wogte ein Meer geputzter und unge-
putzter Menschen, die aber in der Größe des Raums auch
nur zu einer bewegten Masse zusammenschmolzen, ohne im
Einzelnen bemerkbar zu werden. Um die Säulen, auf den
Sockeln, auf den Stufen der Capellen und Altäre, vor den
Beichtstühlen u.s.w. hatten in den malerischsten Stellungen
und Gruppen sich ganze Schwärme von Bauern aus der
Umgegend gelagert; sie lagen gehüllt in ihre Mäntel, daß
man kaum das Gesicht sah, einer auf und neben dem
andern, bis mitten in den Weg hinein, und schliefen, ermüdet
vom langen Wachen, weitem Reisen, vielleicht überladen
vom Wein, oder saßen schweigsam und stierten mit ihren

*flammenden Augen unter der von schwarzen Locken über-*
*schatteten Stirn wild hervor auf das seltsame Getreibe an*
*geweihter Stätte. Lauernde Rachegeister schienen sie,*
*gewaltig tiefe Dinge empfindend und denkend, dachten*
*vielleicht aber nichts. Die Form war Michel Angelo's Manier,*
*das Weitere konnt' ich, vermöge ich ein Mensch bin, nicht*
*sehen. Und auch an zarten Klängen fehlte es nicht, denn*
*sowol unter den Sitzenden und Stehenden, als Gehenden*
*und Knienden gab es die schönsten Mädchen und Weiber,*
*von jedem Rang und Alter. Hatten mich anfänglich die Kerle*
*gefesselt und hatte ich mich ergötzt und erbauet sie zu*
*beobachten, so vergaß ich sie doch bald über diese zarteren*
*Schönheiten, denn das waren Augen, die noch wunderbar*
*tiefere Dinge sagten. Hinreißender war dieser Blicke*
*Melodie, als der Furiengesang jener wilden starren Augen.*
*Wunderschöne Weiber waren dort, Bäuerinnen, vornehme*
*Damen bunt durch einander, schlanke hohe Gestalten, üppig*
*volle, jugendlich zarte und von jedem Ausdruck, fast vom*
*tragischsten Ernst bis zur wollüstigsten Ausgelassen-*
*heit. [...]*
   *Obgleich die Kirche immer voller ward, so ging man doch*
*im Mittelschiff auf und ab spazieren, wie auf einem Ball-*
*oder Maskensaal, ehe der Tanz angeht. Zwischen Bettlern*
*und geputzten Leuten, Männern, Weibern und Kindern,*
*Italienern und Fremden, die alle sich sehr laut und ungenirt*
*unterhielten, stolzirten phantastisch, aber elegant aufge-*
*putzt, Franzosen in sonderbaren Mänteln und Schlafpelzen,*
*dann wie Vogelscheuchen eingewickelte, aber reinlich und*
*zum Theil auch nach der Mode gekleidete Engländer und*
*endlich taumelten in schmuzigem Neglige todtenbleich und*
*blutroth vom Wein die meisten Deutschen mit irren Blicken*
*und unsichern Schritten einher. Nach langem Harren kam*

die Procession: *Pfaffen mit Kreuzen, Fahnen und Kerzen
zogen singend und räuchernd voraus; dann trug man unter
einem Baldachin, dem ein Bischof betend voraus ging, eine
schwere, glänzende, silberne Lade, Sarg oder Wiege, worin
noch etwas von der einstigen Streu aus der Krippe Jesu lag,
darauf ein goldenes Christkind. Hinter her folgten wieder
Pfaffen. Alles stürzt vor der Krippe aufs Knie und die Procession ist vorüber. Jetzt summte die ganze Gemeinde wieder
chaotisch durch einander und nun beginnen nach und nach
in den verschiedenen Capellen die Frühmessen. A. ging, ich
blieb noch, da ich sehr schöne Augenweide hatte, und blieb
bis 6 ½ Uhr Morgens. Das war eine Weihnacht – ihre Helle
schien den Himmelsglanz in jener Nacht überbieten zu
wollen, doch war das Dunkel jener Nacht heller als dieser
tausend Lichter Glanz. Man schien verbergen zu wollen, daß
der Vorgänger des Statthalters Petri von so geringer, niede-
rer Herkunft sei, aber Alles, was in jener armen Hütte war,
das fehlte hier. Arme Hirten, die waren hier auch, wol mehr
als damals und in der äußern Erscheinung jenen auch
vielleicht sehr gleich; doch statt der Engel mit Flügeln und
seligen Kindergesichtern waren hier andere Engel, die hoffentlich einst noch die Seligkeit erlangen werden, bis dahin
aber es sich auf der Erde recht wohl sein lassen. Wie der
Unterschied zwischen jenen Engelchören und denen dieser
Nacht, so der Contrast zwischen wahrer Weihnachtsfeier
und diesem Firlefanz. Es graute schon der Tag, als ich zu
Hause ging. Obschon es überall Eis gefroren hatte und mich
tüchtig fror, so verfolgte ich doch in einer sehr einsamen
Straße ein schönes Mädchen, das ich, als es in ein Haus
hineintrat, anredete und fragte, ob ich es nicht zeichnen
dürfe; da begrüßte mich eine alte Frau gleich mit solchen
Schimpfworten, daß ich, als auch bald ein Mann noch zum*

*Succurs kam, noch andere Dinge fürchtend mich so schnell*
*als möglich auf und davon machte. Bei hellem Tage kam ich*
*nun zu Hause, weckte A., machte Feuer an, trank Kaffee und*
*hielt, ohne zu schlafen, ohne müde zu werden, bis zum*
*Abend 12 Uhr aus.*

Im Zeitalter von Klassizismus und Romantik galt das Studium der Altertümer als unentbehrliches Element der klassischen Bildung. Unter den vielen Künstlern, die es deshalb
nach Italien zog, war auch der Hamburger Maler Erwin
Speckter. Im Herbst 1830 macht er sich in Begleitung seines
Freundes, des Malers und Bildhauers Louis Asher, auf den
Weg und reist über Padua und Venedig nach Rom. Für vier
Jahre sollte die Stadt ihr Domizil werden. Durch lange Briefe
hält Erwin Speckter den Kontakt zu den Seinen daheim. Tage-
buchartig schildert er ihnen die Stationen seiner Reise, die
Begegnungen mit Landsleuten und Fremden und die Besuche
in den Ateliers befreundeter Künstler. In schillernden Details
breitet er vor ihnen aus, was die »armen Kinder des Nordens«
nicht miterleben konnten: die »Lebensfülle, Pracht und Herrlichkeit« der Landschaft und Gärten, das Monumentale der
Kirchen und Paläste, die Erhabenheit der Skulpturen und die
traumhaften Farbenwelten der Malereien. »Ja, wer solchen
Himmel sieht und solche Tage erlebt«, schreibt er wenige
Tage nach seiner Ankunft, »der hat einen Blick ins Paradies
getan.«

Aber sosehr ihn die Begegnung mit den Spuren der Vergangenheit überwältigt, so wenig begeistert ihn die Gegenwart. Vergeblich sucht er bei den Italienern nach dem »Ernst

der Tiefe und Größe der alten Römer«.»Wenn sie auch schön
wie die Natur sind, so erfreuen sie das Herz doch nicht«,
notiert er enttäuscht. Mit ihnen und ihrer Lebensart will er
nicht warm werden und er fühlt sich stets als Fremder. Oft
wandern die Gedanken sehnsuchtsvoll nach Hause – nicht
zuletzt an Feiertagen.»Bald zog nur bittere Wehmut in unsere
Herzen ein«, schreibt er über das erste Weihnachtsfest in der
Ferne, das er im Kreise befreundeter Landsleute verbringt.
»Kaum konnte ich mich der Thränen enthalten; ich dachte
an die goldflimmernden Zimmer, Weihnachtsbäume, Kinderjauchzen meiner Jugend, an Geschwister und Eltern.« Zwischen Ausgelassenheit und Trübsinn schwankend, saß die
kleine Künstlergemeinde bis in die frühen Morgenstunden
bei gutem Essen und gutem Wein zusammen, die Zimmer
waren mit »Apfelsinen, Äpfeln und Marcipansachen aus-
geputzt und eine Menge Wachsflöckchen angezündet, was
sich allerliebst ausnahm«. Es sind lange Weihnachtsnächte in
Italien. Im darauffolgenden Jahr besucht er an Heiligabend
gemeinsam mit Louis Asher die Mitternachtsmesse im Petersdom und um drei Uhr morgens die Messe in der Basilika
Santa Maria Maggiore. Aber je prunkvoller Menschen und
Gotteshäuser ausstaffiert sind, desto mehr erscheint ihm alles
als lächerlicher »Firlefanz«. Nur die beeindruckenden »Geistergestalten« Michelangelos künden von wahrer Größe und
lächeln mitleidig herab »auf diese kleinen Geschöpfe einer
kleinen Welt« und ihren »Flitterstaat«. Der »Schatz der
Weihnacht« will sich in Rom nicht finden lassen.
     Bei ihrer Ankunft in der Stadt waren die beiden Künstler
mitten hineingeraten in die Unruhen um die Wahl des neuen
Papstes Gregor XVI., der nun im silberweißen Gewand die
heilige Messe zelebrierte. Auch der König von Griechenland,
der die Messe im Petersdom besucht, war erst seit wenigen

Monaten im Amt. Otto I., der Sohn des bayerischen Königs Ludwig I., war zu diesem Zeitpunkt erst sechzehn Jahre alt. Er erinnerte den Künstler an seinen Bruder Otto, der ebenfalls Maler war, aber zugunsten des älteren Bruders zurückstehen musste, da die Familie nur einem Sohn eine solche Ausbildung finanzieren konnte. Otto Speckter machte sich später einen Namen durch die Illustration von Märchenbüchern, Erwin Speckter ist heute kaum noch bekannt. Er wäre vielleicht berühmter geworden und hätte ein umfangreicheres Œuvre hinterlassen, wenn seine Lebenszeit nicht so furchtbar kurz gewesen wäre. Schon vor Beginn seiner Reise war er gesundheitlich so angeschlagen, dass er seine Arbeit oft unterbrechen musste. Als er im Herbst 1834 eines größeren Auftrags wegen nach Hamburg zurückkehrt, bleibt ihm nur noch ein Jahr zu leben. Im November 1835 stirbt er in seiner Heimatstadt mit nur neunundzwanzig Jahren. Elf Jahre nach seinem Tod gibt der Leipziger Brockhaus Verlag unter dem Titel *Briefe eines deutschen Künstlers aus Italien* seine italienische Korrespondenz heraus. »Der lebendige Ton dieser Briefe und die dichterische Fülle der Ergießungen hat etwas Hinreißendes«, heißt es dazu in den vom Verlag herausgegebenen *Blättern für literarische Unterhaltung.* »Unabsichtlich hat Erwin Speckter sich in diesen Mittheilungen an seine Angehörigen und Freunde sein eigenes Denkmal geschrieben.«

# Wer an Weihnachten stirbt, stirbt nicht

Marina Zwetajewa an Anna Antonowna
Tesková

[Paris] Hôtel Innova, 26. Dezember 1938

*Ein gutes neues Jahr, liebe Anna Antonowna!*
*Mit welch einem Schlag geht das alte zu Ende! Eben las*
*Mur in der Zeitung, Karel Čapek sei gestorben. Mit 48 Jah-*
*ren! Er hätte noch 20 Jahre leben können! Und dies gerade*
*jetzt, wo ein jeder wichtig und nötig ist, wo* Mensch *bereits –*
Held *bedeutet. An welcher Krankheit ist er gestorben? In der*
*Zeitung hieß es nur: »après une courte maladie« [nach einer*
*kurzen Krankheit]. Ich habe meinen Ohren nicht getraut:*
*Das muss ein Irrtum sein! Das kann nicht wahr sein! Er*
*war doch eben noch im Gespräch wegen des Nobelpreises!*
*(NB! als könnte das den Tod abwenden!) Und erst als ich*
*es mit eigenen Augen gelesen hatte, glaubte ich. Ich trauere*
*um den Tschechen, ich trauere um den Menschen, ich*
*trauere um den Mitbruder, ich trauere um* meine Genera-
*tion. Unsere Reihen haben sich wieder gelichtet.*

*Seit September ist kein Tag vergangen, ohne dass ich Mur*
*am Morgen gefragt hätte: »Was steht über die Tschecho-*
*slowakei?« Und wie oft: »Über die Tschechoslowakei steht*
*nichts.« Heute aber – dies.*

*Ich bin wie betäubt von diesem Schlag. Als hätte das Jahr,* zum Abschied, sein letztes Geschenk gemacht: Nachdem es alles genommen hat, nahm es nun noch dies. Und die Gewissensbisse – als wäre ich, weil ich in Frankreich lebe, eine Art Mittäterin. [...]

Der arme Čapek! Was hat er zum Abschied mitbekommen? Treubruch – Verrat – Sieg der rohen Gewalt. Bitter, so zu sterben.

Eines nur tröstet ein wenig, mildert den Schmerz: der herrliche Tag. Er hat, wie Simeon, das Erscheinen Christi abgewartet. Auch wenn es kein bewusstes Warten war – er hat ausgeharrt! Ich will damit sagen: Wer an Weihnachten stirbt, stirbt nicht. Und der Gedanke: Vielleicht hat er – durch das Spitalfenster – den Schnee gesehen, große Schneeflocken, und ist dadurch sanfter entschlafen. Gebe Gott, dass er irgendwo, irgendwann sein Land wiedersieht, als ein auferstandenes! Dass sie beide auferstehen – sein Land und er! Amen.

Ich erinnere mich an eine Kirche auf dem Prager Hradschin, die ich »Heiliger Georg unterm Schnee« getauft habe, weil der Stein, aus dem sie erbaut ist, glänzt wie Schnee – sogar im Sommer. Ich erinnere mich, dass ich einmal hingegangen bin und eine halbe Stunde lang, stehend, gesungen habe: »Heiliger Georg, erbarme Dich unser!« Nur diese Worte. Wegen des Schnees fiel mir das jetzt ein. Und wieder stehe ich und sage: »Heiliger Georg, erbarme Dich unser!«

Ich friere furchtbar – Tag und Nacht, draußen und im Haus: vierter Stock, die Heizung funktioniert kaum, nachts schlafe ich mit einer Strickmütze (aus der Prager Zeit), denke an Všenory, an unseren wunderbaren Ofen, den ich mit selbst gesammeltem Reisig heizte. Und an die frühen Nächte bei Lampenschein und an die späte Heimkehr des schneebedeckten, hungrigen S. Ja. – und an Alja mit ihren Zöpfen,

so hingebungsvoll, fröhlich und gut – wo ist das alles geblieben?? Wohin entschwunden?

Ich bin furchtbar einsam. In ganz Paris gibt es nur zwei
Familien, mit denen ich verkehre. Alle anderen sind von mir
abgefallen. Und wenn meine Freunde zufällig wegzögen,
bliebe mir niemand. In einer Dreimillionenstadt. (Bei den
einen sind wir wöchentlich, bei den anderen einmal in zwei
oder drei Wochen; wenn sie uns nicht einladen, gehen wir
nicht hin; wenn sie uns nicht einladen werden, werden wir
nicht hingehen.)

Wäre ich jetzt in Prag, es wäre für Sie und für mich
besser. Hier ist mein Leben völlig sinnlos. Dort aber würde
ich mit neuer Inbrunst lieben. Und vielleicht wieder zu
schreiben beginnen. Denn hier lässt mich das Gefühl nicht
los: wozu? Das ganze letzte Jahr habe ich Sachen fertig-
geschrieben, durchgesehen, ausgewählt (später werden Sie's
verstehen), jetzt ist alles beendet, doch etwas Neues anzufangen habe ich keine Courage. Es bleibt sowieso nichts
übrig. Ich bin wie ein Kuckuck, der seine Kinder in fremde
Nester gelegt hat. Aufgezogen – und auf die Schlachtbank ...

Einen Weihnachtsbaum aber hatten wir doch. Damit Mur
einmal sagen kann, er hätte nie Weihnachten ohne Christbaum gefeiert: damit er nie sagen kann, er hätte Weihnachten ohne Christbaum gefeiert. Es kann gut sein, dass er
daran nie denken wird, dann war dieser traurige, einsame
Weihnachtsbaum eine Erinnerung an meine Kindheit und an
jene tschechischen Weihnachtsbäume, deren echte Tannen-
und Föhrenzapfen wir selber vergoldeten – mit flüssigem
Gold. Alles führt mich in die Tschechoslowakei zurück.

Ich habe nie, niemals, nicht ein einziges Mal bedauert,
dass ich nicht zwanzig bin. Und jetzt, zum ersten Mal in all
meinen nichtzwanzig Jahren, sage ich: Ich möchte Tschechin

*sein und zwanzig: um länger kämpfen zu können. In Ihrem*
*Land ist alles versammelt, was ich einzeln sammeln und*
*lieben muss. Und was das fehlende Meer betrifft – Hand*
*aufs Herz: Ich habe es nie geliebt:* mehr als alles andere *nicht*
*geliebt, das heißt gehasst. (Haben Sie* Mein Puschkin *gele-*
*sen? Dort steht alles: über das Meer und mich.) [...]*

   *Ich warte auf die Geschichte von meinem Ritter. Alles,*
*was ich weiß, ist, dass er der Stadt Prag den Löwen mit dem*
*Doppelschweif vermacht hat. Schreiben Sie mir alles über*
*ihn, liebe Anna Antonowna: Mit wem er gekämpft, wo er*
*umhergezogen, von wo er den Löwen mitgebracht hat. Und*
*noch eine Bitte: Ich weiß, dass sie schwer zu erfüllen ist:*
*Notieren Sie alles über die Tschechoslowakei – alles, jedes*
*kleinste Detail, wie das mit den Bäuerinnen (Kostüme) und*
*den Kindern (Bonbons). – Führen Sie ein* Tagebuch über
das Land. *Wer wird schon alte Zeitungen lesen wollen?*
*Und auch in den Zeitungen steht wohl nicht alles. Einfache*
*Aufzeichnungen: an dem und dem Ort – an dem und dem*
*Tag – das und das. Ein paar Zeilen pro Tag. Das wird ein*
Denkmal *sein.*

   *Ich bin froh, dass die Gedichte Sie erreicht haben – Ihr*
*Auge und Herz. Ich liebe sie* sehr, *und sie erinnern mich*
*selber (vor allem das zweite) an jene unablässig plätschern-*
*den und rauschenden tschechischen Bergbäche: So sind sie*
*auch entstanden – in einem einzigen Schreibfluss.*

*Ich beende den Brief am Abend, Mur schläft schon. Heute*
*Abend – eine traurige Freude: einige Worte über Karel*
*Čapek, in einer der beiden Zeitungen, deren Äußerungen zur*
*Tschechoslowakei in diesen Tagen ich voll und ganz teile.*
*Der Verfasser ist ein bekannter Dichter und Publizist.*
*Schreiben Sie, wie es Ihnen gefallen hat.*

*Nein, liebe Anna Antonowna,* wir geben nicht auf.

Ich weiß alles, *weiß auch, dass das alles nicht von Dauer ist, dass es eine* justice des choses *gibt, wie es im Volksmund heißt:* »*Gott kennt die Wahrheit, aber er gibt sie nicht gleich preis.*« Ich weiß auch, dass es Wunder gibt – mit *ihrem eigenen Gesetz.*

*Gebe Gott Ihnen im neuen Jahr neue Hoffnung und neuen Glauben. Denken Sie an Daudets* »*La derniere classe*« *(*»*Lettres de mon moulin*«*) – und an Polen, das uns Chopin und die Entdeckung des Radiums beschert hat.*
*Möge alles gut werden!*
M.

»Der Christbaum roch nach Mandarinen und nach brennendem Wachs und nach Großvaters längst und auf ewige Zeiten erloschenen Zigarren«, berichtet Marina Zwetajewas jüngere Schwester Anastassja über die Weihnachtsstimmung in ihrer Kindheit. Eine versunkene Welt im Russland des ausgehenden 19. Jahrhunderts, die bald ebenso der Vergangenheit angehören sollte wie die Zigarren des Großvaters. »Mussja«, so der Kosename für die Schwester, »hielt ein neues Buch ganz dicht an ihre kurzsichtigen Augen, las schon darin, vergaß alles um sich herum, knabberte Nüsse, während vom Tannenbaum, vom brennenden Faden eine blaue Kugel herunterfiel!« Für Marina Zwetajewa, die heute als eine der größten Lyrikerinnen des 20. Jahrhunderts gilt, sollte die Möglichkeit, sich in die Literatur, in das Schreiben zu versenken, immer wichtiger sein als alles andere. Entscheidend war für sie nicht, wo sie war, sondern wie gut sie dort schreiben konnte. In Paris, dieser Hochburg des geistigen und kulturellen Lebens, war ihr künstlerisches Schaffen beinahe zum Stillstand gekommen. Im Dezember 1938 lebte die gebürtige Moskauerin seit nunmehr sechzehn Jahren im Exil. Die Hoffnungen, mit denen sie 1925 von Prag aus nach Paris aufgebrochen war, hatten sich in keiner Weise erfüllt. Im Gegenteil, ihr Elend war so groß wie nie zuvor: Zusammen mit ihrem dreizehnjährigen Sohn Georgi (der in Anlehnung an E.T.A. Hoffmanns *Lebensansichten des Katers Murr* »Mur« genannt wurde) saß sie seit einigen Monaten in einem ärmlichen Hotelzimmer am Pariser Boulevard Pasteur und hatte nicht einmal einen Schrank, um die wenigen Habseligkeiten zu verstauen. Nur die Erinnerung an vergangene Zeiten bringt etwas weihnachtlichen Glanz in das traurige Ambiente.

Die Liste von Zwetajewas Freunden, Bekannten und Liebhabern liest sich wie das Who's who der Literatur des frühen 20. Jahrhunderts: Anna Achmatowa, Rainer Maria Rilke, Ossip Mandelstam, Boris Pasternak, Maxim Gorki, Wladimir Majakowski zählen dazu. Einige von ihnen befanden sich ebenfalls im Pariser Exil, trotzdem war Marina Zwetajewa dort »so einsam wie noch nie«. Das lag zum einen an dem fehlenden Anpassungswillen der Schriftstellerin selbst, die nicht daran dachte, »1. einfacher, 2. fröhlicher, 3. schöner« zu schreiben, wie es die französische Literaturkritik von ihr forderte. Der andere Grund war ihr Ehemann Sergei Efron, den sie mit achtzehn Jahren auf der Krim kennengelernt hatte. Ihrem damaligen Entschluss, sich »niemals von ihm zu trennen, was auch geschehen möge«, blieb sie ein Leben lang treu, obwohl ihr genau dies einiges abforderte. Efron hatte sich nach der Oktoberrevolution der antikommunistischen Weißen Armee angeschlossen und war nach deren Niederschlagung gezwungen gewesen, das Land zu verlassen. Marina

Zwetajewa konnte ihm erst vier Jahre später folgen. Im Hungerwinter des Jahres 1920 hatte sie eine der beiden Töchter verloren. Mit ihrer zweiten Tochter Ariadna (Alja) und mit Efron ging sie im Herbst 1922 nach Prag, von wo aus sie drei Jahre später nach Paris übersiedelten. Wenig später wurde dort Georgi geboren.

Die kleine Familie kann sich auch in Paris nicht aus der Mittellosigkeit befreien. Hin und wieder drucken die französischen Zeitungen Zwetajewas Prosatexte, aber als Lyrikerin erfährt sie keinerlei Anerkennung. Efron sehnt sich nach Russland zurück, er vollzieht eine politische Kehrtwende, schließt sich den Stalinisten an und arbeitet für deren Geheimdienst GPU. Mehrere politische Aktionen und Attentate, in die er verwickelt ist, sorgen in der französischen Presse für Schlagzeilen. Marina sieht sich zunehmend isoliert. Auch ehemalige Freunde begegnen ihr nun mit Skepsis und Ablehnung. Die Tschechoslowakei wird aus dieser Perspektive umso mehr »zum Traumland ihrer Wünsche und Sehnsüchte, die im Prager Ritter verkörperte Heimat ihrer Seele«. Zum Jahresende 1938 steht das kleine Land vor der Besetzung und Zerschlagung: Gerade war Hitler im Münchner Abkommen das Sudentenland zugesprochen worden, den Rest verleibte sich Deutschland einige Monate später ein. Marina Zwetajewa ist von diesen Ereignissen so aufgewühlt, dass sie ihre Schreibblockade durchbrechen kann und »in einem einzigen Schreibfluss« ihre *Gedichte an die Tschechoslowakei* zu Papier bringt. Der engen Freundin und Vertrauten Anna Tesková hat sie offenbar schon Auszüge aus diesem Gedichtzyklus geschickt. Die beiden Frauen hatten sich 1922 in Prag kennengelernt und eine Zeit lang zusammen in dem im Brief erwähnten Prager Vorort Všenory gewohnt. Auch den tschechischen Schriftsteller Karel Čapek hatte Marina Zwetajewa persönlich kennengelernt. Die Nachricht von seinem frühen Tod ist das letzte traurige Ereignis des zu Ende gehenden Jahres.

Im Frühjahr 1939 kehren Efron und Alja nach Russland zurück. Marina und Mur folgen ihnen wenige Monate später. Nur die Tochter wird den Zweiten Weltkrieg überleben, Marina Zwetajewa nimmt sich am 31. August 1941 aus Verzweiflung das Leben. Als Alja 1955 nach acht Jahren Gefängnis bei ihrer Tante unterkommt, stößt sie dort auf einen Koffer, der als Bettstatt fungiert. Er enthält die gesamte literarische Hinterlassenschaft ihrer Mutter. Marina Zwetajewas Gedichte, Prosatexte und Tagebuchaufzeichnungen werden einige Jahre später um die Welt gehen – mit so glanzvollem Erfolg, wie man ihn der Dichterin zu Lebzeiten gewünscht hätte.

*Orlando, Florida, 26. Dezember 1956*

*Lieber Al:*
*Weit davon entfernt, Dir die $ 6 zu schicken, die ich Dir
schulde, habe ich bereits [Sterling] Lord gebeten, mir etwas
zu leihen und mir $ 40 für meine Hin- und Rückfahrt mit
dem Manuskript zu senden, aufgrund der frohen Weihnachten, die ich hier unten mit dem Kauf von Truthähnen und
Whiskey für alle und Geschenken hatte. Außerdem weiß ich
nicht, wo diese Passfotos abgeblieben sind, also werde ich um
den 8. Jan. herum meinen Reisepass beantragen müssen, und
somit wird drei Wochen ab dann der 29. Jan. sein, gerade
eben vor unserem Abdampf-Datum, also nehme ich an, dass
wir es schaffen werden.*
*In Washington sagte Gregory, er würde mit uns zusam-
men auf demselben Schiff auslaufen … Aber er dachte wohl,
Paris sei eine Hafenstadt, denn als ich ihm dann sagte, wir
führen nach Le Havre oder Marseille oder Gibraltar, wurde
er fuchsteufelswild und sagte, er würde dann eben allein ein
Schiff nach Paris nehmen, weil er nämlich keine Lust hätte,
in beschissenen Zügen über Land zu Sura [Hope Savage] zu
fahren …*

*Wir haben uns in Washington bestens amüsiert, ich hab
in Randalls Wohnzimmer den* Washington Blues *geschrieben, derweil er und Greg rausgingen, um mit irgendeiner
Art Psychiater rumzuquasseln ... Jarrell ist ein großer
Merims-Typ und wirklich reizender Mann ... Am Abend
meiner Ankunft fingen ich und Gregory an, zusammen mit
Öl auf Leinwand zu malen, dann flippte G. aus und sagte:
»Stopp, lass mich hier allein machen, ICH HAB'S«, und
fängt an, mit großen knalligen Tuben in allen Farben auf
die Leinwand einzuflatschen und einzuklatschen ... am
nächsten Tag sieht das aus wie eine surrealistische Stadt ...
nächsten Abend nehme ich mir die großen Tuben und male
ein riesenhaftes schreckliches Dr.-Jekyll-Gesicht und dazu
noch eine surrealistische Katze ... schenke ich Jarrell, er
wollte es haben ... dann habe ich seine schöne Tochter
(Stieftochter) Alleyne Garton gezeichnet ... die mich und G.
irgendwie liebt, uns beide. Wir rasten in einem Mercedes-
Benz herum, kauften 10-Dollar-Weihnachtsbäume, besuch-
ten Zoo, Antiquitätenläden etc. G. war von mir genervt, weil
ich seine verfluchten* antique shoppes *langweilig fand ...
aber als ich ging, fühlte er sich besser. Ich habe den ganzen
Familienwhiskey ausgetrunken und verzog mich high mit
großen Washington-Hipstern in die Nebenstraßen und
verpasste dabei fast meinen Bus und verlor fast meinen
Rucksack mit sämtlichen Manuskripten und Bildern und
Utensilien ... aber Gott ist groß und hat ihn mir wieder-
besorgt. Randall gab mir im Tausch gegen den riesigen
langen Mantel einen riesigen langen Ledermantel mit
Pelzkragen, einen scharfen roten Pullover und eine hippe
scharfe Mütze für Paris ... aber sogar dieser neue Mantel
ist viel zu schwer für die Welt ... keine Ahnung, was ich
tun soll.*

*In meinem* Berkeley Blues *fand ich dieses Haiku:* »Blumen / streben krumm und schief / geradewegs in den Tod«,
*was ich für besser halte als* »heftiger Regen peitscht die
See« ... *und der Grund, warum Du nie darüber geredet hast,
ist wohl, dass Du es heimlich für Dein krummes Blumen-
gedicht gehortet hast, ohne Dich zu erinnern, woher das
kam. Aber weißt Du, ich glaube, während ich Dir* »Amerika«
*geschenkt habe, ein Amerika, so wie Du es schließlich durch*
Visions of Neal *verstanden hast, hast Du mir ja die Prosa
von* Visions of Neal *geschenkt, es war nicht nur Neals Brief,
sondern Deine verrückten sprunghaften Mir-doch-egal-
Briefe, die dieses ganze Skizzieren ausgelöst haben, die
haben den Bruch mit dem amerikanischen Formalismus à la
Wolfe ausgelöst. Wir lernen also alle voneinander und
heulen mit, aber mein Gott, es wird zu vieles von zu vielen
Leuten geschrieben, sogar guten Schriftstellern, Berge nutz-
loser Literatur wachsen überall in der modernen Welt, und
unzählige Horden noch ungeborener Schriftsteller im Schoß
der Zeit werden kommen und das Gebirge noch höher
werden lassen, ein Haufen purer Scheiße, die an den verbor-
genen Glanz von* Neal *nicht heranreichen, bis Céline pisst,
Rabelais lacht ... örgh. Und alle Welt in NY so völlig mit
UNMÖGLICHER multipler Leserei schnell wie Howard
[Fast] beschäftigt, und es kümmert keinen, und niemand
macht die Augen auf oder hört zu, das alles ist einfach nur
ein riesiges aufgeregtes übererregtes Geschwür. Deshalb bin
ich ratlos, ich glaube, mein* Some of the Dharma *stellt meine
anderen Bücher in den Schatten, weil es diesem Problem
dummer Multiplizität und blindwütiger Wortklauberei
Rechnung trägt.*
    *Wie dem auch sei, ich habe an John Holmes geschrieben
und Deinen späteren Besuch im Januar vorbereitet, Du wirst*

*also von ihm hören. Gregory will mit uns zu [William Carlos] Williams, wartet also doch auf mich und fahrt nach dem 8. Jan., damit ich Williams treffen kann. Ich kann mich jetzt bei Stipendien auf Jarrell berufen, Guggenheim ist zu schwierig, finde mal was über andere heraus, falls Du in all dem nervösen Wahnsinn da Zeit findest.*

*Ich habe für den Umzug meiner Mutter nach meiner Abreise alles vorbereitet und noch ein bisschen Geld für Europa, abzüglich des Tickets … das heißt, hast Du immer noch die Absicht, mein Ticket zu zahlen? Andernfalls werde ich nicht mitkommen können, denn das entspricht den Kosten für ihren Umzug. Zum Herbst werde ich Geld haben, um es Dir zurückzuzahlen, mach ein Darlehen draus, ich schulde Dir jetzt bereits die $ 40 vom letzten Frühjahr, leih mir jetzt das Geld für die Überfahrt, und nächste Weihnachten werde ich Dir alles zusammen, insgesamt $ 200, zurückgeben, wenn sich bis dahin meine Mutter in Long Island eingelebt hat und ich ihre monatlichen Sozialleistungsschecks bekomme. Okay? Aber wenn nicht okay, dann lass es mich wissen. Abgesehen davon, habe ich diese Verträge noch nicht unterschrieben, und es könnte noch etwas schiefgehen. In Sachen Geld wirst Du alles von mir zurückbekommen, mach Dir in dieser Hinsicht keine Sorgen, Jarrell meinte, ich würde reich werden. Bald mehr, weiterer Brief, länger, aber schieß mir inzwischen einen zurück.*

*Jack*

✳

Sie verachteten das bürgerliche Leben, waren wütend, stolz, chaotisch, romantisch und spontan, und als Schriftsteller

wollten sie die Literatur revolutionieren. Nach einem Slang-
ausdruck aus der Jazzszene gaben sie sich den Namen *The
Beat Generation. Beat*, das hieß so viel wie »besiegt«, »müde«
und »heruntergekommen«, es konnte aber auch die Bedeutung »euphorisch« *(upbeat)* annehmen, »selig machend«
*(beatific)* oder *being on the beat*: »im Rhythmus sein«. Im
Zentrum der *Beat Generation* standen Jack Kerouac und Allen
Ginsberg, die sich 1944 auf dem Campus der Columbia Uni-
versity in New York trafen und sofort erkannten, dass sie
sich im selben Rhythmus bewegten: Sie bewunderten dieselben Schriftsteller und verspürten beide den Drang, selbst
zu schreiben. Aber auf keinen Fall wollten sie so werden wie
der im Brief erwähnte Howard Fast, ein langweiliger Viel-
schreiber, der ein Buch nach dem anderen auf den Markt warf.
Kerouac brach sein Studium ab, war eine Zeit lang bei der
Kriegsmarine und zog anschließend in den USA, Mexiko,
Marokko und Europa umher. Seinen Lebensunterhalt verdiente er sich mit Gelegenheitsarbeiten, unter anderem als
Feuerwächter und Schiffsküchenjunge. Allen Ginsberg wiederum machte an der Columbia seinen Abschluss und ließ
sich später mit seinem Lebensgefährten Peter Orlovsky in
San Francisco nieder.

Wenn sie sich nicht sahen, schrieben sich Kerouac und
Ginsberg Briefe, in denen sie sich über das Leben und die
Literatur austauschten. Auch ihre Bücher entstanden im Geist
gegenseitiger Inspiration, »Geschenke« des einen für den
anderen. 1951 schrieb Kerouac seinen Roman *On the Road*,
der das rastlose Gefühl des ständigen Unterwegsseins be-
schreibt. Fünf Jahre später trug Allen Ginsberg zum ersten
Mal sein Langgedicht *Howl* öffentlich vor, das ihn zur Le-
gende machte – eine wütende Klangkaskade, die mit den Worten anhebt: »I saw the best minds of my generation destroyed

by madness, starving hysterical naked, dragging themselves through the Negro streets at dawn looking for an angry fix.« (Ich sah die besten Köpfe meiner Generation zerstört vom Wahnsinn, ausgemergelt hysterisch nackt, wie sie sich im Morgengrauen durch die Negerviertel schleppten auf der Suche nach einer wütenden Spritze).

Zum Umfeld der Beat Generation gehörten neben Kerouac, Ginsberg und Peter Orlovsky auch William S. Burroughs, Kerouacs Freund Neal Cassady, Gregory Corso und dessen Freundin Hope Savage (»Sura«) sowie Randall Jarrell. Bei Letzterem verbrachte Kerouac im Dezember 1956 zusammen mit Corso die Weihnachtszeit: Sie malten rauschhafte sur- realistische Bilder, cruisten im Mercedes durch die Straßen, kauften Weihnachtsbäume, und statt Geschenken tauschten sie Mäntel und Pullover. Im Januar 1957 reiste Kerouac zu- nächst nach Marokko, wo er William S. Burroughs traf, um dann – wie im Brief angekündigt – Allen Ginsberg in Paris zu besuchen, wohin dieser mit seinem Freund gezogen war. Das heruntergekommene Hotel im Quartier Latin, das sie dort bewohnten, wurde zum Treffpunkt der Gruppe – als »Beat Hotel« sollte es in die Literaturgeschichte eingehen.

Die ständige Suche nach einer rauschhaften Existenz, nach Freiheit, Sex, Drogen und dem perfekten Augenblick ließ sich kein ganzes Leben durchhalten. Nicht zuletzt die ständigen Geldsorgen zehrten an den Nerven. Im Jahr 1961 zog sich Kerouac in die Einsamkeit der Natur zurück, später lebte er mit seiner Mutter zusammen. »Ich war überhaupt kein *Beat*, sondern ein befremdender, einsamer, irrer katholischer Mys- tiker«, erklärte Kerouac im Rückblick. Aber auch die Feier des Augenblicks hatte ihre mystischen Momente: »Was ist das Geheimnis der Welt«, schrieb Jack Kerouac am 13. Januar 1950 an Ginsberg. »Niemand weiß, dass wir Engel sind. Gottes

Engel bezaubern und täuschen mich. Sah eine Hure und einen alten Mann an einem Imbisswagen – und o Gott, ihre Gesichter! Habe mich gefragt, was Gott sich dabei wohl gedacht hat. In der U-Bahn wollte ich aufspringen und schreien: ›Was sollte *das* denn jetzt? Was ist da oben bloß los? Was willst du uns damit sagen?‹ Herrgott (noch mal), Allen, das Leben ist der Mühe nicht wert, das wissen wir alle, es stimmt doch fast *nichts* daran, aber wir können nichts dagegen tun, und das Leben ist der Himmel.«

## Die Festtage habe ich ziemlich still hingebracht

Wilhelm Busch an seine Eltern

*[Ebergötzen, nach Weihnachten 1841]*

*Theure Eltern!*
*Ihr habt gewiß schon lange nach einem Briefe von mir aus-*
*gesehen, und ich habe auch oft im stillen daran gedacht, wie*
*lieb Euch eine kleine Nachricht von mir sein würde. Aber da*
*ich noch nicht ganz ohne Onkels Hülfe an Euch schreiben*
*kann, Onkel aber seit einiger Zeit so viel zu thun hatte, daß*
*ich ihn nicht mit meinen Bitten zur Last fallen wollte, so*
*habe ich meinen Brief bis nach dem Feste verschoben, schrei-*
*be nun aber auch gleich und lasse Euch nicht länger auf*
*ein Lebenszeichen von mir lauern. Es geht mir immer noch*
*gut, und es hat mir, so lange ich hier bin, noch kein Finger*
*weh gethan. Die Festtage habe ich ziemlich still hingebracht.*
*Am Christabend erfreute mich Euer liebes Geschenk außer-*
*ordentlich; ich hatte auch ein neues Habit sehr nöthig; denn*
*eine meiner Hosen war mir gar zu eng und kurz geworden*
*und dazu sehr zerrissen, deshalb kam mir die neue Hose*
*sehr erwünscht; auch über das schöne Buch mit dem hüb-*
*schen Einbande habe ich mich sehr gefreut und will auch*
*recht viel daraus lernen. Ich war aber der Einzige, dem der*
*Christmann seine milde Hand aufgethan hatte, denn weder*

Onkel, noch Tante, noch der kleine Junge haben etwas
bekommen. Den ersten Festtag Nachmittag brachte ich bei
meinem Freunde Erich, dem Sohne des Müllers Bachmann
zu, denn Onkel hatte eine Kindtaufe in Radolfshausen bei
dem dortigen Obervogte, wohin ich nicht mitgehen konnte.
Am zweiten Weihnachtstage waren wir nach dem Amte
eingeladen, und da ich daselbst mehre Kinder traf, war ich
sehr vergnügt. Ich habe jetzt in einem Theile meiner Stunden, nämlich Nachmittags, noch einen Gefährten bekommen, wodurch es sich um so besser lernen läßt, weil der eine
es immer noch besser machen will, als der andere. Ferien
haben wir aber in dieser Zeit nicht gehabt; bloß den letzten
Tag vor den Festtagen hatten wir keine Stunden. Wir gehen
aber auch eben so gern in die Stunden, als daß wir frei
haben.

Ich möchte Euch auch gern eine kleine Freude zum Feste
gemacht haben, aber meine Kräfte sind dies Jahr noch zu
gering, um irgend etwas hervorzubringen, was Euch wirklich
Freude machen könnte; nächstes Jahr soll es hoffentlich
schon besser gehen. Um Euch aber doch einen kleinen
Beweis zu geben, daß ich in Ebergötzen nicht so dumm
geblieben, als ich hingekommen bin, und daß ich meine Zeit
nicht müßig hingebracht habe, schicke ich Euch diejenigen
Bücher, die ich bisher vollgeschrieben habe. Aller Anfang ist
schwer, das werdet Ihr auch an meinen schriftlichen Arbeiten erkennen; aber ich tröste mich mit dem Sprichworte: mit
der Zeit bricht man Rosen, und verliere darum die Geduld
nicht, wenn's auch langsam geht. – Wir hatten lange keine
Aussicht zum Winter; jetzt ist er aber recht kräftig erschienen. Leider sind die Wintervergnügen hier nur gering, da
man hier gar kein Eis zum Gleiten hat. Meine lieben
Geschwister sind jetzt gewiß immer auf dem Eise und lassen

*sich die Hände braun frieren. Wie geht es denn Großmutter,
sie ist gewiß mit dem schönen Wetter sehr zufrieden gewe-
sen, was wir bisher gehabt haben; ich grüße sie, meine liebe
Schwester und meine lieben Brüder, Onkel Heinrich, Tante
Lisette, und Euch recht herzlich und bleibe Euer
Euch liebender Sohn
W. Busch.*

Gerade einmal neun Jahre zählte Wilhelm Busch, als er im
Dezember 1841 diesen Weihnachtsbrief verfasste. Am 15. April
1832 war er in Wiedensahl, einem Dorf zwischen Stadthagen
und Loccum im damaligen Königreich Hannover, zur Welt
gekommen. Er war das erste von sieben Kindern, sein Vater
betrieb im Dorf einen Krämerladen. In der Familie ging es
puritanisch streng zu, für herzliche Gefühle war wenig Platz.
Nachdem Wilhelm drei Jahre die Dorfschule besucht hatte,
wurde er 1841 zur weiteren Erziehung in die Obhut seines
Onkels Georg Kleine, Pfarrer in Ebergötzen bei Göttingen,
gegeben. Drei Tage dauerte die Fahrt im Pferdewagen dorthin.
Von Ebergötzen schreibt er diesen Brief an die »teuren
Eltern«, es ist der erste überlieferte Brief Wilhelm Buschs.
Aus ihm spricht unverkennbar der Wunsch, den bestmögli-
chen Eindruck zu machen. Der Neunjährige präsentiert sich
als fleißig, bescheiden und geduldig, ganz so, wie es von ihm
erwartet wird; nicht auszuschließen, dass Pastor Kleine dabei
die Feder führte. »Der Onkel«, erinnert sich Busch, »war ein
stattlicher Mann, ein ruhiger Naturbeobachter und äußerst
milde: nur ein einziges Mal, wann schon öfters verdient, gab's
Hiebe, mit einem trockenen Georginenstengel; weil ich den

Dorftrottel geneckt.« Der Pastor bringt seinem Neffen neben einer guten Allgemeinbildung auch die Liebe zur Literatur und die Grundlagen des Zeichnens und Malens bei.

Drei Jahre sollte es dauern, bis Wilhelm Busch das heimatliche Dorf und seine Eltern wiedersah. Als er seiner Mutter entgegenlief, kannte sie ihn zunächst nicht wieder. Hängt es mit dieser frühen Erfahrung familiärer Kühle und Distanziertheit zusammen, dass Wilhelm Busch zeit seines Lebens ein reservierter Mensch blieb? Er ließ sich von niemandem in die Seele schauen, ging kaum enge Bindungen ein und blieb unverheiratet.

Auch auf die Verheißungen der Religion gab er wenig, und dieser Skeptizismus scheint ebenso bereits in der Kindheit angelegt. Im Bücherschrank des Pfarrers von Ebergötzen fiel dem Jungen Immanuel Kants *Kritik der reinen Vernunft* in die Hände, »die, wenn auch damals nur spärlich durchschaut, doch eine Neigung erweckte, in der Gehirnkammer Mäuse zu fangen, wo es gar zu viel Schlupflöcher gibt«. In seinen großen Bildergeschichten ging der Zeichner und Dichter Wilhelm Busch später mit all dem, was den Zeitgenossen hoch und heilig war – den Institutionen der Kirche, der Ehe, der Familie, der Schule –, ins Gericht. Seine Geschichten seien »vom Leben durchglüht« und »mit Fleiß gehämmert«, bemerkte Busch. Nicht nur mit *Max und Moritz*, auch mit der *Frommen Helene* nimmt es ein schlimmes Ende. Aus letzterer Geschichte stammt der schöne Vers, der längst zum geflügelten Wort geworden:

»Das Gute – dieser Satz steht fest –
Ist stets das Böse, was man lässt!«

27. Dezember [1972]

*Weiter mit dem geschenkten Füller. Es hat keinen Zweck, so zu tun, als wärst Du eine gewöhnliche Frau. Du bist es ebenso wenig wie dieser Füllfederhalter. Damit meine ich natürlich um Himmels willen nicht, dass Du mit einem Schreibwerkzeug vergleichbar wärst. Und doch bist Du, genau wie dieser herrliche Füller, schwer und leicht zugleich … Du bist einzigartig. Du hast dieselbe Schwere wie der Füller – Dein Arsch, Deine Titten, die Glätte Deines Rückens betören. Aber sie sind schwer. Perfekt ausbalanciert wie das Pendel einer unendlich begehrenswerten Uhr. Wie soll ich sagen, wie es ist, wenn sich die Wollust in das strenge Gesicht schleicht? Wie beschreiben, dass diese Uhr innehält und für den Bruchteil einer Sekunde zu dem wilden Tier wird, von dem alle Männer hoffen, es in ihren Frauen zu finden? Und – wo wir schon von Füllern und Dir sprechen – wie es ist, wenn die Tinte aus dem Stift sprudelt … aus der Tiefe des göttlichen Körpers. Ach übrigens, darf ich Dich heute Nachmittag vögeln? Ergebenst (Du musst nur in mein Zimmer kommen), R. B.*

✳

Für manche ist es die größte Liebesgeschichte des 20. Jahrhunderts, ganz bestimmt ist es eine der leidenschaftlichsten und turbulentesten: die Liebe zwischen Elizabeth Taylor und Richard Burton. Der Funke sprang über, als sie zum ersten Mal gemeinsam vor der Kamera standen, 1962 in Rom bei den Dreharbeiten zu dem Historienfilm *Cleopatra*. Sie spielte die schöne Pharaonin, er den römischen Feldherrn Marcus Antonius, dem die Herrscherin Ägyptens den Kopf verdrehte. Und für die nächsten vierzehn Jahre folgten sie der Devise: Sie küssten und sie schlugen sich – vor der Kamera, wie in der gefeierten Verfilmung des Stücks *Wer hat Angst vor Virginia Woolf*, in der sie ein zankendes Ehepaar spielten; und erst recht, wenn die Scheinwerfer abgestellt waren und die Meute der Paparazzi, die dem Skandal- und Glamourpaar auf Schritt und Tritt folgte, auf neue Schlagzeilen lauerte. Die Bühne ihrer Liebe war die Öffentlichkeit.

Ende 1972 drehten Elizabeth Taylor und Richard Burton in Rom und München das Filmdrama *Divorce His, Divorce Hers (Seine Scheidung, ihre Scheidung)*, einen Zweiteiler über das Zerbrechen einer Ehe. Der Regisseur Waris Hussein, ein zurückhaltender junger Brite indischer Herkunft, gab sich alle Mühe, das Set zusammenzuhalten. »Wie Giftpfeile schossen die Worte zwischen den beiden hin und her«, erinnert sich Hussein, zwischenzeitlich vom Regisseur zum Kriegsberichterstatter wechselnd. Und wenn bei den ausgedehnten Mittagessen der Burtons am Set – Kellner servierten in Livree ein Vier-Gänge-Menü mit verschiedenen Weinen – zu viel getrunken wurde, konnte man den weiteren Drehtag ohnehin vergessen.

»Ich finde, sich so richtig peinlich bis aufs Blut zu streiten, ist eine der schönsten Übungen in ehelicher Zweisamkeit, die es gibt«, erklärte Elizabeth Taylor. Und nur wer sich leidenschaftlich streitet, kann sich auch leidenschaftlich versöhnen. Dass das Feuer zwischen den beiden zu diesem Zeitpunkt noch längst nicht erloschen war, beweist der handschriftliche Brief, gesandt von einem Zimmer zum nächsten, mit dem sich Burton für das Weihnachtsgeschenk seiner Frau bedankt. Ein recht bescheidenes Geschenk, verglichen mit denen, die Richard Burton seiner Frau für gewöhnlich machte: Im Jahr 1967 kaufte er Elizabeth die Luxusjacht *Kalizma*, ausgestattet mit sieben Schlafzimmern und drei Bädern, und einen fabrikneuen Privatjet; zwei Jahre später ersteigerte er bei einer Auktion einen 69-Karat-Diamantring – für die atemberaubende Summe von 1,1 Millionen Dollar. Und zum vierzigsten Geburtstag im Februar 1972 erhielt Elizabeth Taylor von ihrem Mann den berühmten Taj-Mahal-Diamanten, ein herzförmiges Juwel mit Goldkette aus dem Besitz des indischen Großmoguls und Erbauers des Taj Mahal Shah Jahan, Kostenpunkt 350 000 Dollar. »Ich hätte Elizabeth lieber das Taj Mahal gekauft, aber der Transport wäre zu teuer geworden«, so Burtons Kommentar. Doch selbst die prachtvollsten Geschenke können eine morsche Beziehung auf Dauer nicht kitten. Ein paar Monate nach den Dreharbeiten zu *Divorce His, Divorce Hers* trennten sie sich zum ersten Mal, 1974 folgte die Scheidung. 1975 heirateten sie erneut, ihre zweite Ehe hielt gerade einmal zehn Monate. »Ihre Liebe war einfach zu groß für die Ewigkeit«, heißt es in einer Biografie.

Die Scheidungsvereinbarung legte fest, dass Elizabeth ihre Geschenke – die Jacht *Kalizma*, den Schmuck und zahlreiche Kunstwerke – für sich behielt. Die Jacht erstand im Jahr 2004 Brad Pitt für seine Angetraute Jennifer Aniston (auch diese Ehe ließ sich durch großzügige Geschenke nicht retten). Der Nachlass der Taylor wurde nach ihrem Tod im Jahr 2011 bei Christie's versteigert. Die Taj-Mahal-Kette und der

69-Karat-Ring kamen für zusammen 17,6 Millionen Dollar unter den Hammer. Was hingegen aus jenem schweren Füller geworden ist – Elizabeths Weihnachtsgeschenk, mit dem die hier abgedruckte Liebeserklärung zu Papier gebracht wurde –, ist nicht bekannt.

## Das Rehziemer ist verzehrt und die Marzipankiste beiseite gestellt

Theodor Fontane an Mathilde von Rohr

[Berlin] 3. Januar 1883

*Mein gnädigstes Fräulein.*

*Die Festtage liegen zurück, das Rehziemer ist verzehrt und die Marzipankiste für die Zeiten eines beßren Magens bei Seite gestellt, – da geziemt sich's nun Briefe zu schreiben und Dank auszusprechen, zuvörderst an Sie, mein hochverehrtes gnädigstes Fräulein, denn ich bin mit allem Möglichen tief in Ihrer Schuld.*

*Ein längerer Brief von Ihnen, den ich schon etwa Mitte Dezember erhielt, hat mich sehr beglückt. Sie sprachen sich darin über meinen Schach aus und in einer Weise, die weit über meine Erwartungen hinausging. Alles Lob thut wohl; an Ihrer Zustimmung aber mußte mir in diesem Falle ganz besonders gelegen sein, schuld' ich Ihnen doch den ganzen Stoff; ohne Ihre Erzählung existirte auch die meinige nicht.*

*Mit dem Beifall, den Schach im Publikum und in der Presse gefunden hat, kann ich zufrieden sein, eine der Kritiken (im Magazin f. d. Literatur des In- und Auslandes) geb' ich gleichzeitig mit diesen Zeilen zur Post. Fast noch wichtiger ist mir das, daß mir Landgerichts-Direktor Lessing, der*

reiche Besitzer der Vossischen Zeitung, einen liebenswürdi-
gen Brief geschrieben, mir seinen Dank ausgesprochen und
für nächsten Sommer, 83, etwas ähnlich Novellistisches von
mir eingefordert hat, aber über dies schließlich doch immer
nur bescheidene Maaß von Glück und Anerkennung werd'
ich schwerlich hinauskommen. Ein wirklicher Erfolg war mir
nie beschieden und wird mir auch nicht mehr beschieden
werden. Ich muß mich einrichten mit Lebenslotterie-Gewin-
nen von 50 Thalern. Je länger ich das Leben beobachte, je
deutlicher seh' ich, daß dem Einzelnen mit einer eisernen
Consequenz des Schicksals das Eine gegeben, das Andre ver-
sagt wird; der eine spekulirt immer glücklich, der andre
immer unglücklich; der eine liebt immer glücklich, der andre
immer unglücklich; der eine reist dreimal um die Welt ohne
Unfall, der andre trifft es bei jeder Ausfahrt so, daß ein Rad
bricht oder ein Pferd durchgeht oder doch wenigstens, daß es
mit Mollen gießt. Und nach diesem Unwandelbarkeits-
Gesetz ist auch über mein Bücher-Glück und Unglück ein
für allemal entschieden: ich werde immer einen mäßigen
Anstands-Erfolg erzielen; aber nie mehr. Auch bei Schach
wird sich dies wieder zeigen; die 2. Auflage war schnell da,
aber darüber hinaus wird es wohl nicht kommen. Der Buchhändler und das Publikum wenden sich schnell andern Göt-
tern zu. Alles lebt nur auf 8 Tage.

Die Festtage, trotzdem uns nichts eigentlich quälte und
drückte, waren nicht recht froh. Meine Frau schob es darauf,
daß ich alle die Festtage durch bis zum 31., wo ich dann um
7 Uhr ins Theater (Sylvester-Vorstellung) stürzte, ange-
strengt arbeiten mußte; aber das ist Täuschung. Der eigentliche Grund, der keine rechte Lustigkeit aufkommen läßt, ist
der, daß in unsren sämmtlichen Herzen keine Lustigkeit exi-
stirt; alles ist unter dem Druck von irgend etwas Lästigem,

Unangenehmen; die Kinder – mit alleiniger Ausnahme von
Friedel, der einen gütigen, theilnahmevollen, liebenswür-
digen Charakter hat – sind, im letzten Winkel ihres Herzens,
alle über »die kleinen Lebensverhältnisse« verstimmt; alle
drei sagen sich beständig »Gott, es ist doch aber auch ein
Pech, daß wir gerade so arme Eltern haben müssen«; sie
übersehen das tausendfältig Gute, das sie haben, und kommen zu keiner ächten und tiefen Anerkennung meiner
Bestrebungen, weil ihnen die relative Resultatlosigkeit dieser
Bestrebungen unbequem ist. Meine Frau ist darin viel ver-
ständiger und viel liebenswürdiger geartet (überhaupt die
Beste von der ganzen Gesellschaft, mich mit eingerechnet)
und leidet nur ihrerseits wiederum unter ihrer großen kör-
perlichen Gebrechlichkeit. Ich, trotz aller Arbeit (oder
vielleicht durch die Arbeit) bin der einzig oft wirklich Heitre,
und würde dieser Heiterkeit auch Ausdruck geben, wenn
mich nicht die tief-innerlichste Nicht-Heiterkeit der Kinder
um diese meine Heiterkeit brächte. Das Maaß von Verkehrt-
heit und Undankbarkeit, das darin liegt, aergert mich. Keins
der Kinder hat je scharf zugefaßt und gesagt: »so soll es
sein; das übernehm' ich, das ist nun meine Sache« – alle
leben ganz ausschließlich nach ihrem Penchant. Dieser
Penchant ist nicht schlecht, sie verlangen keine Dummhei-
ten, sie sind nicht faul – aber jeder folgt nur seiner Laune,
seiner Natur, keiner hat eine höhere Vorstellung von Pflicht.
Sie thuen dies und das, auch Gutes und Verständiges, aber so
wie es anfängt, ihnen im Kleinsten unbequem zu werden, ist
es damit vorbei. Vielleicht war ich ebenso, vielleicht sind die
meisten Menschen so; aber jedenfalls giebt es auch andre,
die voll Kraft und Muth nicht blos der eignen Neigung, sondern auch einer wirklich schönen, über das Ich hinausgehen-
den Aufgabe leben. Die Beobachtung dieser Dinge rund um

mich her ist mir mitunter schmerzlich, und kann einem das ganze Menschenthum, man selbst mit eingerechnet, verleiden. [...]

In den nächsten Tagen fang' ich nun an meine Novelle Graf Petöfy *(für Ueber Land und Meer bestimmt)* zu corrigiren; es wird wohl – selbst wenn ich leidlich gesund bleibe – bis in den Mai hinein dauern. Ende Mai geh ich dann wieder in den Harz, wohin ich mich immer wieder sehne.

Meine Frau und Martha empfehlen sich Ihnen angelegentlichst. In Dankbarkeit und herzlicher Ergebenheit, mein gnädigstes Fräulein, Ihr
Th. Fontane

Zu Weihnachten überreichte Theodor Fontane seiner Frau Emilie die Geschenke gern in Begleitung eines Gedichts. So heißt es beispielsweise am 24. Dezember 1859 unter der Überschrift »Gekommen ist der Heil'ge Christ«: »Empfang zuerst ein Strumpfenband, / Das ich für dreißig Pfengk erstand / bei Fonrobert im Laden. / Ich wünsche dir, geliebtes Weib, / Bald wieder einen dünnern Leib / Und etwas dick're Waden.«

Fast ein Jahrzehnt waren die beiden damals verheiratet, und es waren keine einfachen Zeiten. Fünf Geburten hatte Emilie schon hinter sich, fünf Söhne, von denen drei jeweils wenige Wochen nach der Geburt starben. Zwei weitere Kinder, die Tochter Martha und der Sohn Friedrich (»Friedel«), folgten 1860 und 1864. Und meistens war das Geld knapp im Haushalt des freien Schriftstellers Fontane, für den die künstlerische Entwicklung stets Vorrang hatte vor materiellen Sicherheiten. Man dürfe das Glück nicht nach der Zahl der Geldrollen bemessen, schrieb er seiner Frau ins Stammbuch. Emilie Fontane kümmerte sich um die Erziehung der Kinder, arbeitete ihrem Mann zu und schrieb seine Manuskripte ins Reine; aber sie sparte, wenn es sein musste, auch nicht mit Kritik. Trotz mancher Krisen und Bewährungsproben blieben sich die Eheleute Fontane in gegenseitigem Respekt zugetan. Im Weihnachtsgedicht des Jahres 1862 an Emilie heißt es: »Nur stramme Liebe, ums recht zu bedenken / Kann's wagen, Kamm und Seife zu schenken, / Und glücklich die Ehe, wo Frau und Mann / Sich Kamm und Seife schenken kann.«

Lange sollte sich an der angespannten wirtschaftlichen Situation wenig ändern. Im Alter entstanden die großen Romane – *Irrungen, Wirrungen, Effi Briest* und *Der Stechlin* –, die den Schriftsteller berühmt machen sollten. Erst Ende der Achtzigerjahre, Fontane ging inzwischen auf die siebzig zu, begannen die Dinge sich aufzuhellen. Von den »kleinen Lebensverhältnissen« – diesmal wird die Klage angestimmt von den Kindern – ist auch in dem Brief die Rede, in dem Fontane die Feiertage des zu Ende gegangenen Jahres 1882 rekapituliert. Ein Weihnachten, an dem »keine rechte Lustigkeit« aufkommen wollte und das er anscheinend mehr oder weniger am Schreibtisch verbrachte. Seine Briefpartnerin ist die fast zehn Jahre ältere Mathilde von Rohr. Fontane hatte sie in den Dreißigerjahren kennengelernt, als sie in Berlin einen Salon führte. Im Jahr 1869 trat sie als Stiftsdame in das Kloster Dobbertin ein. Der engen Vertrauten und Seelenfreundin konnte Fontane anvertrauen, was er innerhalb der »strammen Liebe« zu seiner Frau nicht sagen konnte. Denn Frau von Rohr »hatte nur Liebe und Güte für mich«. Im Gegenzug versorgte sie ihn mit Informationen aus der Welt des märkischen Adels, die er dankbar in seinen Werken verarbeitete – in den *Wanderungen durch die Mark*

*Brandenburg*, aber auch in der erwähnten Novelle *Schach von Wuthenow*.

Fontanes skeptische, ein wenig resignative und doch warmherzige Haltung, die aus diesem Brief spricht, zieht sich durch seine Werke und Briefe. »*Alles* ist Glück und Grande, das Kleine so gut wie das Große«, heißt es in einem Brief aus dem Jahr 1886 an seine Frau, »aber *das* ist richtig, daß wir nichts in unsrer Hand haben und daß wir von Minute zu Minute von einer Rätselmacht abhängig sind, die uns streichelt oder schlägt.« Vier Jahre später, im Alter von siebzig, bringt Fontane ein weiteres Weihnachtsgedicht zu Papier – und nebenbei eine Art Lebensbilanz:

»Noch einmal ein Weihnachtsfest,
Immer kleiner wird der Rest,
Aber nehm' ich so die Summe,
Alles Grade, alles Krumme
Alles Falsche, alles Rechte,
Alles Gute, alles Schlechte –
Rechnet sich aus all dem Braus
Doch ein richtig Leben raus.
Und dies können ist das Beste
Wohl bei diesem Weihnachtsfeste.«

## Editorische Notiz

Die in diesem Band versammelten Briefe folgen in ihrer An-
ordnung den weihnachtlichen Festtagen, an denen sie entstanden sind: beginnend bei der Vorweihnachtszeit bis hin zu
den Tagen nach Weihnachten. Darüber hinaus gibt es keine
thematische oder chronologische Abfolge, sie unterliegt ebenso wie die Auswahl der Briefe den subjektiven Kriterien der
Herausgeber. Die vorangestellten Titel greifen Zitate aus den
jeweiligen Schreiben auf. Orts- und Datumsangaben im Brief-
kopf wurden, sofern sie im Original nicht vorhanden waren,
ergänzt – ungesicherte Datierungen und Zuschreibungen sind
in eckigen Klammern vermerkt. In der Kopfzeile ist jeweils
der zum Zeitpunkt des Verfassens gültige Name des Verfassers und des Adressaten genannt.

Der Wortlaut der Briefe folgt den jeweiligen Vorlagen.
Interpunktion und Orthografie wurden nur in den Übersetzungen angeglichen, lediglich offensichtliche Rechtschreib-
fehler wurden stillschweigend korrigiert.

Auslassungen innerhalb der einzelnen Briefe sind mit [...]
vermerkt. Ziel war es, dem Leser einen möglichst unverfälsch-
ten Eindruck der Briefe zu geben und größere Auslassungen nur dort vorzunehmen, wo dies aufgrund der Länge der
Texte unbedingt nötig erschien. Erklärungen und Zusätze der
Herausgeber erscheinen ebenfalls in eckigen Klammern.

# Quellen und Nachweise

*Hans Christian Andersen an Carl Alexander von Weimar*
Der Dichter und die Welt. Briefe von Hans Christian Andersen.
1822–1875. Übertragen und herausgegeben von E. von Hollander.
Weimar: Gustav Kiepenheuer 1917.

*Bettina von Arnim an Kunigunde von Savigny*
Bettina von Arnim: Werke und Briefe. Fünfter Band. Heraus-
gegeben von Joachim Müller. Darmstadt: Wissenschaftliche
Buchgesellschaft 1961.

*Simone de Beauvoir an Nelson Algren*
Simone de Beauvoir: Eine transatlantische Liebe. Briefe an Nelson
Algren 1947–1964. Herausgegeben von Sylvie Le Bon de Beauvoir.
Deutsch von Judith Klein. Reinbek bei Hamburg: Rowohlt 1999.
Lettres à Nelson Algren © 1997 by Éditions Gallimard, Paris (Alle
deutschen Rechte vorbehalten)
© 1999 by Rowohlt Verlag GmbH, Reinbek bei Hamburg (für die
deutschsprachige Ausgabe)

*Gottfried Benn an Tilly Wedekind*
Gottfried Benn: Briefe. Band IV. Briefe an Tilly Wedekind.
1930–1955. Herausgegeben von Marguerite Valerie Schlüter.
Klett-Cotta: Stuttgart 1986.
© Ernst Klett Verlage GmbH u. Co. KG, Stuttgart 1986

*Heinrich Böll an Annemarie Cech*
Heinrich Böll: Briefe aus dem Krieg 1939–1945. Band I. Herausgegeben und kommentiert von Jochen Schubert. Mit einem Vorwort

von Annemarie Böll und einem Nachwort von James H. Reid. Köln:
Kiepenheuer & Witsch 2001.
© 2001 by Verlag Kiepenheuer & Witsch GmbH & Co. KG, Köln

*Dietrich Bonhoeffer an Maria von Wedemeyer*
Brautbriefe Zelle 92. Dietrich Bonhoeffer – Maria von Wedemeyer
1943–1945. Herausgegeben von Ruth-Alice von Bismarck und
Ulrich Kabitz. Mit einem Nachwort von Eberhard Bethge. Mün-
chen: C.H. Beck 1992.
© Verlag C.H. Beck

*Richard Burton an Elizabeth Taylor*
Sam Kashner, Nancy Schoenberger: Furious Love. Elizabeth Taylor
und Richard Burton – Die Liebesgeschichte des Jahrhunderts. Aus
dem Amerikanischen von Johanna Sophia Wais. München: Heyne
Verlag 2012.
© 2010 by Sam Kashner/Nancy Schoenberger
© 2012 by Wilhelm Heyne Verlag, München, in der Verlagsgruppe
Random House GmbH (für die deutschsprachige Ausgabe)

*Wilhelm Busch an seine Eltern*
Wilhelm Busch: Sämtliche Briefe. Kommentierte Ausgabe in zwei
Bänden, Band I: Briefe 1841 bis 1892. Herausgegeben von Friedrich
Bohne. Hannover: Wilhelm-Busch-Gesellschaft 1968.

*Jean Cocteau an Jean Marais*
Jean Cocteau: Briefe an Jean Marais. Aus dem Französischen von
Annette Meyer-Prien. Hamburg: Lambda Edition Verlags-, Druck-
und Vertriebsges. mbH 1989.
Jean Cocteau: Lettres à Jean Marais © Editions Albin Michel – Paris
1987
© 1989 Lambda Edition GmbH, Hamburg (für die deutschsprachige
Ausgabe)

*Hilde Domin an Erwin Walter Palm*
Hilde Domin: Die Liebe im Exil. Briefe an Erwin Walter Palm aus
den Jahren 1931–1959. Herausgegeben von Jan Bürger und Frank
Druffner unter Mitarbeit von Melanie Reinhold. Frankfurt am
Main: S. Fischer 2009.
© S. Fischer Verlag GmbH, Frankfurt am Main 2009

*Isadora Duncan an Edward Gordon Craig*
Your Isadora. The Love Story of Isadora Duncan & Gordon Craig.
Herausgegeben von Francis Steegmuller. New York: MacMillan &
The New York Public Library 1974.
© 2010 Piper Verlag GmbH, München (für die deutschsprachige
Ausgabe)
Aus dem Englischen von Gisela Sturm.

*Zelda Fitzgerald an Scott F. Fitzgerald*
F. Scott und Zelda Fitzgerald: Lover! Briefe. Übersetzt von Dora
Winkler. Herausgegeben von Jackson R. Bryer und Cathy W. Barks.
Ausgewählt, erläutert und mit einem Nachwort versehen von
Hanns Zischler. München: Deutsche Verlags-Anstalt 2004.
© 2002 by Jackson R. Bryer and Cathy W. Barks
© 2004 by Deutsche Verlags-Anstalt, München (für die deutsch-
sprachige Ausgabe)

*Theodor Fontane an Mathilde von Rohr*
Theodor Fontane: Werke, Schriften und Briefe. Herausgegeben von
Walter Keitel und Helmuth Nürnberger. 4. Abteilung, Band III.
Herausgegeben von Helmuth Nürnberger, Otto Drude, Manfred
Hellge unter Mitwirkung von Christian Andree. München:
C. Hanser 1980. © Carl Hanser Verlag

*Johann Wolfgang Goethe an Johann Christian Kestner*
Johann Wolfgang Goethe: Gedenkausgabe der Werke, Briefe und
Gespräche. Hrsg. von Ernst Beutler. Bd. 18: Briefe der Jahre
1764–1786. Zürich: Artemis-Verlag 1965.

*Katharina Elisabetha Goethe an Johann Wolfgang Goethe*
Catharina Elisabetha Goethe: Briefe an ihren Sohn Wolfgang, an
Christiane und August von Goethe. Herausgegeben von Jürgen
Fackert. Stuttgart: Reclam 1971.

*Vincent van Gogh an seinen Bruder Theo*
Vincent van Gogh: Sämtliche Briefe. Neuübersetzung von Eva
Schumann. Herausgegeben von Fritz Erpel, Berlin: Henschel Verlag
1965. Bd. 2.
© Seemann Henschel GmbH & Co. KG, Leipzig

*Helene Hanff*
Helene Hanff: Briefe aus New York. Aus dem Amerikanischen
von Susanne Höbel. Mit einem Nachwort von Rainer Moritz.
Hamburg: Hoffmann und Campe 2004.
© 1992 by Helene Hanff
© 2004 by Hoffmann und Campe Verlag, Hamburg (für die
deutschsprachige Ausgabe)

*Ernest Hemingway an F. Scott Fitzgerald*
Ernest Hemingway: Ausgewählte Briefe 1917–1961. Herausgegeben von Carlos Baker. Deutsch von Werner Schmitz. Berlin
und Weimar: Aufbau Verlag 1987.
© 1984 Rowohlt Verlag GmbH, Reinbek bei Hamburg

*Hermann Hesse an Heinrich Wiegand*
Hermann Hesse: Briefwechsel mit Heinrich Wiegand. 1924–1934.
Herausgegeben von Klaus Pezold. Berlin: Aufbau Verlag 1978.
© 1977 by Suhrkamp Verlag Frankfurt am Main. Alle Rechte bei
und vorbehalten durch Suhrkamp Verlag Berlin.

*Elisabeth von Heyking*
Elisabeth von Heyking: Briefe, die ihn nicht erreichten. 52. Auflage,
Berlin: Gebrüder Paetel 1903.


*Jack Kerouac an Allen Ginsberg*
Jack Kerouac und Allen Ginsberg: Ruhm tötet alles. Die Briefe.
Herausgegeben von Bill Morgan und David Stanford. Deutsch von
Michael Kellner. Berlin: Rogner & Bernhard 2012.
© John Sampas, Literary Representative of the Estate of Jack
Kerouac (für die Briefe von Jack Kerouac)
© 2012 by Rogner & Bernhard GmbH & Co. Verlags AG, Berlin
(für die deutschsprachige Ausgabe)


*Rosa Luxemburg an Sophie Liebknecht*
Rosa Luxemburg: Briefe aus dem Gefängnis. Mit einem Bild und
einem Faksimile. Berlin: Verlag der Jugendinternationale 1922.


*Thomas Mann an Erika Mann*
Thomas Mann: Große kommentierte Frankfurter Ausgabe
(GKFA). Herausgegeben von Heinrich Detering, Eckhard Heftrich,
Hermann Kurzke, Terence J. Reed, Thomas Sprecher, Hans Rudolf
Vaget, Ruprecht Wimmer in Zusammenarbeit mit dem Thomas-
Mann-Archiv der ETH, Zürich. Band 23 1/2: Briefe III. 1924–1932.
Herausgegeben von Thomas Sprecher, Hans Rudolf Vaget und
Cornelia Bernini. Frankfurt am Main: S. Fischer 2011.
© S. Fischer Verlag GmbH Frankfurt am Main 2011


*Katherine Mansfield an John Middleton Murry*
Katherine Mansfield: Briefe. Herausgegeben von Vincent
O'Sullivan. Aus dem Englischen von Eike Schönfeld. Frankfurt am
Main und Leipzig: Insel 1992.
© Insel Verlag Frankfurt am Main und Leipzig 1992

*Franz Marc an Maria Marc*
Franz Marc: Briefe, Aufzeichnungen und Aphorismen. Berlin:
Paul Cassirer 1920. Bd. 1.

*Annemarie Meier-Graefe an Hermann Broch*
Hermann Broch/Annemarie Meier-Graefe: Der Tod im Exil. Brief-
wechsel 1950–51. Herausgegeben von Paul Michael Lützeler.
Frankfurt am Main: Suhrkamp 2001.
© Suhrkamp Verlag Frankfurt am Main 2001

*Paula Modersohn-Becker an Rainer Maria Rilke*
Paula Modersohn-Becker. Briefe und Aufzeichnungen. Weimar und
Leipzig: Gustav Kiepenheuer Verlag 1982.

*Friedrich Nietzsche an Mutter und Schwester*
Friedrich Nietzsche: Werke in drei Bänden. Band 3. Herausgegeben
von Karl Schlechta. München: C. Hanser 1954.

*Brigitte Reimann an Veralore Schwirtz*
Brigitte Reimann: Aber wir schaffen es, verlaß dich drauf! Briefe
an eine Freundin im Westen. Herausgegeben von Ingrid Krüger.
Berlin: Elefanten Press 1995.
© 1995 by Elefanten Press Verlag GmbH, Berlin

*Erich Maria Remarque an Marlene Dietrich*
»Sag mir, daß du mich liebst ...«. Erich Maria Remarque – Marlene
Dietrich. Zeugnisse einer Leidenschaft. Herausgegeben von Werner
Fuld und Thomas F. Schneider. Köln: Kiepenheuer & Witsch 2001.
© 2001 by Verlag Kiepenheuer & Witsch GmbH & Co. KG, Köln

*Franziska Gräfin zu Reventlow an Bohdan von Suchocki*
»Wir üben uns jetzt wie Esel schreien ...«. Franziska Gräfin zu
Reventlow/Bohdan von Suchocki. Briefwechsel 1903–1909.

Herausgegeben von Irene Weiser, Detlef Seydel und Jürgen Gutsch.
Passau: Verlag Karl Stutz 2004.
© Verlag Karl Stutz, Passau

*Rainer Maria Rilke an seine Mutter Sophie*
Rainer Maria Rilke: Weihnachten. Briefe, Gedichte und die
Erzählung »Das Christkind«. Ausgewählt und mit einem Nachwort
versehen von Hella Sieber-Rilke. Frankfurt am Main und Leipzig:
Insel 2002.
© Insel Verlag, Frankfurt am Main und Leipzig 2002

*Jean-Paul Sartre an Simone de Beauvoir*
Jean-Paul Sartre: Briefe an Simone de Beauvoir und andere.
Band 1: 1926–1939. Herausgegeben von Simone de Beauvoir.
Deutsch von Andrea Spingler. Reinbek bei Hamburg: Rowohlt
Taschenbuch Verlag 1984.
© 1984 by Rowohlt Taschenbuch Verlag GmbH, Reinbek bei
Hamburg

*Dorothy L. Sayers an ihre Mutter*
The Letters of Dorothy L. Sayers. 1899–1936: The Making of a
Detective Novelist. Chosen and edited by Barbara Reynolds.
London: Hodder and Stoughton 1995.
Letters Copyright © 1995 by the estate of Dorothy L. Sayers
Aus dem Englischen von Petra Müller

*Annemarie Schwarzenbach an Erika Mann*
»Wir werden es schon zuwege bringen, das Leben«. Annemarie
Schwarzenbach an Erika und Klaus Mann. Briefe 1930–1942.
Herausgegeben von Uta Fleischmann, mit Beiträgen von Irmela
von der Lühe und Fredric Kroll. 4., überarbeitete und erweiterte
Auflage. Freiburg: Centaurus Verlag & Media AG 2010.
© Centaurus Verlag & Media KG, Freiburg

*Anne Sexton an Bruder Dennis Farrell*
Anne Sexton: Selbstportrait in Briefen. Herausgegeben und mit
einem Vorwort von Elisabeth Bronfen. Aus dem Amerikanischen
von Silvia Morawetz. Frankfurt am Main: S. Fischer 1997.
© 1997 S. Fischer Verlag GmbH, Frankfurt am Main

*Erwin Speckter an seine Familie*
Erwin Speckter: Briefe eines deutschen Künstlers aus Italien. Aus
den nachgelassenen Papieren von Erwin Speckter, aus Hamburg.
Zweiter Teil. Leipzig, F.A. Brockhaus 1846.

*Kurt Tucholsky an Mary Gerold*
Kurt Tucholsky: Gesamtausgabe. Texte und Briefe. Herausgegeben
von Antje Bonitz, Dirk Grathoff, Michael Hepp, Gerhard Kraiker.
Band 17: Briefe 1919–1924. Herausgegeben von Elfriede und
Roland Links. Reinbek bei Hamburg: Rowohlt 2006.
© 1962, 1982, 1989, 2006 by Rowohlt Verlag GmbH, Reinbek bei
Hamburg

*Mark Twain an seine Tochter Susy*
Mark Twain: Sommerwogen. Eine Liebe in Briefen. Aus dem
Amerikanischen übersetzt und herausgegeben von Alexander
Pechmann. Berlin: Aufbau 2010.
© Aufbau Verlag GmbH & Co. KG, Berlin 2010

*Clara Wieck und Robert Schumann*
Robert und Clara Schumann: Briefe einer Liebe. Eingeleitet von
Dietrich Fischer-Dieskau. Herausgegeben und mit einem Nachwort
versehen von Hanns-Josef Ortheil. Königstein/Ts.: Athenäum
1982.

*Marina Zwetajewa an Anna Antonowna Tesková*
Marina Zwetajewa: Im Feuer geschrieben. Ein Leben in Briefen.
Herausgegeben und aus dem Russischen übersetzt von Ilma
Rakusa. Frankfurt am Main: Suhrkamp 1992.
© Suhrkamp Verlag Frankfurt am Main 1992

# Register der Briefautoren und Adressaten

## Liebesbriefe großer Männer

*Herausgegeben von Petra Müller und Rainer Wieland. 192 Seiten mit 15 Abbildungen.*
*Piper Taschenbuch*

Wer hätte gedacht, dass der Film »Sex and the City« die Lust an klassischen Liebesbriefen neu erweckt? Jeder der über zwei Millionen Zuschauer kennt die Szene, in der Carrie ihrem Mr. Big aus dem Buch »Liebesbriefe großer Männer. Band 1« vorliest. Hier ist das Buch – und es ist einzigartig: Es stellt 50 Liebesbriefe großer Männer vor und erzählt die Geschichten hinter den Briefen. Für alle Frauen, die sich nach großen Gefühlen sehnen. Für alle Männer, die wissen wollen, wie man die Herzen der Frauen erobert.

## Liebesbriefe berühmter Frauen

*Herausgegeben von Petra Müller und Rainer Wieland. 224 Seiten mit 11 Abbildungen.*
*Piper Taschenbuch*

Jeder Sex-and-the-City-Fan kennt die Szene, in der Carrie ihrem Mr. Big aus dem Buch »Liebesbriefe großer Männer, Band 1« vorliest. Doch nicht nur Männer waren große Briefeschreiber, auch die bedeutenden Frauen der Geschichte wussten ihre Gefühle in zauberhafte Worte zu fassen. Dieser Band stellt 50 Liebesbriefe großer Frauen vor und erzählt die Geschichten hinter den Briefen. Die ergreifendsten, eindringlichsten, leidenschaftlichsten und auch humorvollsten Zeugnisse der Liebe – für alle, die sich nach großen Gefühlen sehnen.

## Weihnachten bei Kerzenschein

*Die schönsten Geschichten zum Fest. Herausgegeben von Lena Franz. 224 Seiten.*
*Piper Taschenbuch*

Winterliche Spaziergänge durch verschneite Wälder, knisterndes Feuer im Kamin und Duft von Bratäpfeln, der in die Nase steigt. Die besinnliche Zeit des Jahres im Kreis der Familie ist einfach wunderbar! Gerade jetzt ist die Zeit, sich Geschichten zu erzählen, seien sie aus längst vergangenen Zeiten oder noch ganz frisch in der Erinnerung. Dieser Band versammelt die schönsten Weihnachtsgeschichten zum Fest. Zum Vorlesen im Schein der Adventskranzes, unter dem Weihnachtsbaum oder ganz gemütlich auf dem Sofa.

## Nicole Joens
## Maria sucht Josef

*Eine weihnachtliche Liebesgeschichte. 352 Seiten.*
*Piper Taschenbuch*

Der Taxifahrer traut seinen Augen nicht, als sich im Schneematsch eine Hochschwangere mit zwei Kindern zu ihm ins Taxi quetscht. Dabei wollte er eigentlich gerade nach Hause fahren und in Ruhe eine seiner Country-CDs anhören. Miriam dagegen ist unsagbar erleichtert, endlich einen Taxifahrer gefunden zu haben, der sie zur Hebamme bringt. Ist das vielleicht ein Zeichen, dass in ihrem Leben nun alles besser wird? Nur wie soll sie ihm beibringen, dass sie gar kein Geld hat? Eine märchenhafte Geschichte, die Wunder wahr werden lässt.

## Massimo Marano

### *Gans oder gar nicht*
*Eine Weihnachtsromanze.*
*192 Seiten. Piper Taschenbuch*

Gans oder gar nicht – denkt sich Miriam Engel, während der Heilige Abend immer näher rückt. Auf keinen Fall will sie Weihnachten schon wieder allein in London verbringen, wo sie schon seit fast zwei Jahren in einer Werbeagentur arbeitet. Als die Single-Frau dann den charmanten, in Deutschland lebenden Italiener Marcello kennenlernt, scheint die Weihnachtsgans daheim bei ihren Lieben – und das auch noch mit neuem Freund! – zum Greifen nah …

## Thommie Bayer

### *Die frohe Botschaft abgestaubt*
*Ein schräges Weihnachtsbuch.*
*176 Seiten. Piper Taschenbuch*

Was wäre, wenn wir mit einer Zeitmaschine in die Vergangenheit reisen könnten? Namentlich über zweitausend Jahre zurück ins Galiläa des Jahres Null? Würde sich dann die These bewahrheiten, die Bibel sei heute noch gültig? Kann das wirklich stimmen? Denn dort spazieren wir durch eine staubige Gegend, erweitern unsere Hygienevorstellungen, modifizieren unsere Moralvorstellungen, beschließen, unser Handy, elektrisches Licht und fließend Wasser nicht zu vermissen – aber wir haben unseren heutigen Kopf, unser heutiges Herz und unseren heutigen Lebensstil dorthin mitgenommen … Lassen Sie sich überraschen von einem ungewöhnlichen Experiment!

»Thommie Bayer hat dem antiquierten Bestseller eine Frischzellenkur erster Güte verpasst.«
Blickpunkt